河南省高校哲学社会科学优秀著作资助项目

二/十/大/专/项

现代文化产业区域竞争力模型建构、分析与应用——以河南省为例

孙冰 著

河南大学出版社
HENAN UNIVERSITY PRESS
·郑州·

图书在版编目(CIP)数据

现代文化产业区域竞争力模型建构、分析与应用：以河南省为例 / 孙冰著. --郑州：河南大学出版社，2023.8

ISBN 978-7-5649-5577-9

Ⅰ.①现… Ⅱ.①孙… Ⅲ.①文化产业-竞争力-研究-河南 Ⅳ.①G127.61

中国国家版本馆 CIP 数据核字(2023)第 157925 号

现代文化产业区域竞争力模型建构、分析与应用——以河南省为例
XIANDAI WENHUA CHANYE QUYU JINGZHENGLI MOXING JIANGOU、FENXI YU YINGYONG——YI HENAN SHENG WEILI

策划统筹	杨国安　谌洪波	
责任编辑	陈晓林	
责任校对	薛巧玲	
封面设计	史　岩	

出　版　河南大学出版社
　　　　　地址：郑州市郑东新区商务外环中华大厦2401号　邮编：450046
　　　　　电话：0371-86059752（自然科学与外语部）　网址：hupress.henu.edu.cn
　　　　　　　　0371-86059701（营销部）
排　版　郑州市今日文教印制有限公司
印　刷　广东虎彩云印刷有限公司
版　次　2023年8月第1版　　　　　　　　　印　次　2023年8月第1次印刷
开　本　710 mm×1010 mm　1/16　　　　　印　张　18
字　数　300 千字　　　　　　　　　　　　 定　价　65.00元

（本书如有印装质量问题，请与河南大学出版社营销部联系调换。）

目 录

第一部分 理论篇

第一章 绪论 (3)
- 1.1 研究背景 (3)
- 1.2 研究目的和意义 (4)
  - 1.2.1 研究目的 (4)
  - 1.2.2 研究意义 (5)
- 1.3 研究思路和方法 (6)
  - 1.3.1 研究思路 (6)
  - 1.3.2 研究方法 (7)
- 1.4 创新之处 (8)
  - 1.4.1 理论视角创新 (8)
  - 1.4.2 研究方法创新 (8)

第二章 现代文化产业体系建构的理论基础 (10)
- 2.1 文化产业理论溯源 (10)
  - 2.1.1 法兰克福的"文化工业"理论 (10)
  - 2.1.2 马克思精神生产理论 (11)
  - 2.1.3 伯明翰学派"大众文化"理论 (13)
- 2.2 文化产业的概念与构成 (15)

2.2.1　国外对文化产业的定义 …………………………………（15）
　　2.2.2　我国对文化产业的定义 …………………………………（16）
　　2.2.3　文化产业的内容和分类 …………………………………（17）
2.3　文化产业与文化经济的作用机理 ………………………………（19）
　　2.3.1　文化与经济的内在联系 …………………………………（19）
　　2.3.2　文化经济与文化产业的牵推作用 ………………………（20）
　　2.3.3　政府在文化产业中的经济职能 …………………………（21）
　　2.3.4　现代文化产业竞争力 ……………………………………（23）
2.4　文化事业与文化产业的作用机制 ………………………………（24）
　　2.4.1　我国对文化事业与文化产业的界定 ……………………（24）
　　2.4.2　文化事业与文化产业的区别与联系 ……………………（25）
　　2.4.3　文化事业对文化产业的基础制约 ………………………（26）
2.5　建立健全现代文化产业体系 ……………………………………（27）
　　2.5.1　产业体系的发展历程 ……………………………………（27）
　　2.5.2　现代文化产业体系的形成 ………………………………（28）
　　2.5.3　现代文化产业体系高质量发展 …………………………（29）
2.6　我国现代文化产业体系的建构 …………………………………（31）
　　2.6.1　现代文化产业体系的内涵 ………………………………（31）
　　2.6.2　现代文化产业体系的目标 ………………………………（31）
　　2.6.3　基于生产链理论的体系要素分析 ………………………（32）
　　2.6.4　现代文化产业体系的动态运行 …………………………（33）

第三章　现代文化产业体系的历史演变与事实特征 …………………（36）

3.1　研究工具与数据处理 ……………………………………………（36）
3.2　研究概况：基于合作网络分析 …………………………………（37）
　　3.2.1　作者合作网络 ……………………………………………（37）
　　3.2.2　机构合作网络 ……………………………………………（39）
3.3　研究知识基础：基于高被引文献分析 …………………………（40）
3.4　研究趋势：基于关键词聚类与凸显分析 ………………………（42）
3.5　演进趋势 …………………………………………………………（43）
3.6　研究结论 …………………………………………………………（48）

第四章 区域文化产业竞争力模型构建及其应用 (50)

4.1 国外产业竞争力评价模型 (50)
4.1.1 钻石模型 (50)
4.1.2 WEF 分析模型 (53)
4.1.3 GEM 模型 (54)

4.2 国内产业竞争力评价模型 (57)

4.3 文化产业竞争力分析模型 (61)
4.3.1 VRIO 模型 (61)
4.3.2 VRIO 修正模型 (64)

4.4 区域文化产业竞争力分析应用——以河南省为例 (66)
4.4.1 数据来源及数据标准化处理 (66)
4.4.2 区域文化产业竞争力比较结果 (68)
4.4.3 河南省文化产业竞争力分析 (70)

4.5 总结 (72)

第二部分 要素篇

第五章 价值要素：现代文化产业融资与融资效率 (77)

5.1 文化企业融资与融资效率 (78)

5.2 基于内容分析法的融资模式分析 (79)
5.2.1 文本数据来源 (79)
5.2.2 研究工具与文本挖掘过程 (79)
5.2.3 融资模式的阶段性演进 (80)

5.3 基于 DEA 的我国文化上市企业融资绩效分析 (83)
5.3.1 数据包络分析法及其模型 (83)
5.3.2 融资绩效指标选取 (84)
5.3.3 样本数据选取 (85)
5.3.4 数据处理与结果分析 (86)

5.4 基于个案分析法的融资模式分析 (94)
5.4.1 美国文化产业融资模式 (94)

5.4.2　日本文化产业融资模式 …………………………………（97）
　5.5　我国现代文化产业融资模式的对策建议 ………………………（100）

第六章　稀缺性要素：数字文化产业 …………………………………（104）
　6.1　文化产业数字化与数字文化产业 ………………………………（104）
　6.2　我国数字文化产业发展现状 ……………………………………（106）
　　6.2.1　文化产业新业态高效发展 …………………………………（106）
　　6.2.2　传统文化产业技术提升 ……………………………………（107）
　　6.2.3　我国数字文化产业发展中存在的主要问题 ………………（108）
　6.3　数字文化产业生态系统建构 ……………………………………（111）
　　6.3.1　现有系统模式述评 …………………………………………（111）
　　6.3.2　数字文化产业生态系统修正模式 …………………………（113）
　　6.3.3　修正模式实用阐释 …………………………………………（116）
　6.4　促进数字文化产业与文化事业协调发展的路径 ………………（120）
　　6.4.1　数字文化产业发展路径 ……………………………………（120）
　　6.4.2　公共文化服务数字化发展路径 ……………………………（123）

第七章　不可模仿性要素（一）：知识产权 …………………………（126）
　7.1　知识产权：现代文化产业价值创造的核心 ……………………（126）
　7.2　现代文化产业知识产权保护的机理分析 ………………………（128）
　　7.2.1　深度参与国际合作与竞争 …………………………………（128）
　　7.2.2　我国现代文化产业的知识产权保护 ………………………（129）
　7.3　知识产权引领现代文化产业体系创新 …………………………（133）
　　7.3.1　文化公共领域知识产权保护的理论依据 …………………（133）
　　7.3.2　知识产权引领产业体系创新的作用机制 …………………（136）
　7.4　构建以知识产权为核心的价值评估体系 ………………………（139）
　　7.4.1　文化产权交易的价值评估 …………………………………（139）
　　7.4.2　文化产权价值评估的技术路径 ……………………………（141）
　　7.4.3　我国文化产权价值评估存在的问题 ………………………（144）
　　7.4.4　高质量发展建议 ……………………………………………（145）
　7.5　构建智慧化监测评价体系 ………………………………………（146）
　　7.5.1　现有文化产业评价体系综述 ………………………………（146）

7.5.2 智慧化监测评价体系的功能与目标 …………………………（151）
7.5.3 智慧化监测评价体系的效能设计 …………………………（152）
7.5.4 智慧化监测评价体系的技术路径 …………………………（153）
7.6 新时代知识产权驱动多层次、多渠道文化供给的对策 …………（157）
7.6.1 坚持现代文化产业体系的守正创新 ………………………（157）
7.6.2 知识产权推动供给侧改革,促进体系繁荣发展 …………（157）
7.6.3 保护知识产权就是保护文化的创新供给 …………………（158）
7.6.4 知识产权赋能"文化+"业态融合 ………………………（159）

第八章 不可模仿性要素(二):现代文化产业创意人才培养 ………（161）
8.1 现代文化创意人才与培养模式 …………………………………（161）
8.2 国内外现代文化创意人才培养模式的对比 ……………………（164）
8.2.1 国内现代文化产业人才培养模式 …………………………（164）
8.2.2 国外现代文化产业人才培养模式 …………………………（169）
8.3 现代文化产业人才胜任力模型建构 ……………………………（173）
8.3.1 胜任力的概念界定与分类 …………………………………（173）
8.3.2 理论基础 ……………………………………………………（175）
8.3.3 胜任力模型建构 ……………………………………………（177）
8.4 现代文化创意人才"分段式树形培养模式" ……………………（180）
8.4.1 理论依据 ……………………………………………………（180）
8.4.2 阶段养成 ……………………………………………………（182）
8.4.3 现代文化创意人才萌芽期的培养路径 ……………………（185）
8.4.4 现代文化创意人才成长期的培养路径 ……………………（191）

第九章 组织要素(一):现代文化产业政策 ………………………（195）
9.1 文化产业政策及政策变迁 ………………………………………（196）
9.1.1 文化产业政策的概念、作用和功能 ………………………（196）
9.1.2 文化产业政策的变迁 ………………………………………（197）
9.2 国外文化产业政策模式分析 ……………………………………（201）
9.2.1 美国文化产业政策 …………………………………………（201）
9.2.2 英国文化产业政策 …………………………………………（202）
9.2.3 法国文化产业政策 …………………………………………（203）

9.3 基于 KH Coder 的我国文化产业政策变迁量化研究 ……………… (205)
　　9.3.1 文化产业政策变迁研究现状 …………………………………… (205)
　　9.3.2 文化产业政策变迁分析框架 …………………………………… (205)
　　9.3.3 文化产业政策变迁研究设计 …………………………………… (208)
9.4 文化产业政策变迁的特征分析 …………………………………… (209)
　　9.4.1 文化产业政策范式变迁特征 …………………………………… (209)
　　9.4.2 文化产业政策目标变迁特征 …………………………………… (211)
　　9.4.3 文化产业政策工具变迁特征 …………………………………… (213)
　　9.4.4 文化产业政策内容变迁特征 …………………………………… (215)
9.5 现代文化产业政策的提升路径 …………………………………… (218)

第十章　组织要素(二):现代文化产业"走进去" …………………… (222)
10.1 "一带一路"背景下文化产业"走出去"的战略布局 …………… (222)
10.2 现代文化产业"走进去"的价值内涵 …………………………… (224)
10.3 现代文化产业的跨境运营 ………………………………………… (226)
　　10.3.1 技术特征 ………………………………………………………… (226)
　　10.3.2 实施流程 ………………………………………………………… (226)
10.4 国外现代文化产业跨境运营的分析 ……………………………… (230)
　　10.4.1 美国现代文化产业的跨境运营分析 …………………………… (230)
　　10.4.2 韩国现代文化产业跨境运营的分析 …………………………… (231)
10.5 现代文化产业"走进去"的个案研究 …………………………… (234)
　　10.5.1 美食纪录片项目前期调研 ……………………………………… (234)
　　10.5.2 我国美食纪录片跨境运营的 SWOT 分析 …………………… (238)
　　10.5.3 基于调研的对比分析 …………………………………………… (239)
　　10.5.4 "走进去"的技术线路 ………………………………………… (244)

第三部分　路径篇

第十一章　区域文化产业竞争力提升路径研究——以河南省为例 …… (249)
11.1 持续推进供给侧改革,促进供需两端结构优化 ………………… (249)
　　11.1.1 坚持以人民为中心的创作生产导向 …………………………… (249)

11.1.2　补齐短板,提升文化产品供给质量 …………………………(250)
　　11.1.3　培育健康有序的文化消费市场 ……………………………(252)
11.2　优化文化产业空间布局,联动城乡协调发展 …………………(253)
　　11.2.1　现代文化产业全面融入城乡发展 …………………………(253)
　　11.2.2　加强中心城市的辐射作用 …………………………………(253)
　　11.2.3　发展乡村特色的现代文化产业 ……………………………(254)
　　11.2.4　集聚发展文化产业园区 ……………………………………(254)
11.3　坚持创新驱动,推动多业态融合发展 …………………………(255)
　　11.3.1　科技助力现代文化产业的自主创新 ………………………(255)
　　11.3.2　信息技术加快新业态的形成与发展 ………………………(255)
　　11.3.3　大力改造传统业态 …………………………………………(259)
11.4　"四条丝绸之路"畅通对外文化贸易 ……………………………(260)
11.5　深化文化与金融合作,引导扩大有效投资 ……………………(261)
　　11.5.1　探索中小文创企业不同阶段融资模式 ……………………(261)
　　11.5.2　众筹平台向"服务、融资、融智"的转变 ……………………(262)
　　11.5.3　利用现代信息技术提升融资水平 …………………………(262)
11.6　落实保障措施,完善体系建设 …………………………………(263)
　　11.6.1　强化法治保障,规范市场秩序 ………………………………(263)
　　11.6.2　细化市场主体分类,落实政策的有效实施 …………………(263)
　　11.6.3　加强基础设施建设,提高产业数字化水平 …………………(264)
　　11.6.4　建立数据共享机制,解决数据孤岛问题 ……………………(265)
　　11.6.5　加大知识产权保护力度 ……………………………………(265)
　　11.6.6　加强人才培养 ………………………………………………(266)

参考文献 ………………………………………………………………(267)

第一部分

理论篇

第一章
绪 论

1.1 研究背景

习近平总书记指出:"要推动文化产业高质量发展,健全现代文化产业体系和市场体系,推动各类文化市场主体发展壮大,培育新型文化业态和文化消费模式,以高质量文化供给增强人们的文化获得感、幸福感。"坚定文化自信,推进社会主义文化强国建设,提高国家文化软实力,迫切需要以中原文化、黄河文化为代表的民族优秀文化创造性转化和创新性发展,完善文化产业规划和政策,健全现代文化产业体系,以优秀文化产品和服务满足人民群众美好生活新期待。

"十四五"时期是我国开启全面建设社会主义现代化国家新征程、向第二个百年奋斗目标进军的第一个五年。我国进入高质量发展阶段,经济长期向好,市场空间广阔,随着供给侧结构性改革不断深化,现代产业体系加快发展,以国内大循环为主体、国内国际双循环相互促进的新发展格局加快构建,乡村振兴、区域协调发展和新型城镇化深入推进,文化产业将深度融入国民经济体系,在服务国家重大战略、培育新的经济增长点、赋能经济社会发展方面发挥更大作用。

2022年是我党带领全国人民两个"一百年"奋斗目标中第二个"一百年"的开局之年,也是大力实施"十四五"规划的奋进之年,更是新冠肺炎疫情后文化产业复苏、融合、数字化发展的特殊之年。面对新的发展环境和局势,河南省委省政府始终将文化强省战略放在全局工作的突出位置,深化文化体制改革,完善产业规划和政策,加强现代文化产业体系建设,推动数字技术与文化产业的深度融合,全面提升质量效益和核心竞争力。2021年,河南省2 871家规模以上文化及相关产业实现营业收入2 405.26亿元,按可比口径计算,比2020年增长7.4%;两年平均增长0.6%。从领域看,文化核心领域营业收入1 515.67亿元,比2020年增长7.9%;文化相关领域营业收入889.59亿元,比2020年增长6.5%。从文化业态分布看,文化新业态特征较为明显的16个互联网文化行业小类实现营业收入170.03亿元,比2020年增长14.5%,两年平均增长14.8%。从产业类型看,文化制造业营业收入1 255.87亿元,比2020年增长5.8%,两年平均下降2.8%;文化批发和零售业营业收入440.0亿元,增长19.5%,两年平均增长8.8%;文化服务业营业收入709.39亿元,增长3.6%,两年平均增长2.1%。

虽然河南省文化产业在国内大循环为主体、国内国际双循环相互促进的新发展格局中产生了持久蓬勃的经济效益,但也存在着文化核心产业数字化进程缓慢,产业区域发展不均衡,文化产业结构失衡,文化产业要素错配,文化资源开发、融合、传承、保护不协调等问题。因此,构建现代文化产业体系并提升其竞争力是解决河南省文艺生态与产业经济之间长期协同发展的有效路径。

1.2 研究目的和意义

1.2.1 研究目的

《河南省国民经济和社会发展第十四个五年规划和二〇三五年远景目标纲要》中明确指出,牢牢把握社会主义先进文化前进方向,坚定文化自信,加强社会主义精神文明建设,讲好新时代"黄河故事",推动中原文化繁荣兴盛,凝聚强大精神力量。2022年1月6日,河南省第十三届人民代表大会第六次会议发布《政府工作报告》,将"加快构建现代产业体系"作为2022年重点工作。

建构现代文化产业体系既要发挥市场在资源配置中的决定性作用,积极转型升级,逐步释能、激发动能、创意赋能,又要更好发挥政府作用,规范市场运营秩序,提升监管服务效能,强化创新驱动,鼓励并推动河南现代文化产业高质量发展。

数字经济催生的数字内容产业、新型业态将会成为经济社会发展的新势力,它通过生产空间、市场流通、消费渠道、体验场景对文化产业的深度数字化转型起到推动作用。《2022年河南省数字经济发展工作方案》提出深入实施数字化转型战略,推进"5110"工程的工作思路,全方位打造数字强省。河南省坚持创新驱动的发展理念,深入实施文化产业"上云用数赋智",向线下实体经营和线上数字运行"双线融合"发展的数字化战略,推动数字高新技术在文化产业领域的广泛运用,培育数字集群聚合成长,做大、做强、做优数字文化产业。

"百年未有之大变局"下河南文化产业发展也进入了新的历史时期,转变发展引擎、转换增长动能、优化产业结构已成为现代文化产业提质增效的着力点。在文化核心领域,要以现代化高新科技为抓手,从内容、形式、结构、手段上培养创新能力,通过资源、技术、人才等要素的高效配置,增强核心竞争力。在文化相关领域,通过智能资源的不断投入与优化整合,推动文化创意、设计服务与制造业、消费品工业深度融合,从装备升级、工艺方式、系统流程、技术平台方面提升产品附加价值。河南"四条丝绸之路"建构了空、陆、海、网对外开放的四维立体通道,也为河南省文化产品和服务交易打通了"文化出海"通道。河南应坚定不移扩大对外开放,更积极、更主动、更全面融入"一带一路"建设,以联通世界的"四条丝绸之路"为桥梁,推动对外文化贸易,构筑互利共赢的国际合作和竞争新体系。

1.2.2 研究意义

1. 理论意义

利用区域文化产业竞争力模型构建及其应用理论,从现代文化产业政策分析、融资及融资效率、产业数字化、知识产权引领创新、分段树形人才培养、跨境运营"走进去"的视角重新解读"十四五"时期我国现代文化产业体系的发展现状。以"河南文化个性、创新引领与竞争驱动"为着力点进行多维度的信息交涉,从制度建设、运行机制、配套设施、产业链结构等方面提升竞争力,是涉及多领域和跨学科的有益尝试,拓展了理论研究的视域,为高质量发展提供路径与对策。

2. 现实意义

建立健全现代文化产业体系要坚持马克思主义在意识形态领域的指导地位,始终坚持社会主义先进文化前进方向,把社会效益放在首位,社会效益和经济效益相统一。以河南文化的根源性、原创性、包容性和开放性为基础,全面盘活各类文化资源,加快资源保护、开发、转化力度,将博大精深的历史文化资源优势转变为发展效能,提升产业整体实力和竞争力。高质量发展河南现代文化产业不仅可以培育公众文化意识,维护文化身份,加强文化主权建设,而且能深化文化体制改革,加快发展新型文化业态,提高文化高科技产业规模占比,全面促进文化消费的转型升级,培育新的增长极。同时,提升河南省现代文化产业的区域竞争力,进一步发展壮大文化产业,强化文化赋能,能够充分发挥文化在激活发展动能、提升发展品质,促进其在河南省经济结构优化升级中的作用。

1.3 研究思路和方法

1.3.1 研究思路

基于产业竞争力理论和国内外相关研究的现有成果,结合管理学、语言学等不同学科背景的理论范式,以"文献梳理—现状分析—评价指标—模型建构—实证研究—路径与对策"为思路,研究具体内容如下:

(1) 文献梳理与理论建构。基于文献计量可视化工具 CiteSpace,对现代文化产业的发文量、作者合作网络、机构合作网络、高被引文献、关键词聚类等进行知识谱系梳理,通过关键词时区图与关键词突发性探测探讨演进趋势,从"十四五"时期现代文化产业的内涵、目标与运行逻辑进行体系建构,基于生产链理论进行要素建构。

(2) 实地调研与现状分析。首先,利用 KH Coder(一个定量内容分析和数据挖掘的免费软件)文本挖掘工具对我国现代文化产业政策变迁进行统计分析,从宏观的角度深入剖析河南现代文化产业政策的发展脉络。其次,根据河南省特色文化产业、优势文化产业、主导文化产业、文化出海企业的不同特点,从空间布局、产业集聚、数字化建设、价值创造、知识产权保护等方面进行精准调研。最后,根据调研的内容对河南现代文化产业发展现状进行分析,为后续研究提供可靠的支撑。

(3)遵循可操作性原则建立河南现代文化产业评价指标体系。这些评价指标包括价值要素、稀缺性要素、不可模仿要素和组织创新四个一级指标。在此基础上,遵循层次性原则从统计年鉴、中国文化及相关产业统计年鉴、国家统计局-分省年度数据、《中国互联网发展报告》以及政府部门公布的相关公报等获取二级指标和三级指标,形成科学化的多层次评价体系。采用熵权法确定各指标的权值,利用规范化处理解决计量单位与数量级的差异性,利用趋同化处理改变负向指标的性质。

(4)基于 VRIO 竞争力修正模型进行实证研究。VRIO 模型关注内部资源和组织能力,强调了资源的稀缺性、不可模仿性等属性,可以有效地涵盖创新能力、发展潜力和社会效能。因此,本书以 VRIO 模型为基础,结合现代文化产业特征,根据已建立的指标体系,采用数据包络分析法、内容挖掘、胜任力模型、对于留学生的访谈与调查问卷等实证性研究工具,分别对价值要素、稀缺性要素、不可模仿要素和组织要素进行数据可视化分析与研究。

(5)河南现代文化产业提升产业竞争力的路径与对策。在逐步形成以国内大循环为主体、国内国际双循环相互促进的新发展格局的背景下,构筑新时代现代文化产业高质量发展新格局,健全开放共融的产业体系,培育繁荣有序的市场体系,营造安商利业的发展环境。

1.3.2 研究方法

(1)文献分析法。现代文化产业体系的理论认识、内涵分析以及产业体系构建、量化测度,需要通过文献分析方法归纳并梳理国内外现有研究,吸收相关文献的已有成果,并借助知识图谱可视化分析和借鉴相关研究主题的跨学科研究现状,在此基础上提出研究问题,确定研究视角,搭建研究框架。

(2) 实证研究法。通过搜集大量的数据、客观材料,选取分析工具加以研究,其方法包括:第一,区域分析法,通过区域脉络分析与政策比较分析,研判阶段特征;第二,层次分析法,对产业体系的主体性、条件性、创造性维度等指标进行层次分析;第三,模型分析法,通过大数据对已收集的产业发展信息进行可靠的归纳整理,建立分析模型并进行综合量化评价。本书在对现代文化产业区域竞争力分析的过程中,运用了调查问卷、访谈、个案分析、建模分析、CiteSpace、DEA、KH Coder、SPSS 等多种实证性的研究方法与数字可视化分析工具。

(3) 个案分析法。本书在建构现代文化产业体系进行要素分析时,针对具体的个案展开有的放矢的研究,从而全面有效地解决现实困境,推动现代文化产业体系高质量发展。

1.4 创新之处

1.4.1 理论视角创新

关于现代文化产业体系的已有研究,重点聚焦于产业发展的内生机理及融合程度,对于以河南为代表的文化资源大省的区域性研究较少。本书以习近平总书记新时代社会主义理论为指导,从区域文化产业竞争力的视角出发,按照理论篇、要素篇、路径篇重新审视现代文化产业体系,认为其外在的表现形式为某一地区的文化产业相较于其他地区在生产效率、满足市场需求、持续获利方面所体现出的竞争优势。该区域文化产业优势是长期运营聚集的发展潜能,其背后的运行逻辑则是产业发展生产要素(文化资源、知识资源、人才要素、资本要素等)、政府政策、企业战略、文化需求、相关行业等支持力度的优势。

1.4.2 研究方法创新

本书综合运用经济学、管理学、语言学等学科的知识,借助多种实证性研究工具,如 CiteSpace、DEA、KH Coder、SPSS 等,立足调研数据反向剖析,指出现阶段的不足,并提出与时俱进的发展对策。在实证研究阶段较多采用定量分析,突破定性分析的主观局限性,深化到了定性与定量相结合的研究方法,建立起科学的量化、判断与分析评价方法。对于区域文化产业竞争力进行探究,以河南省为例,对其文化产业竞争力现状给予指标赋值和客观评价,分析其背后内部和外部制约因素,从而为区域文化产业的发展提供有针对性的提升路径和参考方案,以期为有效促进区域文化产业的持续高质量发展提供一定的依据和借鉴。

第二章
现代文化产业体系建构的理论基础

文化产业理论的历史发展脉络清晰完整地展示了各国学者对于文化产业的思考演进历程,为文化产业研究提供了学术依据和方法论指导。因此,梳理文化产业理论的演变轨迹是研究区域文化产业竞争力的基础和重要准备。

2.1 文化产业理论溯源

2.1.1 法兰克福的"文化工业"理论

文化产业领域研究源于法兰克福学派的"文化工业",霍克海默和阿道尔诺(2006)针对文化产业在资本主义社会中对于大众意识形态上的操纵进行精神分析与批判。法兰克福学派采用"文化工业"而非"大众文化",这种词语的转换重点在于凸显其对于文化工业的批判维度。选择"文化工业"这个术语,将当时对大众文化和流行文化形式的研究转向对文化产品的研究,而这些文化产品是为大众消费量身定做的,并在很大程度上决定了消费的性质(斯道雷,2006:154)。在文化产品的生产过程中,批判了资本渗透和运作下的大工业生产方式,将文化(包括文学、艺术、报刊、广播、电影等所有文化)存在形态完全推向市场,把文化彻底商业化,即文化从生产到消费完全等同于一般物质商品。文化工业的本质特征是资本对于大众欺骗的启蒙(霍克海默,等,2006)。

法兰克福学派(2003)采用"文化工业"这个术语对于资本支配下的文化体系进行批判。他们认为：首先，资本支配了大众文化，文化服务于资本的权利。资本是文化工业赖以生存和发展的动力，也是文化工业发展在资本社会中的终极目标。文化工业最终的目标都是迎合消费者需求，以实现经济效益最优化，这种本质属性使得文化工业的工具理性凌驾于价值理性之上，交换价值高于使用价值。其次，资本驱动下文化艺术作品的商品化倾向使文化创作从之前的精神领域蜕变为物化、消费化的文化，从而剥离了文化作品中应有的对于社会、物质文明的反抗与批判功能。娱乐和消遣成为文化产业的核心诉求，工业化、批量化生产的文化艺术产品消弭了文化本身的批判精神和否定意识。最后，文化工业下的文化产品能够更好地操控大众的认知结构，文化产品背后最大的操纵者是资本，资本塑造了大量可复制的文化娱乐消费产品，在这类文化产品的包围和冲击下，大众开始在不自觉中逐步丧失独立思考和反思的能力，开始接受资本操纵下的所谓"主流思想"，从而实现资本对于大众思想和精神文化的塑造。正如马尔库塞(2006)在《单向度的人》一书中提到：社会对人的控制不断加强，人们丧失了内心的真实需求、批判和否定能力，成为只知道追求物质商品享受的"单向度的人"。当时西方社会盛行的消费主义文化和消费主义存在方式都是"文化工业"下的必然产物。

2.1.2 马克思精神生产理论

马克思主义哲学认为社会生产是人类社会存在和发展的基础，人类社会的生产可以分为物质生产和精神生产两种。其中，精神生产是指思想、观念、意识的生产，表现为某一民族的政治、法律、道德、宗教、形而上学等的语言中的生产以及科学或者艺术的生产(马克思，等，1974:79)。

根据精神产品生产和消费的关系，可以将其分为三种：一是能够脱离生产者和消费者而独立存在的，能够体现精神生产的对象性形式，以商品的形式呈现，在生产和消费环节中自由流通的以物质为载体的艺术作品；二是精神产品无法与生产者剥离，精神产品生产者的活动本身表现为对知识的传授、思想观念的阐释等，精神产品完全依赖于其生产者，并且没有有形的物质载体；三是精神产品还包括蕴含在物质产品、物质财富中的精神创新、发明创造等部分，该种精神产品的创造以推进物质生产活动、提升物质生产效率为基本出发点,以物质产品性能的提升、新物质产品形式的产生等为目的。

精神生产作为一种社会生产,可以通过一定精神价值的社会性生产和分配,再生产出与一定社会形态的经济基础相适应的精神交往关系。精神生产的主要作用有:第一,生产精神产品,满足人们的精神需求,促进人全面自由地发展;第二,对物质生产、社会发展提供理论指导、实践观念、价值取向、行为规范,从而保证人类社会发展的规律性和目的性的统一,实现人类社会的可持续发展(徐望,2017)。

在马克思哲学的整体视域中,文化生产并不完全等同于精神生产。这一概念既来源于马克思的精神生产理论,又与泰勒对文化的定义有关。与精神这一概念不同,文化与物质没有形成截然不同的关系。人的一切成果都是文化,同时在文化概念中还包括器物的物质层面。但是,与精神生产相通的是,文化概念也突出强调了在一定物质基础上的人的主体性与精神特征,文化生产的内在结构已经包括了精神生产、人的自我生产以及社会关系再生产三种基本生产形式。在现代社会的发展背景下,文化生产已经取代精神生产,在实质上与物质生产共同构成了社会生产的两大基本形式(郑崇选,2008)。

文化生产在产生之初是非物质的精神劳动。马克思主义认为人的需求是本性,是促进生产的原动力。随着社会的发展进步,在人们的基本物质生活得到满足以后,人的精神需求随之产生,并逐步增长。面对人类精神需求的巨大市场,资本开始介入,是非物质的精神劳动与剩余价值产生了紧密联系,推动了生产性文化生产的形成。自此以后,文化生产开始逐步融入物质生产,成为物质生产和社会生产力的重要部分,开始参与社会财富的生产。

资本对于文化生产的注入使得这种原始的非物质的精神劳动分化为生产性文化生产和非生产性文化生产。生产性文化生产主要采用文化产业的形式不断扩大规模,拓展价值链,深入挖掘文化产业的经济属性;非生产性文化生产则逐步演化为非营利性质的公共文化服务,成为文化产业中展示其公益性质、精神价值的部分。

马克思精神生产理论则将文化产品的生产视为社会物质产品生产的一部分,文化产业具备了精神与经济的双重属性(Sayers,2003;Flew,2011)。文化产业的双重属性也导致了各国文化产业理论偏好差异性,如英国与新西兰以创意精神属性为文化产业核心,美国以版权经济属性为文化产业核心,日本以娱乐产业为核心,西班牙以文化休闲产业为核心。

2.1.3 伯明翰学派"大众文化"理论

伯明翰学派的"大众文化"理论,将文化对于大众的影响由"文化工业"概念时期的"单向道"转变为"双向道",大众不再仅仅是文化的被动接受者,而是以主动解码者身份出现。"文化工业"一词转变为"文化产业",文化产业也由此变为中性概念(Hall,2006)。

在《漫长的革命》中,雷蒙德·威廉斯(1961:41)将文化定义为:文化是对一种特定生活方式的描述,文化分析就是把文化的复杂组织作为一种特定的生活方式去看待,其目的是理解文化表达,并重新建立情感结构。"情感结构"指的是特定群体、阶级或社会所共享的价值,是集体文化无意识与一种意识形态之间相互联系的松散结构。对于文化研究的重心由此从"文化工业"中被资本支配的形式转化为对"大众文化"的关注,认为所有群体都在不断地创造和重构意义系统,并且将这些意义系统融进社会实践和机制中进行具体化表达,形成群体和社会的生活方式、思想、意识、理念等。因此,地方报业的成长与变化、通俗音乐中的民歌和俚语、社会小说的变迁特征、流行音乐与青春文化等都成为伯明翰研究中心的项目(麦克盖根,2002:58)。后来,对于少数群体的文化研究也逐步走入伯明翰学派的视野,青少年亚文化、女性主义、黑人文化等也成为其关注的焦点。

随着大众传媒的发展,尤其是电子媒介的发展,对于"大众文化"的研究焦点开始逐步转向媒介传播对文化与受众的影响。当时学术界的主流观点认为,媒介把思想、价值以及意识形态等直接传播给大众,受众只能被动地接受,媒介与受众是刺激与反应的关系。斯图亚特·霍尔(1993)吸收了阿尔都塞的意识形态理论和葛兰西的霸权理论,对这种"单向道"线性传播理论进行批判。他认为受众在传播过程中并不是被动接受,而是主动解码信息,对于信息进行再创造。

斯图亚特·霍尔(1993)认为,任何信息在进入传播媒介渠道之前都需要进行"编码"。意义生产和流传的过程即为传播。意义以媒介产品为载体,通过语言符号加以呈现,并随不同的社会地位、权力形势相结合在变化中产生截然不同的意义。"编码"过程中信息被逐步有选择、有目的地取舍"加工",再经历伪装、分裂、找寻和重组。其中,伪装,是指将社会与经济体系中最为真实的特性隐匿起来的过程。分裂,是指将社会中完整性分裂成为相互孤立、彼此毫无联系的部分。找寻与重组是将这些自由状态下的部分以假想或误导的方式再次组合。意义具有社会中意识形态的功能,在这样的条件下,传播就成为意识形态争夺的领地,不同的社会团体都试图在对自己有利的意义上进行语言"编码"。

媒介话语中语言编码的原始意义在自然状态下和受社会、经济文化制约解码过程中的呈现有着本质的不同。由于受众自身知识系统、意识形态、客观环境和社会群体的影响,在接收时不再是单纯被动地接受语言编码,而是意义层面积极主动的建构者。受众对于语言、视觉、触觉等各项符号的解读是基于自身利益的需求,从主观的角度缩短意义的天然显示,强化人的阐释。信源与信宿的矛盾性体现出编码者与解码者的不对称性,从而导致信息的变形、失真和扭曲。

解码方式包括主导性立场、协商式立场和对抗式立场。主导性立场,是指受众在某种条件下完全接受和认可媒体中语言、视觉、触觉等符号的编码意义,按照编码者的预期顺势理解,全面或者基本全面认可社会权力集团所规定的合法性意义,并将其设定为社会秩序中理所当然的常识。协商式立场,是指受众对于社会性主导话语适应与对抗的融合,解码者既会承认主导话语的合法性,也会在具体行动层面上坚持符合自身利益的规则,这种解读容易导致信息的部分失真。对抗式立场,是指解码者虽然能够准确分析出语言、视觉、触觉等符号中所要传达的真实信息,却采用与之截然相反的解读方式,以此作为表述个人的观点、对抗主导思想的工具。

伯明翰学派的诸多学者基于"编码-解码"的理论基础,认为大众文化存在不可避免的抑制和对抗的双向运动,在与被支配阶级、统治阶级中进行协商与斗争的领域,也是实施霸权和反抗霸权的场所。此外,社会权力集团会将有利于团体自身的思想阐释为常识,通过"自然符号"的理性表达,把常识包装成社会关切,而并非霸权思想的强加观念。正如萨皮尔·沃尔夫(1982:66)所说:"任何文化都有给社会分类的不同方法,这些方案在不同社会的语言和语义结构中反映出来。"

2.2 文化产业的概念与构成

2.2.1 国外对文化产业的定义

联合国教科文组织将文化产业定义为根据产业标准开展的一系列生产、复制、储存、分销文化产品和服务的活动。文化产业以生产和提供精神产品为主要活动,以满足人们的文化需要作为目标,是指文化意义本身的创作与销售,狭义上包括文学艺术创作、音乐创作、摄影、舞蹈、工业设计与建筑设计。该定义以文化产品和服务作为文化产业的核心描述点,将文化产业抽象为以文化产品和服务为物质载体的产业门类,与其他产业有相同或相似的运营目标、流程、管理方式等。其本质强调的是文化产业的经济价值和产业价值。

欧盟将文化产业定义为制造、开发、包装和销售信息产品及其服务的产业,其产品范围包括各种媒介上所传播的印刷品内容(报纸、书籍、杂志等)、音像电子出版物内容(联机数据库、音像制品服务、电子游戏等)、音像传播内容(电视、录像、广播和影院)、用作消费的各种数字软件等。欧盟的定义所包含的文化产业主要是有物质载体并且可以大量工业化复制、批量生产的产业细分门类,对于文化产品的工业化制造强调较多。

美国将文化产业定义为版权产业,是采用工业化和商品化方式,生产流通主要用于满足精神需求的文化产品,提供文化服务的行业,以知识产权为核心,向公众提供精神产品的生产和服务。知识产权是美国文化产业中最为核心的要素,而创新则构成了其精髓,同时也要能满足大工业社会中,产品能够标准化、批量化复制生产的需求。

日本对于文化产业定义的范围较为宽泛,除了提供文化产品和文化服务的行业,其他行业只要能提供文化附加值,均被视为文化产业。除传统的演出、展览、新闻出版,还包括休闲娱乐、广播影视、体育、旅游等,他们称之为内容产业,更强调内容的精神属性。同时,也强调了只要有精神创造性的存在均可被纳入文化产业的范围,其定义更加重视精神活动在文化产业中的核心地位。

英国将文化产业定义为以经营符号性商品为主的行业,这些商品的经济价值来源于其文化价值和属性,源于个体创造力、技能和才华的活动,而通过知识产权的生成和取用,这些活动可以发挥创造财富和就业的潜力。英国也将文化产业更加确切地命名为"创意产业",这一词语的选择说明,英国最为注重的是文化产业中的创新创造能力,并且突出了这种创新创造能力对于社会生产能力的促进作用。

法国认为文化产业是指传统文化事业中特别具有可大量复制性的产业,其概念比较倾向于传统的生产性文化生产。该概念并未涉及新兴的文化产业以及其他产业中具备文化要素部分的细分门类,主要针对的是传统文化产业。这个概念突出了文化产业的经济效益维度,将文化产业等同于其他工业门类,并未突出文化产业的特征。

荷兰则从宽泛到狭义的四个层面定义文化产业,依次如下:第一,文化产业是指任何以文化价值或文化意义为基础的生产活动,这是最宽泛的定义;第二,文化产业是指艺术创造、教育、体育、传统的和现代的艺术作品、艺术展览和文化传播活动;第三,文化产业是指与商业运作、听众和观众规模以及文化和艺术作品的传播扩大能力有关的商业活动;第四,文化产业即文化企业,把文化和艺术的创作等同于文化企业的运营行为,这是最为狭义的定义。这种分类方式将文化产业从不同的范围进行界定,为后续文化竞争力提升提供了宏观、中观、微观的具体指导。

2.2.2 我国对文化产业的定义

我国在《文化及相关产业分类(2018)》中,将文化及相关产业定义为社会公众提供文化产品和与文化相关产品的生产活动的集合。我国文化及相关产业的范围包括:第一,以文化为核心内容,为直接满足人们的精神需要而进行的创作、制造、传播、展示等文化产品(包括货物和服务)的生产活动。其具体包括新闻信息服务、内容创作生产、创意设计服务、文化传播渠道、文化投资运营和文化娱乐休闲服务等活动。第二，为实现文化产品的生产活动所需的文化辅助生产和中介服务、文化装备生产和文化消费终端生产（包括制造和销售）等活动。我国对于文化产业的定义明确了其经济和社会的双重属性，这也奠定了我国文化产业的发展要兼顾经济效益，同时也要注重对人民群众的文化公共服务的双重目标。本书中对于文化产业的定义以及后续各项数值指标的统计，均以我国文化产业的定义及分类为依据。

2.2.3 文化产业的内容和分类

国际组织和国家对于文化产业不同的定义决定了文化产业的细分门类在各个国家的差异性。根据我国文化体制改革和发展的实际，中国国家统计局《文化及相关产业分类（2018）》将文化产业分为文化核心领域和文化相关领域，然后进一步将两大领域分为9大门类43个中类146个小类，如表2-1所示。文化核心领域包括新闻信息服务、内容创作生产、创意设计服务、文化传播渠道、文化投资运营、文化娱乐休闲服务，文化相关领域包括文化辅助生产和中介服务、文化装备生产以及文化消费终端生产。

表2-1 中国文化产业的内容和分类

大类	中类	内容
文化核心领域	新闻信息服务	新闻服务、报纸信息服务、广播电视信息服务、互联网信息服务
	内容创作生产	出版服务、广播影视节目制作、创作表演服务、数字内容服务、内容保存服务、工艺美术品制造、艺术陶瓷制造
	创意设计服务	广告服务、设计服务
	文化传播渠道	出版物发行、广播电视节目传输、广播影视发行放映、艺术表演、互联网文化娱乐平台、艺术品拍卖及代理、工艺美术品销售
	文化投资运营	投资与资产管理、运营管理
	文化娱乐休闲服务	娱乐服务、景区游览服务、休闲观光游览服务

续表

大类	中类	内容
文化相关领域	文化辅助生产和中介服务	文化辅助用品制造、印刷复制服务、版权服务、会议展览服务、文化经纪代理服务、文化设备(用品)出租服务、文化科研培训服务
	文化装备生产	印刷装备制造、广播电视电影设备制造及销售、摄录设备制造及销售、演艺设备制造及销售、游乐游艺设备制造、乐器制造及销售
	文化消费终端生产	文具制造及销售、笔墨制造、玩具制造、节庆用品制造、信息服务终端制造及销售

其他国家和组织文化产业的具体内容和分类也是从其发展实际出发制定的,对于我国文化产业的发展研究也有一定的参考价值,如表2-2所示。

表2-2 部分国家和组织文化产业的内容与分类

国家或组织	名称	内容与分类
联合国教科文组织	文化产业	文化遗产、出版印刷业和著作文献、音乐、表演艺术、视觉艺术、音频媒体、视听媒体、社会文化活动、体育和游戏、环境和自然
国际标准产业分类(第四版)	文化产业	(1)文化内容发源(书籍、音乐、报刊和其他相关资料的出版、软件咨询和供应、广告业、摄影活动、广播电视、戏剧艺术、音乐和其他艺术活动);(2)文化产品的制造(电子元件制造、电视广播发射器和电话机装置的制造、电视广播接收器、磁带、录像机装备和附件的制造、光学仪器和摄影仪器的制造、乐器的制造);(3)文化内容的翻印和传播(印刷业、录制媒体的再生产、电影和录像的制造与发行、电影放映);(4)文化交流(其他娱乐业、图书馆和档案活动、博物馆活动、历史遗迹和建筑物的保护)
欧盟	内容产业	制造、开发、包装和销售信息产品及其服务的产业,包括各种媒介上所传播的印刷品内容(报纸、杂志、书籍等),音像电子出版物内容(联机数据库、音像制品服务、电子游戏等),音像传播内容(电视、录像、广播和影视),用作消费的各种数字化软件等
美国	版权产业	文化艺术业(含表演艺术、艺术博物馆)、影视业、图书业、音乐唱片业

续表

国家或组织	名称	内容与分类
日本	内容产业	电影、电视、影像、音响、书籍、音乐、艺术、旅游等
英国	创意产业	广告、建筑、艺术和古董市场、手工艺、设计、时尚设计、电影、互动休闲软件、音乐、电视和广播、技术、出版和软件
法国	文化产业	文化建设、文化设施管理、图书出版、电影、娱乐、旅游业等
荷兰	文化产业	创意艺术、设计、媒体和娱乐、文学和出版、文化遗产、创意产业服务、创新技术与数字文化
澳大利亚	创意产业	(1)文化遗产和古迹,如博物馆、自然遗产和保护、图书和档案馆等;(2)艺术活动,如文学作品的创作、出版和印刷,表演艺术、音乐创作和出版,广播、电视和电影等;(3)体育和健身娱乐活动;(4)文化产品的制造和销售;(5)其他文化娱乐类
加拿大	创意产业	(1)信息和文化产业(出版业、电影和录音业、电视广播、因特网、电信业、信息服务业);(2)艺术、娱乐和消遣(演艺、体育、古迹遗产机构、游乐、赌博和娱乐业)
韩国	内容产业	与文化商品的生产、流通、消费有关的产业:影视、广播、音像、游戏、动画、卡通形象、演出、文物、美术、广告、出版印刷、创意性设计、传统工艺品、传统服装、传统食品、多媒体影像软件、网络及其相关的产业
德国	创意产业	影视、广播、动漫、游戏、卡通形象、演出、文物等
印度	娱乐和媒介产业	电视业、电影业、广播业、唱片业和出版业

2.3 文化产业与文化经济的作用机理

2.3.1 文化与经济的内在联系

马克思主义唯物史观认为,经济基础决定上层建筑,上层建筑对经济基础有能动作用。经济是基础,文化是上层建筑,二者是辩证统一的关系。经济基础与上层建筑之间矛盾运动的规律,适用于文化与经济的关系,也始终贯穿于整个经济社会的发展。从社会历史演进轨迹观瞻,一定的文化是一定的经济的表现;一定的文化又反作用于一定的经济,二者的发展具有正相关性,相辅相成,相得益彰。随着生产力的不断发展和社会的进步,文化与经济的关系更为紧密,呈现融合的态势。因此,在看待文化与经济关系的问题上,要有辩证思维和发展眼光,善于分析内外部发展环境,抓住主要矛盾和矛盾的主要方面,在实践中科学、理性地推进文化与经济的高质量发展。

文化与经济关系的内在机理在于二者运行过程中的系统性、依存性和协同性。要从整体上、全局上、时空上,认知、处理上层建筑与经济基础的发展相向而行、相互促进的内在驱动力,以高质量经济发展带动文化的创造性和多样性,发挥先进文化引领经济的作用,促进经济的繁荣发展。由于经济存在外部性的特征,文化与经济也有背离的一面。经济的负外部性对文化,尤其是对文化产业的发展有较大的影响。因此,要尊重市场规律,利用宏观调控增强对经济活动的约束性,促进文化与经济运行中有为政府与有效市场的有机统一。

2.3.2 文化经济与文化产业的牵推作用

文化是人类不断的精神活动及其实践成果的产物,始终贯穿着人类政治、经济、生活的各领域。在文化的应用过程中,围绕需要细化、区分各种标准化的类别结果为文化行业。在文化行业的发展中自然留存并按照相关标准进行生产、储存、分配、运输、服务等行为,满足精神产品落实的结果是文化产业。通过文化、文化行业、文化产业对其他本体、行业、产业的贯穿带动所注入而产生的统领性结果是文化经济。

文化经济,是指把文化遗产作为重要的经济资源来开发,并大力发展与之有关的事业,以带动和推动整个国民经济的发展。约翰·费斯克(2001:33)认为:在消费社会中,所有的商品既有实用价值,也有文化价值。倘或将这一要点模式化,我们必须扩展原有的经济概念,把文化经济容纳进去。在文化经济中,商品不仅是有潜在意义的话语结构,更是在市场流通并形成大众文化消费的重要资源,有较强的附加增值性。文化经济不是文化与经济的机械组合,而是在"经济文化化"和"文化经济化"进程中的交叉融合,两种趋势相互叠加、衍生而产生的具有一体化属性的社会系统综合体。

文化经济与文化产业具有相互的"牵""推"作用,二者渗透、融合、促进,形成了以文化为核心的经济形态。文化经济对文化产业的"牵引"表现为:随着文化经济的快速增长,促进了文化产业的多点开花。文化经济的繁荣,刺激并拉动着文化产品和服务的消费,消费连动着创作和生产,必然要求质量高、数量多、分众化的社会供给。因此,在策划、组织、生产、销售等经济活动中注重文化内涵,推进文化产业工业化、商业化和文化服务化的进程。保罗·罗默(2000)认为:新创意会衍生出无穷的新产品、新市场和财富创造的新机会,所以新创意才是推动一国经济成长的原动力。可见,文化产业对文化经济的"推动"表现为:文化产业的欣欣向荣为文化经济的兴盛提供了强大动力,文化产业在经济结构中比重的提升是文化经济发达的突出的标志。

2.3.3 政府在文化产业中的经济职能

政府是指国家进行统治和社会管理的机关,是国家表示意志、发布命令和处理事务的机关。广义的政府是指行使国家权力的所有机关,包括立法、行政和司法机关;狭义的政府是指国家权力的执行机关,即国家行政机关。

政府结合法律与宪法,利用政府机关与相关工作者对经济文化、政治社会进行管理、组织以及控制的活动,实现国家权力的实施与应用,完成政府职能。政府政治职能体现在作为政治秩序和社会秩序的维持者;作为社会发展的决策者和公共政策的制定者;作为社会利益的调节者以及作为政治一体化工具等。政府的经济职能体现为对市场的培育作用;对经济活动的调节和干预作用;经济活动的协调者和仲裁人作用等。政府的文化职能体现在作为社会意识形态的倡导者以及社会科技、文化、教育等领域的公共政策的制定者。政府的社会保障职能主要体现在制定社会保障的法律、制度,建立完善的社会福利和社会保障体系。

西方经济学中,将政府的经济职能分为收入分配职能、经济稳定与发展职能、资源配置职能、市场管制职能四个方面。其中,政府资源配置职能是通过政府经济活动,引导社会资源流动,形成一定的产业结构、区域经济结构等,优化资源配置结构,提高资源的使用效率。市场管制职能是法律明确界定、规范市场主体间的权利与义务关系,从而为市场经济的正常运行提供必要的保障。

根据上述理论，可以将政府在文化产业发展中的经济职能细化为宏观调控、规划统筹、协调组织、引导服务、管理监督和依法行政。

宏观调控，是指政府运用行政手段对原有文化产业法律法规、经济政策的运行进行综合管理。通过引导社会力量对文化产业进行投资，对经营主体以及产业自身进行行为规范，最终达到产业要素的高效配置。规划统筹，是指政府整合国家经济形态和地方差异，根据文化资源分布与地方区域的比较优势，结合发展需求，拟定有效的发展战略，以此为依据设定高效的产业发展规划，服务于社会文化建设与本地经济。协调组织，是指国家和地方充分调动现有的资源，发挥各界力量，对文化产业发展中潜在的矛盾，通过行政、经济、法律等途径进行协调，形成多元化的化解模式。引导服务，是指政府在"以人为本"的原则下，明确文化产业的发展任务，增强服务意识，激发非政府组织、文化市场以及地方政府的自主性，为文化产品高质量输出，文化服务高质量提升提供保障。管理监督，是指政府对文化市场、文化产品、文化服务进行综合管理与监管，秉承文化许可公开化、明确化，审查标准化、透明化的原则，形成他律与自律相结合的监管体系。依法行政，是指行政机关必须根据法律法规的规定设立，并依法取得和行使文化产业的管理权限，明确文化市场的实施条例，并对违法行为进行处理的具体行政行为。

我国在 2013 年《中共中央关于全面深化改革若干重大问题的决定》中明确指出，为了让市场在配置资源时发挥决定性作用，激发政府已有的功能，政府需要大幅度减少资源配置，在配置资源时整合市场价格、规则以及竞争，实现最大化效率与最大化经济收益。在配置资源时，市场具有决定性与基础性功能，而重大理论的转变为新时期政治经济体制改革提供了全新的指导思想。党的十九届五中全会指出，构建高水平社会主义市场经济体制，核心是处理好政府和市场的关系，使市场在资源配置中起决定性作用，更好发挥政府作用。由此可见，构建高水平社会主义市场经济体制需要加快转变政府职能，将有效市场与有为政府更充分地结合起来，更加尊重市场经济的一般规律，最大限度减少政府对市场资源的直接配置和对微观经济活动的直接干预，大力保护和激发市场主体活力；同时要继续创新和完善宏观调控，有效弥补市场失灵，着力推动形成新发展格局。

2.3.4 现代文化产业竞争力

当今社会,文化产业发展被各个国家作为一种重要的战略资源,受到各国政府融资、税收、外贸、人才等各方面的政策倾斜和扶持,并且被很多国家纳入国家层面的发展战略,成为各国关注的焦点产业之一。产生这种现象的关键因素在于:其一,文化产业经济属性与知识属性的融合使得其成为一种新的财富创造形式,改变了以往以资源消耗、环境污染、粗放式经营为主要财富增长方式的经济发展道路和经济模式。文化产业作为一种以知识、创意驱动为核心力量的低耗能经济形态逐步推动了各国经济结构调整和转型升级发展,同时知识和创新赋能其他传统工业的发展,提高了其他工业的发展效能。其二,文化产业具备的精神属性决定了其产品不只是改变了财富的创造形式和效能,同时改变了人们的精神生产方式和精神消费方式,在大众消费文化产品的过程中潜移默化重新建构整个社会精神世界的空间结构,这种物质性创造不具备的深刻的解构和建构精神世界空间与意识形态的无形的力量被称为国家的"软实力"。"软实力"正在改变人们的认知方式和精神世界,进而对于人们在物质世界中的生活方式、行为习惯、消费选择等产生强有力的影响。这种影响会成为改变个体、国家、社会以及国际社会发展走向与新秩序的推动力。

竞争力是个比较的概念,界定其内涵需要包含以下两个方面的内容:一是比较的范围,二是比较的依据和内容。从比较的范围来看,文化竞争力可以分化为宏观、中观和微观三个层次;宏观层次的文化竞争力是一个国家或者具有独立经济主体地位的地区;中观层次的文化竞争力是指区域或城市文化竞争力和文化产业竞争力;微观层次的文化竞争力是指文化企业竞争力(戴钰,2014)。学界对于文化竞争力的研究已经演化出国家文化竞争力、国际文化竞争力、区域文化竞争力、城市文化竞争力、文化产业竞争力、文化企业竞争力、文化行业竞争力等多个分支。

竞争力的比较依据和内容体现为不同竞争主体之间的优势,竞争优势的主要依据则随着经济的发展而逐步演进:第一,以实物经济为主的时代,竞争力优势主要来源于资源竞争和产品竞争。亚当·斯密的绝对成本优势理论、李嘉图的相对成本优势理论以及马歇尔的集聚优势理论虽然各有侧重,但他们均认为产品成本是竞争中最为核心的要素,而产品成本优势背后最为核心的制约因素是自然资源和其他生产要素的聚集程度。第二,市场经济的发展,特别是科学技术在经济发展和竞争中的作用日益显性化,资源要素尤其是自然资源在促进竞争力中的重要性逐渐下滑,而制度的重要性逐步凸显。以道格拉斯·诺斯为代表的体制性竞争力优势成为那个时期的主要理论,其认为竞争力主要受到产业的国际化程度、产业国际话语权、政府管理能力、金融体制、公共基础设施、科研成果转化率、企业运营体制等因素的制约(花建,等,2005)。第三,随着体制要素的不断完善,文化竞争力的研究将视角转向文化产业中最为核心的要素:创新和创意。以理查德·佛罗里德和爱里·廷格尔为代表的学者提出了"创意经济及创意指标"。他们认为:文化竞争力以创意阶层的智能和创意作为资源,以不断增长的研发投资和创业投资为动力,以技术创新、组织创新和产品创新为表现形式。

2.4 文化事业与文化产业的作用机制

2.4.1 我国对文化事业与文化产业的界定

2002年,党的十六大首次将文化细化为文化事业与文化产业两种,提出应当发展文化产业与文化事业,创新并且改革文化体制。文化事业和文化产业作为文化发展必不可少的组成部分,都需要坚持把社会效益放在首位,担负共同的社会责任。在现代经济社会,文化事业作为意识形态产品与公共产品相结合的产物,具有极强的思想性、艺术性和审美价值,是要保证意识形态安全和社会公共利益的基础公共事业,对维护公民基本文化权益、满足人民群众基本文化需求具有重要保障。在社会主义市场经济条件下,文化事业建设是政府在文化领域履行经济调节、社会管理、市场监管和公共服务职能,弥补文化市场失灵的有效手段,体现了国家社会文明进步的程度。文化产业是以"原创性"的精神活动为根本,以文化产品和服务的创作、生产、传播、消费为主要内容的行业。文化产业所需的生产资料必须具备文化艺术价值和信息传播的功能,能够满足精神价值的功能,且受到本国经济发展水平、科技水平、公共文化供给和人文素质的制约。

2.4.2 文化事业与文化产业的区别与联系

文化事业与文化产业有一定的区别,如图2-1所示。从生产目的看,文化事业以追求社会最高效益为原则,为满足社会共同需要提供文化产品;文化产业以追求经济利益最大化为首要目标,为满足市场需要提供文化产品。文化事业与文化产业的核心区别在于,文化事业具有公益性与非营利性,需要政府主导提供产品和服务;文化产业则具有市场性与营利性,需要企业主体按照市场的要求向社会提供带有营利性质的产品和服务。从服务对象看,文化事业作为公共需要,服务的对象是全体国民;文化产业以市场为导向,服务的对象是消费者。从运营机制看,文化事业作为政府主导的公共保障机制,依靠政府投入、社会捐赠和赞助;文化产业按照市场机制运行,主要依靠社会资本。从调控手段看,文化事业是基本性和超前性相协调的公益事业,为涵盖最广大人民群众的文化需求,政府根据公共需要的变化,通过行政、财政手段直接调控文化事业;文化产业具有市场性、营利性和多样性的特点,政府要从经济社会发展的角度出发,通过法律、税收、价格手段间接调控文化产业。

文化事业与文化产业也有紧密的联系。文化事业、文化产业都是满足群众精神文化需求、保障人民文化权益的重要途径。一方面,文化产业蓬勃发展是文化事业繁荣的重要基础。文化产品、文化服务作为文化产业的输出成果,需满足当期社会的消费外,必然会有一定量的文化积累,经过积淀逐渐转化为公共层面的产品与服务,最终成为公益性质的文化事业。另一方面,文化事业的繁荣是文化产业蓬勃发展的源泉。文化事业的繁荣发展会激发创造性生产,哲学、文学、艺术、人文、科技等原创作品如雨后春笋般不断涌现,极大丰富了人民群众的文化产业需求,促进文化产业的快速发展。由此可见,健全现代文化产业体系要以文化事业带动文化产业,鼓励社会力量积极参与文化建设,促进公共文化服务供给内容和模式的推陈出新,以文化产业的高质量发展反哺文化事业,推动文化事业和文化产业协调发展。

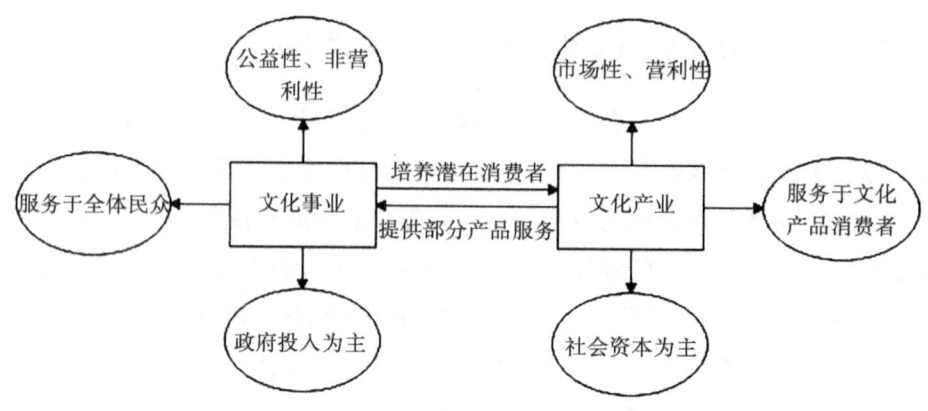

图 2-1 文化事业和文化产业的区别与联系

2.4.3 文化事业对文化产业的基础制约

首先,文化事业作为一项社会事业,强调意识形态安全,为社会公众提供先进文化资源,保障公共利益,维护公平合理的市场环境。文化产业作为一种创意型产业,高度依赖多样的文化资源和高智商的人力资源,需要保证文化安全和创意收益。其次,文化事业作为一项公共事业,政府部门通过对文化发展的规划、组织、协调和监督提供广覆盖的基础设施和传播媒介。文化产业作为生产与服务并存的产业,其发展条件、规模、程度受到文化设施建设的影响。再次,文化事业作为一项公益事业要保护传统文化、红色文化和优秀文化资源,加强公共供给的质量,提高消费者的素质,培育文化市场。文化产业作为需求型产业,需要以社会经济发展、文化消费体验为导向,与文化事业关系紧密。最后,文化事业作为一项公共事业,也作为一项基础事业为社会活动提供技术应用载体和配套支持,需要一定的前瞻性。文化产业作为一项循环上升的产业,科学技术的进步深刻影响其产业形态、结构组成和业态更新。

综上所述,尽管文化事业与文化产业存在诸多异同,但作为社会主义文化建设的重要组成部分,都应具备文化价值的担当,相互配合、相互促进,使先进文化成为引导社会进步和经济发展的精神力量与智力支持。只有强调文化事业与文化产业并重、互补共生、协同配合,才有助于国家文化事业的繁荣,文化产业的振兴,并逐步形成科学、有序、合理的发展方式和运行模式,形成文化需求牵引供给、供给创造文化需求的更高水平的动态平衡。

2.5 建立健全现代文化产业体系

2.5.1 产业体系的发展历程

产业体系是同类型产品或服务相互联系、相互制约,处于生产链不同环节中的行业的集合。2006年,中共中央办公厅、国务院办公厅印发了《国家"十一五"时期文化发展规划纲要》,第一次提出"文化产业体系"的概念。该规划纲要提出,抓好文化产业体系建设,重塑市场主体,优化产业结构,确定重点发展的产业门类,培育文化产品市场和要素市场,发展现代流通组织和流通形式,形成以公有制为主体、多种所有制共同发展的文化产业格局。首先,确定了我国文化产业体系涵盖影视制作业、出版业、发行业、印刷复制业、广告业、演艺业、娱乐业、文化会展业这八大门类,通过经济政策引导并带动国家数字电影制作基地建设、国产动漫振兴工程、"中华字库"工程等重大文化产业项目的跨越式发展。其次,将建设一批文化产业强省、强市和区域性特色文化产业群作为优化文化产业布局和结构的重要举措,加强重点文化产业带建设,加快文化产业园区和基地建设,促进区域文化产业协调发展。最后,从推动规模化、集约化经营、改造传统文化产业、发展"专、精、特、新"中小型文化企业、鼓励发展文化相关产业方面改变文化产业增长方式,提高效益,适应社会主义市场经济的发展要求。

党的十七大报告针对我国经济结构中存在的突出问题,作出了发展现代产业体系的战略部署,为推进产业结构优化升级指明了方向。形成现代产业体系,要坚持走科技含量高、经济效益好、资源消耗低、环境污染少、人力资源优势得到充分发挥的中国特色新型工业化道路,以信息化带动工业化,以工业化促进信息化。大力推进信息化与工业化融合,促进工业由大变强。从改革体制、机制、加大资金投入、完善政策等方面采取措施,发展现代服务业,要加大支农惠农政策力度,积极发展现代农业。党的十七届三中全会首次提出了"现代产业体系"概念,现代产业体系中的"现代"不仅仅是指时间概念,其还有更为丰富的内涵。现代产业体系是以高科技含量、高附加值、低能耗、低污染、自主创新能力强的有机产业群为核心,以技术、人才、资本、信息等高效运转的产业辅助系统为支撑,以环境优美、基础设施完备、社会保障有力、市场秩序良好的产业发展环境为依托,并具有创新性、开放性、融合性、集聚性和可持续性特征的新型产业体系(花建,2005)。

党的十八大提出,要着力构建现代产业发展新体系;党的十八届五中全会通过的《中共中央关于制定国民经济和社会发展第十三个五年规划的建议》对构建产业新体系作出了全面部署,包括新型制造体系、现代服务业、战略性新兴产业、传统产业优化升级、利于新体系的政策体系和产业发展国际化水平。通过创新驱动、绿色低碳、两化融合、结构优化、开放合作和人才为本的举措,加快产业转型升级,积极拓展发展空间,努力推动我国产业体系向创新能力强、质量效益好、结构布局合理、可持续发展能力和国际竞争力明显增强的方向发展。党的十九大报告提出,着力加快建设实体经济、科技创新、现代金融、人力资源协同发展的产业体系。关于产业体系的新论述,充分强调了"四个协同"存在的逻辑关系,实体经济是我国经济发展的基础,科技创新是发展的核心驱动,现代金融是贯通的血液,人力资源是首要支撑。因此,现代产业体系是现代元素比较显著的产业构成,以智慧经济、数字经济为主导,大健康产业为核心,现代农业为基础,通过农业、工业、服务业、信息业、知识业五大产业的融合实现产业升级、经济高质量发展的产业形态(陈世清,2010)。

2.5.2 现代文化产业体系的形成

2011年党的十七届六中全会提出,建设社会主义核心价值体系是文化改革发展的根本任务,要构建现代文化产业体系,形成以公有制为主体、多种所有制共同发展的文化产业格局。现代文化产业体系要以社会主义核心价值体系为指导,将文化产业自身结构调整与建设社会主义文化强国所蕴含的价值取向、所贯穿的道德原则、所倡导的精神风貌相一致。党的十八大报告指出,加快完善文化管理体制和文化生产经营机制,基本建立现代文化市场体系,健全国有文化资产管理体制,形成有利于创新创造的文化发展环境。现代文化市场体系与全面建成小康社会的五个目标之一的"要显著增强文化软实力"相互统一,既是文化与经济相互交融的集中体现,又从文化的经济功能上确立了完善管理经营机制、建立现代体系、健全资产体制和形成创新的发展环境的战略步骤。党的十八届三中全会通过了《中共中央关于全面深化改革若干重大问题的决定》,确立了文化改革发展目标,提出建立健全现代文化市场体系需要提高文化产业规模化、集约化、专业化水平的科学论断,在市场主体准入、鼓励公平竞争、增强文化市场主体竞争力、鼓励非公有制文化企业发展、建立多层次文化市场、强化政策环境保障等方面作出了全面部署。

习近平总书记在党的十九大报告中充分肯定了十八大以来我国文化事业和文化产业所取得的重大成绩,明确指出中国特色社会主义进入了新时代,健全现代文化产业体系和市场体系,创新生产经营机制,完善文化经济政策,培育新型文化业态是满足人民多样化、高品位文化需求的重要基础。党的十九届四中全会提出,健全现代文化产业体系和市场体系,完善以高质量发展为导向的文化经济政策。党的十九届五中全会提出要提高社会文明程度,提升公共文化服务水平,健全现代文化产业体系。党的十九大以来明确了新时期现代文化产业体系从"整体性建构"到"不断健全"的战略定位,进一步凸显了文化产业在全面建设社会主义现代化强国中的重要地位,为新经济时代以科学技术为主导的发展新格局指明了方向。

2.5.3 现代文化产业体系高质量发展

2017 年,中国共产党第十九次全国代表大会首次提出"高质量发展"的表述,表明中国经济由高速增长阶段转向高质量发展阶段。高质量发展不能只用单一的统计数据,也不能靠单一的生产效率指标进行量化,需要使用一套完善的综合科学体系验证。因此,需要将不同层次的影响及因素纳入综合科学验证体系(宗祖盼,2020)。高质量发展,即与一定的社会生产力发展水平相适应,结构相对合理,发展速度较快,供需基本平衡,生产要素得到充分利用,全要素生产率和经济效益不断提高的经济运动过程。从宏观上看,高质量发展就是要保持经济的平衡协调发展;从中观上看,要保持产业结构、区域结构和市场结构的不断优化和升级;从微观上看,要实现全要素生产率的不断提高。高质量发展的基础是增加经济总量,核心是优化经济结构(周绍朋,2018)。所以,推动高质量发展,既是适应经济发展新常态的主动选择,贯彻新发展理念的根本体现,也是适应我国社会主要矛盾变化的必然要求,更是建设现代化经济体系的必由之路。由此需要对原有体系进行质量变革、效率变革、动力变革。

质量变革作为高质量发展的物质前提和质量基础,是提供发展空间和环境的基本保障。它通过不断改善生产、生活和产品的结构提升质量,增加有效供给,强化管理体制、竞争机制和企业经营激励,形成与之相匹配的市场环境、技术环境和人才资源,加大各领域、各层面的科技含量和技术性能。效率变革是高质量发展的核心目标,应符合现代产业经济的发展规律,正确处理生产效率、市场效率和协调效率之间的关系,推进要素的市场化配置,拓展效率视野、提升效率层次,追求效益优先。动力变革作为供需支撑能力和经济发展动力变化调整的关键保障,适应高质量、高效率现代化经济体系建设的需要,通过创新发展动力、结构发展动力、城镇化发展动力和产权保障动力,实现由数量红利到质量红利的转换。

高质量文化产业发展要充分考虑产业的规模形式、供给方式和产业结构等问题,对成果转化、企业贡献程度进行综合评判(任保平,等,2018)。高质量发展现代文化产业体系需要正确把握整体推进和重点突破的关系、总体谋划和久久为功的关系、除去旧动能和培育新动能的关系、生态环境保护和经济发展的关系、维护公平与讲求效率的关系。

高质量发展现代文化产业体系是坚定文化自信,走文化强国之路的必然要求,也是适应我国社会主要矛盾变化,全面建设社会主义现代化国家的必然要求,更是遵循经济规律发展的必然要求。现代文化产业体系是适应我国现代产业体系建设而提出的理念。现代文化产业体系是指以科技和创意创新为驱动,生产要素配置优化,行业布局合理,以生产文化产品和提供文化服务,满足精神和经济双重效益为目标,具备信息化、技术化、创新性、跨业态融合与可持续发展特征的核心行业与相关行业的有机组合。现代文化产业高质量发展体系,可以参照中央经济工作会议提出的"必须加快形成推动高质量发展的指标体系、政策体系、标准体系、统计体系、绩效评价、政绩考核,创建和完善制度环境"的方针(安蓓,等,2017)。按照新时代社会主义文化建设的实践要求,建立健全现代文化产业政策体系、市场体系、统计体系、绩效考核体系等。

2.6 我国现代文化产业体系的建构

2.6.1 现代文化产业体系的内涵

现代文化产业体系是现代产业体系的重要组成部分,是文化产业发展到高级阶段需要构建的产业体系目标,是以高科技含量、高文化创意、低耗能、强产业关联度与强互动性的有机文化产业群为核心,以技术、资本、人才等高端要素的自由流动为依托,文化产品和服务供给与文化消费需求平衡,与其他产业融合发展的要素配置优化、产业链完整、科技创新、市场环境优化、数据信息协同、业态融合、供需协同的产业系统。现代文化产业体系是适应我国现代产业体系建设而提出的理念,是指以科技和创意创新为驱动,生产要素配置优化,行业布局合理,以生产文化产品和提供文化服务、满足精神和经济双重效益为目标,具备信息化、技术化、创新性、跨业态融合与可持续发展特征的核心行业与相关行业的有机组合。

现代文化产业具有以下三层含义:首先,现代文化产业体系强调技术与信息化对于产业核心领域发展的支撑作用;其次,现代文化产业体系意味着文化产业与其他产业的深度融合,促进国民经济整体产业结构的优化升级,协同促进国民经济跃迁;最后,现代文化产业体系意味着生产要素、行业布局等本产业内资源禀赋生态圈的良性循环。

2.6.2 现代文化产业体系的目标

我国现代文化产业体系的目标包含如下四个方面:首先,完成文化产业的社会属性,坚持社会主义核心价值观和以人民为中心的创作理念,文化产品能够增强中华传统文化的影响力和凝聚力,能够满足人民群众多元化、分众化的精神产品需求。其次,构建以市场为主导的产业发展环境,不断优化政府服务效能,形成产业发展环境建设的常态体制机制。任何产业的发展都离不开环境要素的制约,文化产业发展、市场环境培育可以逐步形成常态化的体制机制建设方案和途径,为文化产业的可持续发展提供保障。再次,以科学技术为重要推动力,不断促进文化产业的高质量发展,提升文化产业的市场表现和盈利能力,促使其成为国民经济发展的支柱性产业。最后,文化产业赋能国内产业的发展,以"文化+"的方式增加国民经济其他产业的文化内涵与附加值,破解其他成熟期产业的同质产品竞争困境,助力其他产业转型升级发展。

2.6.3 基于生产链理论的体系要素分析

从不同的视角出发,现代文化产业体系就有不同的分类,本书以生产链理论为基础分析现代文化产业的体系要素构成。现代文化产业体系包括文化资源、文化生产、文化产品和文化消费四个环节要素。其中,文化资源是现代文化产业体系的基础性要素,是文化产品和服务生产的开端;文化生产是现代文化产业体系中的核心环节,通过文化生产,无形的文化资源才能变成有形的文化产品,才能供给市场;文化产品是现代文化产业体系中的物质载体,具备经济价值和精神价值双重属性,展示了文化产业体系不同于其他制造业的核心特征;文化消费是现代文化产业体系发展的动力,只有通过文化消费,文化产业生产链各环节上的价值增加才能得以体现。

要构建现代文化产业体系,除了核心生产链各个环节的影响要素,外部环境要素也很重要。现代文化产业体系的外部环境要素包括文化产业政策、人才资源、投融资体系以及科学技术。任何一个产业的发展都离不开产业政策的引导与辅助,现代文化产业也不例外。文化产业政策为现代文化产业体系发展提供市场监管、知识产权保护、税收管理、中小文化企业扶持等服务,借此优化和完善现代文化产业发展的市场环境。现代文化产业以创新创意为核心要素,离不开人才资源提供的智力支持,文化产业中设计、生产、流通、销售各个环节中都需要专业人才提供创新性的服务。现代文化产业体系的发展需要有资本支持,金融体系与投融资模式决定了文化企业获得资金的规模,直接影响文化产业的生产规模能力。现代文化产业体系的本质特征之一就是较高的科技含量,在文化产业生产链的生产、推广、销售各环节中都强调技术的参与与支持,通过技术提升生产链各个环节的生产效能,提高各生产环节中附加值,进而提升文化产业的市场表现和盈利能力。

总之,现代文化产业体系的建构需要考虑生产链内部要素和生产链外部要素的共同作用,两者协作,发挥共向协同作用,才能建构生产链条完整、高端要素聚集、体制机制灵活、技术引领、结构优化的现代文化产业体系。生产链内外部要素的共同作用如图 2-2 所示。

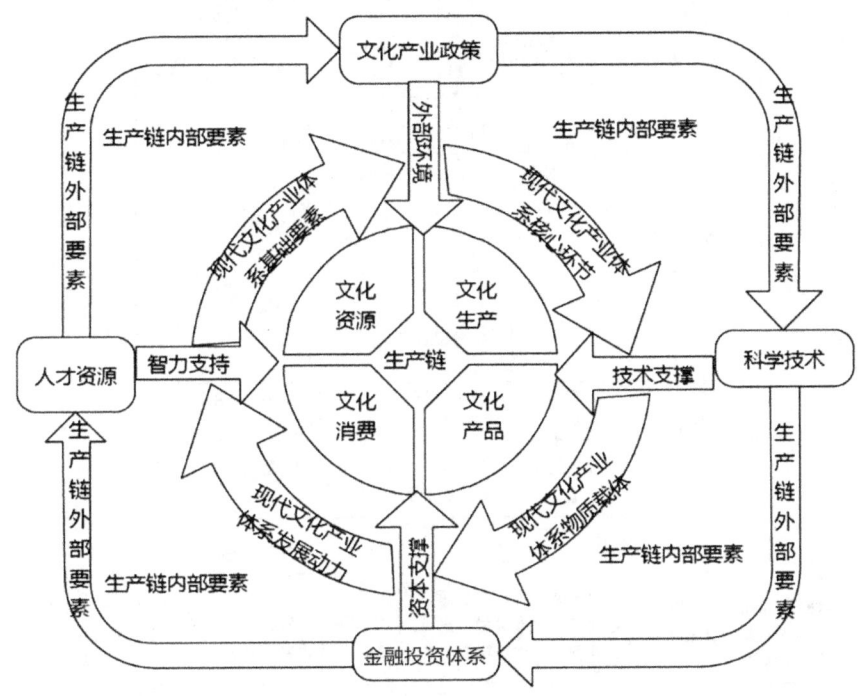

图 2-2　基于生产链理论的现代文化产业体系要素分析

2.6.4　现代文化产业体系的动态运行

现代文化产业体系是信息化的、创新的、协同的、融合的,具备较强的与其他产业协同发展潜质的动态产业系统。信息化与创新性是顺应社会发展以及群众分众化文化产品需求的结果,协同与融合发展是适应文化产业内部要素配置以及文化产业与其他产业互动联通、共同发展要求的结果。现代文化产业体系运行需要实现要素配置优化、数据信息协同、供需协同与业态融合的良性发展循环(顾江,2021)。

现代文化产业以技术、信息、数据等高科技含量生产要素助推人才、资本、文化资源等传统要素配置趋于合理,信息化生产要素与传统生产要素协同合作,构建产业链、技术链、资金链、人才链的动态联合,实现要素的最优化配置,

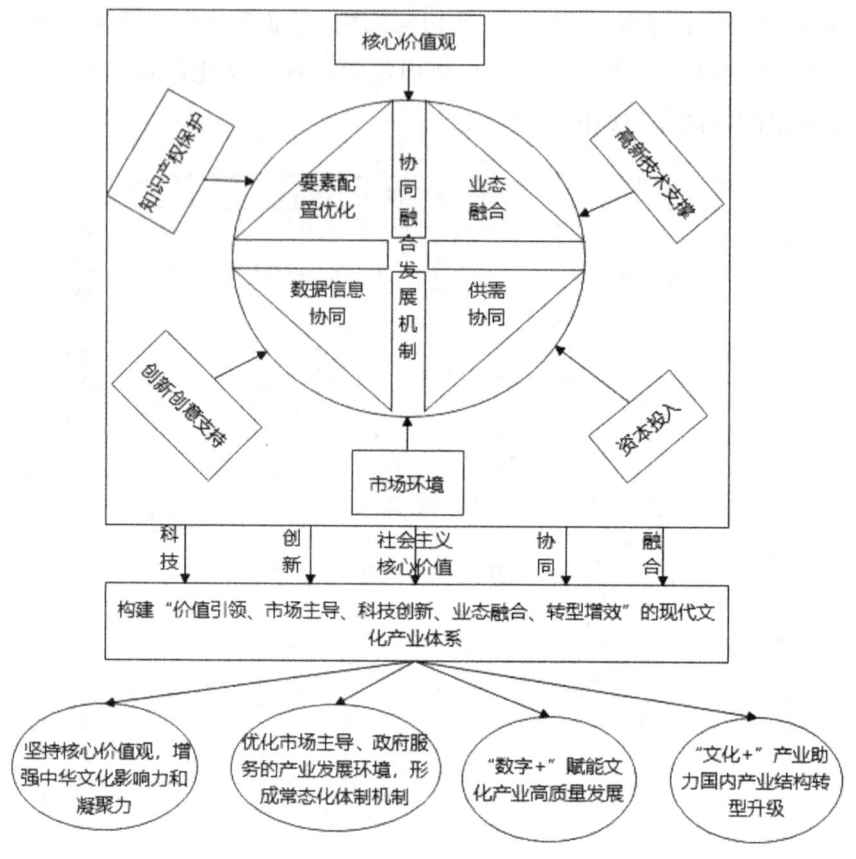

图 2-3　现代文化产业体系运行的逻辑与目标

充分发挥要素效能。数据信息协同发展主要表现为政府数据与产业数据的协同共享以及产业内部数据信息的共享。数据信息包括产业发展供需信息、资本流动信息、市场信息、产品盈利信息、市场监管服务信息等,这些信息从不同维度促进现代文化产业发展。政府与产业为主体分别建设的大数据中心、发展平台等实现协同共享,有效消除数据信息孤岛问题,提升数据信息的有效性,提高数据信息的实用价值。现代文化产业发展需要加快供给侧改革,供给侧通过要素优化配置与生产的创新升级,提供文化产品供给的数量和提高其质量;需求侧则着力于培育文化消费市场与文化消费黏性,形成文化消费刺激文化产品供给,文化产品高质量供给倒逼文化消费扩大的良性发展生态。业态融合首先是指数字产业与文化产业的融合,加快传统文化产业的转型发展,而并非产生"挤出效应";其次是指文化产业与旅游产业、康养产业、休闲产业、制造业、农业的深度融合,拓展文化产业内涵,延长文化产业链,突破产业边界,催生新业态与新发展模式;最后是指"文化+"产业的发展,以文化产业为切入点,提升文化产业为其他传统产业服务意识,增加其他产业的文化附加值。现代文化产业体系运行的逻辑和目标,如图2-3所示。

第三章
现代文化产业体系的历史演变与事实特征

本书以库恩的科学发展模式理论、普赖斯的科学前沿理论、社会网络分析结构洞理论、知识单元离散与重组理论为基础,将现代文化产业研究数据进行可视化分析。通过对海量文献资源进行自动化数据处理,将研究结果多元、分时、动态地呈现在引文分析界面,可视化展示研究领域发展的知识谱系;同时,在图谱上将作为知识基础的引文节点文献和共被引聚类特征自动标识,显示研究发展的热点与前沿趋势。

3.1 研究工具与数据处理

为了确保文献分析的质量,本书选取中国知网 CNKI 数据库中的北大核心期刊与 CSSCI 来源期刊为数据来源,在检索术语确定时,"文化产业"和"创意产业"在学界研究中,有着较为接近的内涵,因此选择上述两词语作为关键词。现代文化产业在我国首次正式被提及是在 2007 年党的十七大报告中,检索时间范围选择为 2007 年以后。在上述基础上,进行尝试搜索,发现存在一部分书评类文章,需要通过检索表达式删除。最终的检索表达式为:篇名 = "文化产业" OR 篇名 = "创意产业" NOT 篇名 = "评";时间范围:2007—2021;来源类别:北大核心与 CSSCI。在检索结果中,手动删除与主题不相关、无作者,或作者为编辑部的文献,最终得到的有效文献数量为 5 518 篇。

如图 3-1 所示,对于现代文化产业的研究,2007—2008 年处于低速增长时期,2008—2012 年处于高速增长期,发文量在 2012 年达到了最大值,其后发文量逐年下降。文献年度增长曲线以及文献累计增长曲线的趋势也展示出上述特征。2008年以后的研究快速增长,主要是因为现代文化产业在十七大报告中首次明确纳入现代经济产业体系中,体现了政策的转变,引发了学界的研究热情。

图 3-1　现代文化产业发文量与增长曲线

3.2　研究概况:基于合作网络分析

科学计量学家 Katz 和 Martin(1997)认为:科研合作就是研究者为生产新的科学知识这一共同目的而在一起工作。不同的研究者之间会产生合作关系,研究者隶属的研究机构之间也会形成合作网络,作者合作网络与机构合作网络的可视化就能呈现现代文化产业研究的概况。

3.2.1　作者合作网络

针对相同的研究领域,半数的论文为一群高生产能力研究者所撰,这一研究者集合的数量上约等于全部研究者总数的平方根(Price,1986)。同时,高产研究者中符合普赖斯定律的为该领域核心研究者,核心研究者能够在可视化知识图谱中形成较大节点,围绕这些较大节点,与其他研究者形成合作网络。普赖斯定律假设该领域最高产的学者发文量为 N_{max}，则核心作者的发文量应不少于 $M \approx 0.7498 \times \sqrt{N_{max}}$。

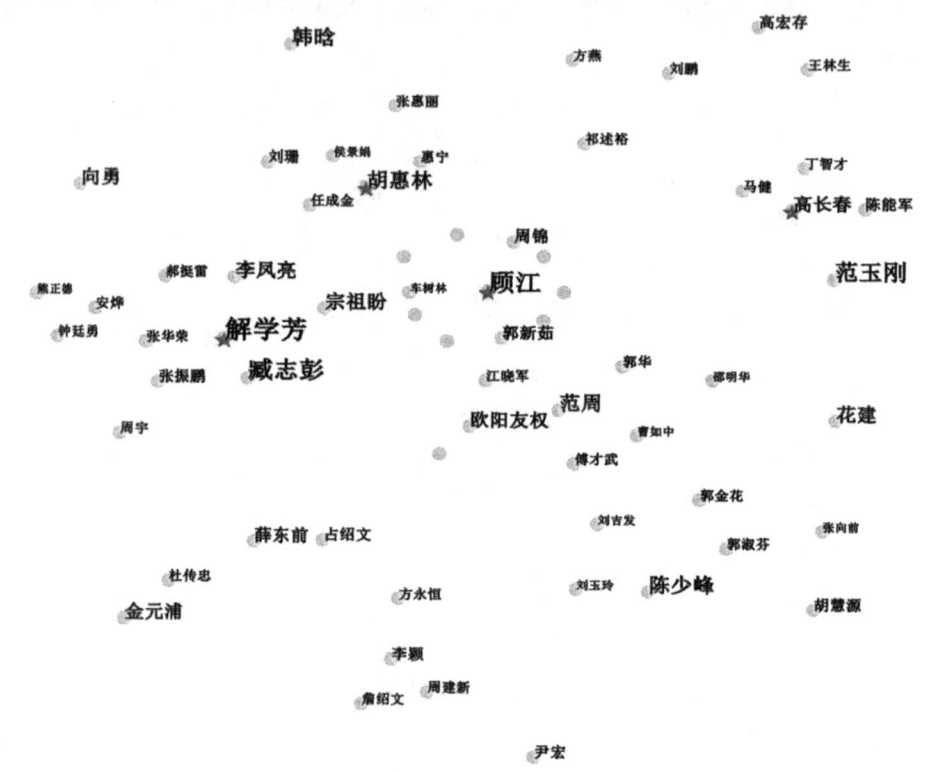

图 3-2 现代文化产业核心作者合作网络

如图 3-2 所示，现代文化产业研究中，作者总数为 588，最大发文量为 34，$M \approx 4.37$，发表 5 篇及以上论文的作者为该领域核心作者，共计 48 位核心作者。以核心作者为中心，形成作者合作网络，包括：(1) 以解学芳 (2021) 为核心的合作网络，主要探讨"智能+"时代的智能化技术与文化产业在供给、流通、消费、技术与价值链多维度的深度融合，近年来特别关注区块链技术在文化产业中的作用；(2) 以高长春 (2018，2020) 为核心的网络，主要关注城市创意产业空间集聚效能，建构其指标体系，并且提出区域空间动态集聚轨迹算法，形成产业空间聚类可视化图像，为政府相关部门提供决策依据；(3) 以顾江 (2017，2019) 为核心的合作网络主要研究区域文化产业发展，指出文化产业集聚及其空间溢出效应可以提升区域文化创新能力，而创新能力是文化产业发展的原动力;(4)以胡惠林(2014,2017)为核心的合作网络主要建构了中国文化产业发展指标体系,包括物本发展指标、人本发展指标以及社会制度发展指标,同时认为指数究其实质就是标准,标准在国际社会中具有战略意义,文化产业指标体系的制定就是建立我国文化产业的"数据话语权"。

总体而言,对于现代文化产业的研究,学者们形成了一些较为明显的合作网络,但学者们之间的关系较为分散,合作网络数量不足,大多数学者处于合作孤岛中。

3.2.2 机构合作网络

CNKI 数据库中显示有 451 所高校以及研究机构参与了现代文化产业的研究,如图 3-3 所示,其中发文量在 10 篇以上的机构包括深圳大学文化产业研究院(31 篇)、华中师范大学国家文化产业研究中心(29 篇)、东华大学旭日工商管理学院(26 篇)、山东大学历史文化学院(21 篇)、四川大学文学与新闻学院(21 篇)、北京大学艺术学院(21 篇)、同济大学人文学院(20 篇)、中国传媒大学文化产业研究院(20 篇)、南京大学国家文化产业研究中心(19 篇)、北京大学文化产业研究院(19 篇)、上海交通大学媒体与设计学院(18 篇)、上海社会科学院文化产业研究中心(18 篇)、西安建筑科技大学管理学院(17 篇)、中国传媒大学文化发展研究院(16 篇)、济南大学管理学院(15 篇)、北京交通大学经济管理学院(14 篇)、华东政法大学人文学院(13 篇)、陕西师范大学国际商学院(13 篇)、云南大学文化产业研究院(12 篇)、东华大学管理学院(11 篇)。

上述机构与作者合作网络趋势一致,有核心作者的研究机构往往也是在机构合作网络上呈现的节点较大。在上述高产机构中具有突现性的机构为文化产业研究院,同时也有管理学院、商学院、艺术学院与人文学院的参与。上述数据表明,该研究领域已经形成了以文化产业研究院为主导,管理学、经济学与艺术学多学科视角并存的格局,共同引领了该领域研究未来的趋势与发展方向。

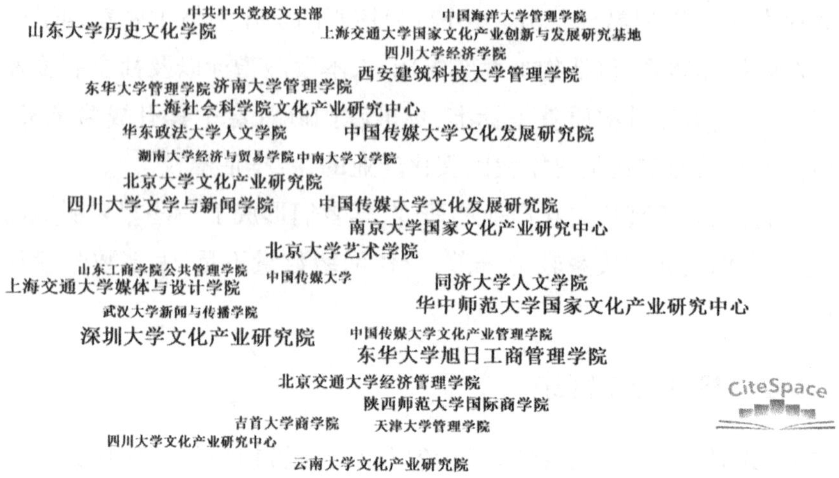

图 3-3　CNKI 机构合作网络

3.3　研究知识基础：基于高被引文献分析

科学研究是促进知识流动的重要手段，在研究过程中，研究者们会引用其他论文，使得知识从不同的研究主题流动到当前的研究中，是知识单元从游离状态到重组产生新知识的过程。文献的引用体现了知识的累积性、连续性、继承性以及学科之间的相互交叉渗透（陈悦，等，2015）。研究领域中被高频词引用的论文奠定了该领域的研究知识基础。CNKI 数据库中，文化产业研究排名前十的高被引文献如表 3-1 所示。

表 3-1　现代文化产业高被引文献

作者	文献名	关键词	被引频次	发表期刊	发表时间（年份）
张海燕；王忠云	旅游产业与文化产业融合发展研究	旅游产业；文化产业；产业融合	421	资源开发与市场	2010
王家庭；张容	基于三阶段 DEA 模型的中国 31 省市文化产业效率研究	文化产业；三阶段 DEA 模型；技术效率；规模效率；纯技术效率	330	中国软科学	2009
蒋萍；王勇	全口径中国文化产业投入产出效率研究——基于三阶段 DEA 模型和超效率 DEA 模型的分析	文化产业；投入产出；DEA；SFA；超效率	299	数量经济技术经济研究	2011

续表

作者	文献名	关键词	被引频次	发表期刊	发表时间（年份）
翁钢民；李凌雁	中国旅游与文化产业融合发展的耦合协调度及空间相关分析	旅游产业；文化产业；融合发展；耦合协调度；探索性空间数据分析	293	经济地理	2016
程晓丽；祝亚雯	安徽省旅游产业与文化产业融合发展研究	旅游产业；文化产业；融合发展；安徽省	261	经济地理	2012
赵华；于静	新常态下乡村旅游与文化创意产业融合发展研究	新常态；产业融合；乡村旅游；文化创意产业	234	经济问题	2015
王志成；谢佩洪；陈继祥	城市发展创意产业的影响因素分析及实证研究	创意产业；创意经营环境；创意资本基础	200	中国工业经济	2007
胡惠林	国家文化治理：发展文化产业的新维度	国家治理；文化治理；文化产业治理性；国家文化治理	198	学术月刊	2012
侯兵；周晓倩	长三角地区文化产业与旅游产业融合态势测度与评价	文化产业；旅游产业；融合发展；长三角地区	193	经济地理	2015
蔡荣生；王勇	国内外发展文化创意产业的政策研究	文化创意产业；政策	191	中国软科学	2009

高被引文献中，张海燕（2010）、翁钢民（2016）、赵华（2015）、侯兵（2015）等学者的研究主要聚焦于文化产业融合发展，尤其是与旅游产业的融合发展，调查文化产业融合发展现状，分析文化产业融合发展的耦合协调度，从技术、产品、企业、市场层面探讨产业融合发展路径；王家庭（2009）、蒋萍（2011）等学者主要关注通过DEA模型对于文化产业的效率进行数据化分析，并据此提出建议助推文化产业的发展；王志成（2007）、蔡荣生（2009）等学者主要研究影响文化产业发展的因素，如政策、商务环境、知识产权保护力度、技术创新能力、人才竞争能力等方面，并给予每个因素针对性的提升路径。

该领域的高被引文献被引频次与其他领域研究相比较高，表明聚集在该领域的研究者较多，同时高被引文献具有很强的辐射能力，其后与之相关的研究集中，在文化产业研究中形成了研究主体团块向四周星状放射的格局。这些高被引文献奠定了该领域研究的知识基础，同时也是文化产业研究深入发展的桥梁。

3.4 研究趋势：基于关键词聚类与凸显分析

预生成关键词共现聚类时发现，现代文化产业研究文献 Node = 817，Links = 3 202，使用 K 标签生成聚类后，显示聚类的 Q = 0.405 2，S = 0.693 5。M 值和 S 值已经达到聚类结构生成的要求，但数值不够理想。因此，在正式生成关键词共现聚类图谱时，设置参数，将 pruning 设置为 pathfinder，寻径网络算法不会减少网络节点数量，只优化连线数量。同时，设置 calculation of centrality，用于完成中介中心性的计算。设置参数之后，聚类结果显示 Q = 0.533，S = 0.799 9，两个数值较之前都有提升，同时，S>0.7 意味着聚类是令人信服的。

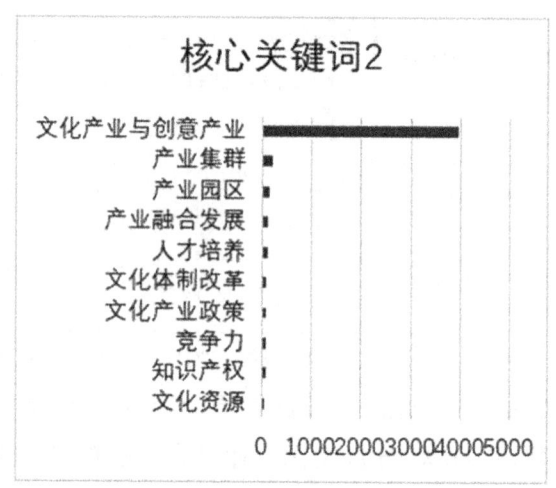

图 3-4　现代文化产业研究核心关键词

在聚类图谱中，处于大节点处的关键词也是高频、核心关键词，核心关键词代表了研究领域的重点、热点并可以推测出研究未来的发展趋势。排名前十的关键词中，有些关键词表达的意思基本相当，如文化创意产业和创意产业，将这些意义相近的关键词进行叠加计算，生成的核心关键词如图 3-4 所示。调整之后的核心关键词更深刻地描述了该领域研究的主题，研究者们分析了文化产业政策对于文化产业发展的影响，关注了文化产业的集群效应，提出将文化产业与其他产业融合发展，并且关注了知识产权在文化产业中的推动作用。

在 CiteSpace 可视化分析中，中介中心性对于关键词的衡量也是一个重要的指标,centrality 值>0.1 的即为关键节点。节点具备强中介中心性表示文化产业研究领域的其他节点在最短距离内均需要经过该节点,该节点是信息流通的重要通道。现代文化产业研究中,关键节点为文化产业、文化创意产业、创意产业。关键节点主要集中于表述文化产业的三个词语上,主要因为该领域研究的学者数量较多,文献资源丰富,研究方向多元化导致精确表述各细化研究的关键词在大数据下很难成为中介中心性强的关键词。

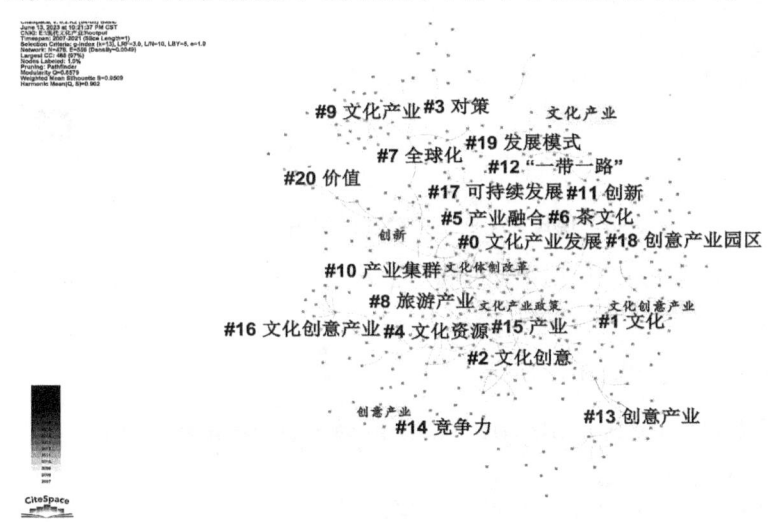

图 3-5　现代文化产业关键词聚类

关键词彼此之间是相互联系的,联系紧密的关键词往往代表了研究主题之间的相似性,也形成了关键词的聚类。关键词聚类由数字标签标识,数字越小,聚类中包含的关键词就越多。如图 3-5 所示,总共出现了 21 个聚类。其研究主题主要集中于产业经济学、管理学、国际贸易以及文化研究等学科领域。

3.5　演进趋势

现代文化产业研究路径的演变可以通过关键词时区图与关键词突发性探测进行可视化展示。如图 3-6 所示,关键词的时区图分布可以展示某一个研究阶段内出现的所有新的关键词,而关键词突发性则显示了某一关键词在短时间内研究量激增,成为该时段内的研究热点。

时区图的参数设置为 2007—2021,years per slice=1,以每一年度为一个切

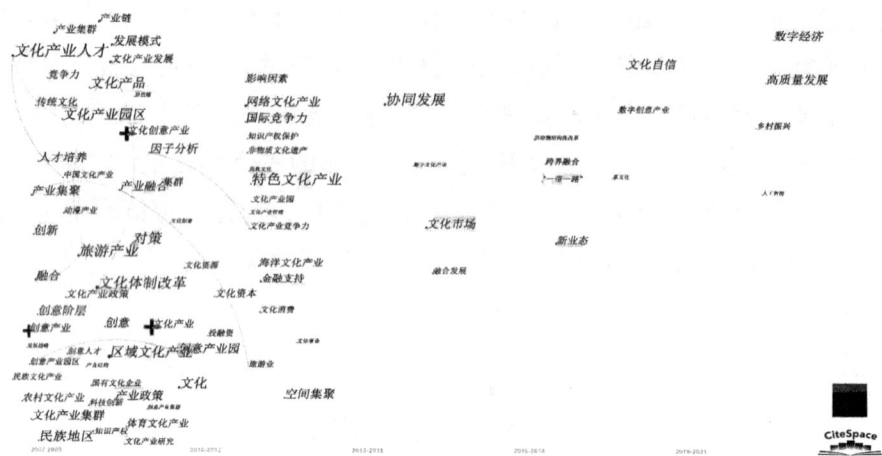

图 3-6　现代文化产业关键词时区图

片单位进行分析。关键词突发性探测的伽马值设为 1.0，minimum duration 值设为 2，共得到 99 个具备突发性的关键词，系统默认选择前 25 个为核心突发性关键词，突发性关键词如图 3-7 所示。

Top 25 Keywords with the Strongest Citation Bursts

Keywords	Year	Strength	Begin	End	2007 - 2021
创意产业	2007	69.61	2007	2010	
创意产业发展	2007	9.35	2007	2010	
文化体制改革	2007	8.04	2007	2012	
发展文化产业	2007	11.12	2008	2010	
动漫产业	2007	7.21	2008	2011	
文化产业振兴	2007	6.08	2008	2010	
金融危机	2007	10.37	2009	2010	
文化产业振兴规划	2007	9.33	2009	2010	
文化产业发展	2007	8.07	2010	2012	
支柱性产业	2007	9.47	2011	2013	
文化产业园	2007	7.14	2012	2014	
融合发展	2007	8.16	2014	2021	
产业融合	2007	5.82	2015	2021	
"一带一路"	2007	11.2	2016	2021	
茶文化	2007	10.73	2016	2017	
互联网	2007	7.5	2016	2018	
供给侧改革	2007	6.37	2016	2019	
供给侧结构性改革	2007	5.94	2016	2021	
数字创意产业	2007	8.48	2017	2021	
文化自信	2007	7.02	2017	2019	
高质量发展	2007	26.46	2018	2021	
人工智能	2007	8.4	2018	2021	
新时代	2007	8.22	2018	2021	
创新发展	2007	7.04	2018	2021	
乡村振兴	2007	6.62	2019	2021	

图 3-7　现代文化产业关键词突发性探测图

现代文化产业研究可以大致分为三个阶段：

第一阶段(2007—2012年)：现代文化产业研究的爆发阶段。2007年我国首次提出发展现代文化产业体系，对于现代文化产业的研究呈现井喷状态，论文的数量持续大幅度增加。在整个研究阶段，研究者们将研究的视角深入文化产业的方方面面，因此也就导致大量核心关键词汇在这个阶段涌现，包括产业链、价值链、产业集群、创意城市、产业聚集、产业园区、文化体制改革、文化产业振兴规划等。

具体而言，该阶段又可以进一步细化为：第一，2007—2008年度的研究集中于较为宏大的关键词。学者们肯定了文化产业对于国民经济和区域经济的促进能力；分析了新形势下文化产业发展的挑战与机遇，并提出相对应的对策与方法，促进文化体制改革；从空间布局、法律保护、市场资源、文化氛围四个维度描述发达国家文化产业政策及其发展模式，提出我国文化产业发展的路径；阐述了文化产业的产业链以及价值链生成过程，并提出价值链定位模式、价值链延伸模式、价值链分解模式、价值链整合模式的盈利模式。该年度的研究从研究范围而言，大多数站在国家层面上进行论述，对于区域经济的研究成果较少；从研究视角而言，主要是从文化产业的上层建筑角度进行研究，集中于文化产业发展的政策、模式、现状与未来发展路径。总体而言，本阶段的研究以宏观研究问题为主要特色。第二，2009—2010年度的研究则在上年度研究的基础上，逐步缩小研究范围与研究视角。从研究范围上而言，本年度的研究向区域化方向发展，对于长三角城市、北京市、上海市、湖北省等都有所涉及，同时也涉及更加细化的区域，如景德镇、汉杜陵遗址区等。在研究内容上，产业园区、创意产业集聚区与文化产业集群是研究的焦点。不同区域依据区域自身特色建设文化产业园区及创意产业集聚区，如上海老工业历史建筑改造为创意产业集聚区，既保留了老建筑的历史风貌，同时又为它们注入了新的活力，实现了经济效益和社会效益的双赢；北京则依托丰富的文化资源，形成了多个以科技和艺术为核心的文化产业园区。文化产业的集聚形成地理上的团块，即文化产业集群，能够形成规模效应，加速文化产业的发展步伐。第三，2011—2012年度的研究继续探讨文化产业集群化发展，同时关注文化产业的融合发展。产业关联是产业间融合的基础，基于此，旅游产业、体育产业等与文化产业的融合发展成为研究关注的热点话题，金融产业与文化产业的互动机制也被学者们涉及。学者们不再将文化产业视为一种单一的产业,而是推进其在更大范围内,与其他关联性产业相结合,形成更完善的产业链,推动价值链条上各环节的增量。但是,该阶段的产业融合发展分析主要关注的是与文化产业显性相关联的产业,对于融合发展的研究还有可以纵深化发展的可能。

第二阶段(2013—2017年):现代文化产业与"一带一路""供给侧改革"融合研究阶段。从2013年开始,对于文化产业的研究在经历了上个阶段的爆发期之后,文献数量开始有所下降。2013年习近平主席提出了"一带一路"的合作倡议,2015年进入正式实施阶段,文化产业在该阶段的研究凸显了与"一带一路"的融合。

该阶段可以细分为:第一,2013—2014年是文化产业融合发展研究的深入阶段和文化产业竞争力研究的集中阶段。该阶段的研究在已有对于产业融合的研究上,推动文化产业融合研究向纵深化方向发展,提出了融合发展的具体路径,如旅游产业与文化产业融合发展的文化旅游圈融合协作模式、项目开发融合运营模式等。同时,文化产业竞争力也是该阶段研究中的热点词语。学者们从生产要素、需求要素、企业发展以及政府要素等多维度尝试建构文化产业国际竞争力的评价体系,探讨了产业竞争力与产业集聚水平的关系,运用CSS模型测量了我国文化产业的技术效率等。第二,2015年是文化产业围绕"一带一路"研究的凸显阶段。2015年"一带一路"倡议正式实施以后,围绕文化产业服务于"一带一路"建设的研究大量涌现。学者们提出要把握"一带一路"倡议机遇,构建我国文化辐射带,打造文化贸易通道,重新建构我国文化产业的空间布局。也有学者分析了"一带一路"沿线国家文化产业发展存在的问题,针对性地提出要建立国家级文化产业基金,促进我国文化企业"走出去",更要"走进去"。学者们也提出文化产业区域发展不均衡、拓展结构不合理、文化出口产品结构不合理等问题制约了我国文化产业在"一带一路"沿线国家的发展,我国需要深耕文化资源,传播中国价值,创新文化金融,不断拓宽发展途径。第三,2016—2017年是文化产业与供给侧改革研究的融合阶段。2015年底提出供给侧改革以后,对于文化产业供给侧改革的研究开始成为2016—2017年研究中的突发性关键词。学者们指出我国在文化产业知识积累、科技进步、人力资源、创新等内生动力上存在不足,创新机制和技术进步机制是促进我国文化产业发展的战略性选择。除了上述的研究,学者们还关注文化产业与金融供给侧改革的关系,提出我国文化产业与金融机构之间的联动性交叉,融资来源途径单一,金融中介对于文化产业的服务不足,这些都成为我国文化产业发展的障碍,只有不断创新金融供给侧的改革,才能为文化产业的发展注入更多的活力。

第三阶段(2018—2021年):现代文化产业高质量发展深入研究阶段。2018年习近平总书记在全国宣传思想工作会议上指出,在坚持文化产业快速发展的同时,要推动文化产业的高质量发展。该阶段以高质量发展为主要研究点,同时人工智能、创新发展、乡村振兴等也是具备突发性的关键词。

本阶段的研究内容可以细化为:第一,文化产业高质量发展研究。学者们在深刻剖析了文化产业高质量发展的内涵与外延后,建构了文化产业高质量发展指标体系,包括6大类评价准则和29个细化指标,用数据来评价文化产业发展。针对文化产业高质量发展,提出了创新文化管理体制、加强科技与文化产业融合、培育新的消费模式和业态、培养适应文化产业发展人才等多方面的提升路径。同时,将这些路径与区域文化产业相结合,运用DEA-Malmquist模型等结合区域优势解析文化产业发展的助推力,形成了很多具备可操作性的研究成果,不断推动文化产业全要素生产率的提升。新的基础设施建设与金融行业助力等也都被纳入文化产业高质量发展的研究中,从文化产业外部寻求推动力。第二,随着数字经济的不断深入,技术在文化产业中的作用也成了研究关注的焦点。数字经济成为经济增长的主要推动力之一,也是产业竞争的焦点与核心。数字经济与文化产业融合生成的数字文化产业是未来文化产业发展的一个新兴方向。学者们对于数字技术应用对我国文化产业的提升效度进行了Grange因果检验,指出数字技术与文化产业的融合还有较大的发展空间,应将数字化应用到文化产业的生产、分配、流通、消费、支付等全链条环节,实现价值链条的文化增值。第三,乡村振兴需要根据当地资源禀赋发展有比较优势的特色产业,不仅要发展当地经济,而且需要文化与生态的均衡提升,文化产业多重属性的天然优势可以契合乡村振兴需求的多元目标,因此文化产业与乡村振兴的融合研究,就具备了内在的融合机制和动力。另外,对文化产业促进乡村振兴的发展模式进行研究,提出了农村非遗创意生产、农文旅融合发展、小微企业网络化经营、企业集聚化规模化生产、特色文化产品多元化出口、特色乡村文化旅游发展等可行模式。

综上,我国文化产业的研究随着文化产业政策与文化产业发展实际不断推进与深化,形成了大量对文化产业发展实践有指导意义的理论成果,未来的研究还有较大的拓展潜能。2018年以来,随着我国文化产业从量的发展转向质的发展,数字文化产业、区块链、人工智能、文化产业IP等助推文化产业创新发展与高质量发展将成为研究的核心议题。

3.6 研究结论

其一,现代文化产业研究伴随着我国文化产业发展实际和政策变化实际,先后经历了研究爆发期(2007—2012年)、与"一带一路""供给侧改革"融合研究(2013—2017年)、高质量发展深入研究(2018—2021年)三个阶段。文化产业的文化价值、经济价值和社会价值的多重属性决定其在我国未来的产业结构中仍然处于支柱性地位,对于文化产业的研究在未来也会有更大的增长空间。

其二,文化产业研究形成了"经济学+管理学+产业政策学+人工智能+知识产权+艺术学+其他学科"的多学科交叉的网络体系,纵向上沿着提高产业全生产要素效率展开,横向上将多学科的研究成果和视角纳入研究范围,产业政策的指导作用、信息技术的运用、数字经济的推动、知识产权的保护、金融服务的加强等成为重要的促进文化产业发展的外部动力。除了经济和管理类期刊,信息管理、计算机技术以及法学等期刊都成为文化产业研究领域的重要传播载体。

其三,文化产业研究的知识基础与合作关系网络已经形成了一定的合作关系,核心作者形成聚集,也生成一些高产研究机构。其中,根据普赖斯定律计算,核心作者的文献界定基数为5,说明核心作者的文献贡献量较大。高产研究机构以文化产业研究院的表现最为突出,同时也涉及了商学院、人文学院与艺术学院。研究机构的多元化表明该领域的研究呈现学科交叉与融合的趋势。但总体而言,合作网络之间的联系还有进一步加强的空间。

其四,我国文化产业高质量发展是满足人民群众日益增长的文化消费需求的要求,也是我国经济增长方式转型发展,培育产业新动能的要求。要始终坚持高质量发展作为我国文化产业发展的指导方针，以科技创新和文化创意为动力，优化金融服务、市场监管服务与知识产权交易、保护服务，不断提升文化产业链效能，推动文化产业区域差异性发展。同时，积极组织文化产品展会和交易会等会展平台，搭建文化产品贸易国内国际双平台，助力我国文化产业高质量发展。

第四章
区域文化产业竞争力模型构建及其应用

产业竞争力理论应用于产业分析实践中,很多学者和组织逐步提出一些产业竞争力分析模型,并将这些模型应用于产业竞争力评估实践中,为产业发展的未来路径提供参考和借鉴。本章涵盖一些产业竞争力评价中较为有代表性的国内外分析模型,包括迈克尔·波特的"钻石模型"、WEF(世界经济论坛)分析模型、GEM(基础G、企业E、市场M)模型、VRIO(价值V、稀缺性R、模仿性I、组织O)模型等,析取各个模型中与文化产业高度相关的指标要素,以VRIO模型为基础,与我国区域文化产业发展实际相融合,提出VIRO修正模型,作为本书区域文化产业竞争力评价的工作模型。

4.1 国外产业竞争力评价模型

4.1.1 钻石模型

哈佛商学院迈克尔·波特的"钻石模型"是在学术界以及实践应用中被采用较多的产业竞争力分析模型之一。"钻石模型"的提出主要基于波特的环境威胁的五力威胁模型。波特(2012)认为:国家、区域、产业及企业的竞争力优势会受到外部环境的威胁,这些威胁会增加生产成本,降低潜在消费者的消费意愿,或用其他的方式降低整体绩效。环境威胁主要包括进入威胁、竞争威胁、替代威胁、供应商威胁、买方威胁。明确这些威胁,并采取有效的策略消除这些威胁,就能提高竞争力。

上述五种威胁会直接影响到企业的竞争优势和竞争力,共同构成了五力威胁模型,如图4-1所示。这个模型主要为企业管理者分析企业竞争优势和劣势,制定未来发展策略和企业战略服务。

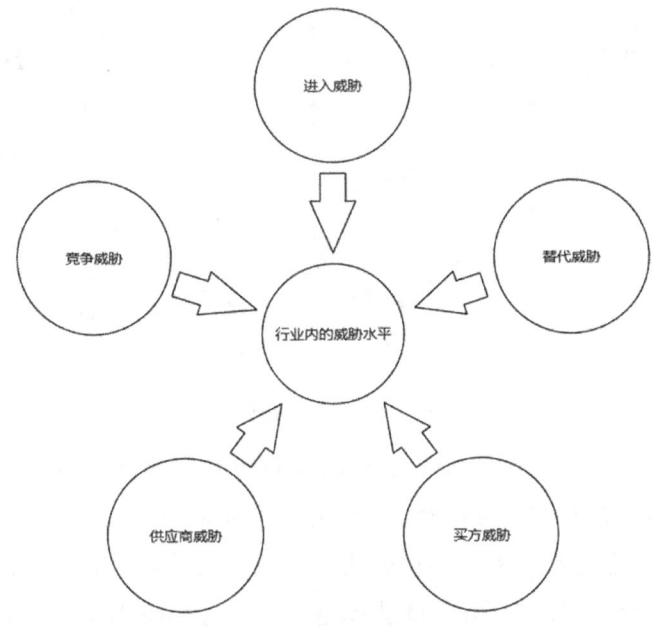

图4-1 五力威胁模型

五力威胁模型的研究对象主要是企业,其主要目标是为企业制定战略并提供服务和指导,而对于政府以及其他关联产业发展影响因素缺乏足够的认识。之后,波特将竞争力研究的范围进一步扩大,认为国家是企业最基本的竞争优势,因为它能够创造并保持企业的竞争条件。国家不仅影响企业所做的战略,而且是企业创造并延续生产与技术发展的核心,波特由此提出了"钻石模型"对于国家某种产业竞争力,并对其进行分析,如图4-2所示。

波特认为一个国家在某种产业的竞争优势主要受制于如下因素:生产要素、需求条件、相关产业和支持产业的表现,以及企业的战略、结构和竞争对手。同时,机会和政府也是两个强有力的制约影响因素。

钻石模型是我国学者用以研究产业竞争力比较常用的模型之一,但也有一些学者对于其在现代产业竞争力分析中的适用能力提出了疑问。其质疑的

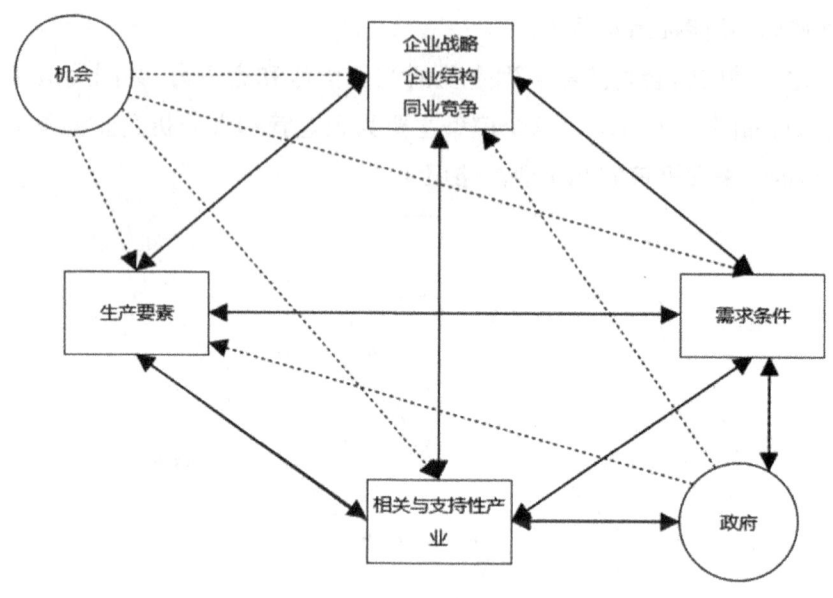

图 4-2 钻石模型

焦点主要在于:其一,该模型对于跨界融合的新兴产业缺乏指导力,模型中对于企业战略的分析倾向于静态化,而对于竞争互动行为已经超越原有行业或产业边界范围,之前看上去互不相关的产业业务相融合,其上下游产业尚未形成明确的产业分工,较难从五力威胁模型中对于各影响因素进行分析,最终形成可行性的企业发展战略,并保存竞争优势(皮圣雷,2021)。其二,对于政府市场干预作用的认知不够充分,虽然也提到了政府在国家某一产业竞争力中的作用,但是对于其阐述基本以政府微观调控为主,认为市场的作用才是主导型力量,政府只起到了辅助作用。然而,在新兴市场,国家、政府对于市场的干预以及创立的制度环境等对于产业结构、产业中行业分布、产业准入、产业标准、市场监管等各方面都具有深刻的影响力。其三,产品的差异性和低成本化是贯穿整个模型较为核心的要素,无论是生产要素还是需求条件都将两者作为提高产业竞争力的手段,然而随着互联网以及其技术的发展,单纯的低成本和差异化产品已经无法支撑产业的竞争优势。动态竞争行为和动态竞争策略(对峙、壁垒及共生策略)的复合运用才能保证企业或产业持续的核心竞争力和优势(Pi Shenglei,2017)。

4.1.2 WEF 分析模型

世界经济论坛(World Economy Forum,简称 WEF)将竞争力定义为:一个经济体允许更有效使用生产要素的属性和品质。WEF 从 1979 年以来,每年都会发布《全球竞争力报告》,旨在促进各个国家(地区)的创新和可持续性发展。其评价竞争力的指标体系不断改进,《全球竞争力报告》也是世界公认的、全面评价国家(地区)竞争力的报告。

世界经济论坛的评价体系也随着全球经济新形势的变化而演变,不断邀请经济学家、政府官员、企业管理人员等参与改进指标体系的建构。2000 年,杰弗里·萨克斯以经济增长理论为依据,提出将增长竞争力指数纳入指标体系;迈克尔·波特则关注微观经济要素对于竞争力的影响作用,建立了商业竞争力指数;2004 年,夏威尔·萨拉-伊-马丁构建了全球竞争力指数的首个版本,其涵盖了尽可能的宏观经济和微观经济中影响竞争力的较为全面的要素。

2018 年 WEF 推出了新的全球竞争力指数 4.0[The Global Competitiveness Index 4.0(GCI 4.0)]。该指数是政策制定者的年度标尺,以增长核算理论为指导,以增长会计经济文献为基础,旨在衡量生产要素,即劳动力和资本的增长以及全要素生产率(TFP)的增长。全要素生产率的驱动因素,即经济增长中不被生产要素的增长所解释的部分。全要素生产率可以被解释为这些要素被巧妙地使用,是长期经济增长的主要决定因素。

GCI 4.0 指标体系建构需要遵循三个原则:生产率的复杂性、发展阶段的差异性和过渡性。生产率的复杂性,是指 WEF 经过分析与总结,将决定竞争力水平高低的各项因素划分为 12 类,称为竞争力的 12 个支柱,如表 4-1 所示。发展阶段的差异性,是指借鉴波特的思想,WEF 将经济发展细化为要素驱动、效率驱动和创新驱动三个阶段,从而帮助不同发展阶段的国家找到各自应该优先关注的领域。过渡性,是指随着经济发展阶段平缓地转入下个阶段,相应子指数所占的权重也会进行平稳的调整。

表 4-1　GCI 4.0 支柱体系

GCI 4.0 支柱体系			
营商环境	人力资本	市场	创新生态系统
支柱 1:制度建设	支柱 5:健康	支柱 7:产品市场	支柱 11:商业活力
支柱 2:基础设施	支柱 6:技能	支柱 8:劳动力市场	支柱 12:创新能力
支柱 3:信息通信技术的采用		支柱 9:金融体系	
支柱 4:宏观经济稳定		支柱 10:市场规模	

GCI 是政策制定者和其他利益相关者的指南针,它为长期增长提供指导。它可以为政策选择提供信息,帮助形成整体的经济战略,并监测一段时间内的进展。该指标体系的优势在于它在逐步的演进过程中涵盖了比其他模型更为全面、系统的要素体系,同时每一项指标给出了精确的权重,以及每一项指标的数据收集、计量和分析方法。

其不足之处在于:WEF 模型中各项指标分为定性指标和定量指标两种,其中定量指标,如人口受教育程度、通货膨胀率、R&D 支出等都可以通过各国的统计数据获得,这些数据都是客观的。然而,还有很多指标,如职业培训满意程度、基础设施建设状况等,WEF 采用邀请被评价国企业管理人员、政府官员、咨询机构等参与问卷调查,对于问卷调查的信息进行分析。这样的问卷调查更倾向于被评价国对于自己的主观判断,同时不同国家参与调查问卷的人员受到母国文化的影响,他们对于同一事件具有不同的价值观和评价标准,因此其问卷调查结果的可比性也受到质疑(柴小青,2015)。

4.1.3　GEM 模型

GEM 模型是加拿大学者帕德莫和吉博森在波特钻石模型的基础上建立的一个区域产业竞争力评价模型。该模型以区域产业为分析对象,以因素间的互补为作用机理,客观全面地描述区域产业的竞争优劣势,综合评价区域产业集群的竞争力。

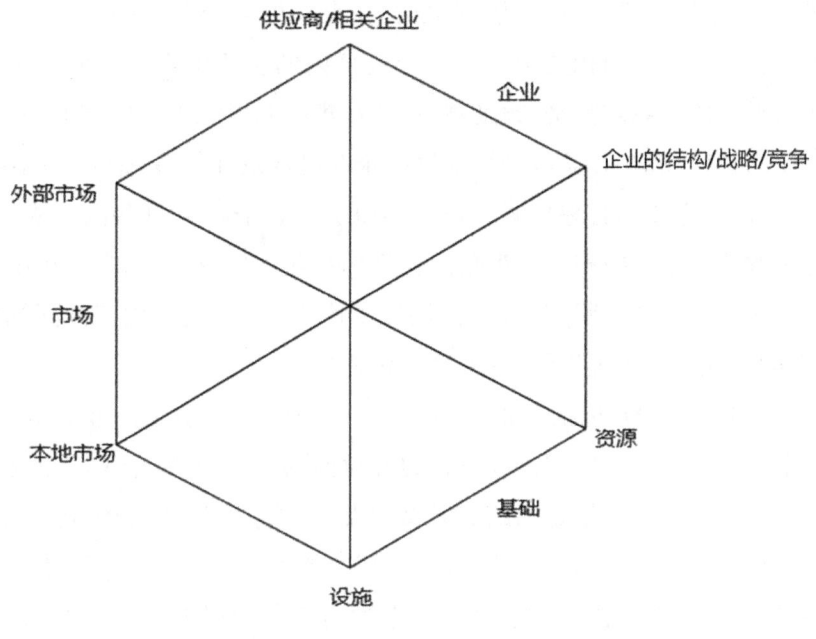

图 4-3　GEM 模型

GEM 模型命名是"基础(Grounding)-企业(Enterprises)-市场(Markets)"三个英文单词首字母的缩写,这也是该模型的三个主要组成要素,每一个组成要素又包含两个方面的因素,因此每一个要素被称为一个"因素对"(如图 4-3 所示)。

"因素对Ⅰ"基础,由资源与设施两个因素组成,其实质就是产业集群发展的生产要素供给。资源是在发展过程中能够被生产所利用的一切自然的、历史继承的或者通过发展累计的生产要素,包括自然资源、文化历史资源、地理环境、人力资源、金融资本、技术等。设施包括硬件设施和制度安排,硬件设施主要是基础交通设施、通信设施、物流设施、科研设施、生活基础设施等;制度安排包含政府土地规划政策、产业准入政策、市场监管政策、货币政策、行业协会制度、知识产权保护制度、投融资环境等。与"钻石模型"相比,其对于政府作用的强调和重视程度比"钻石模型"更高。

"因素对Ⅱ"企业,包含了供应商、相关企业以及企业的结构、战略和竞争。供应商和相关企业是指集群中企业购买本区域其他企业的原材料、半成品、商品或服务,能够间接提供必要的生产资料或生产要素的本区域企业,能够购买企业商品、服务、技术等的本区域企业,以及一些产业辅助机构,如研究开发机构、行业协会机构、教育培训机构、信息机构、管理咨询机构、金融服务机构等。上述供应商与相关企业与产业集群内的企业生产专业分工越精细、垂直或水平合作关系越紧密,频度越高,产业集群的区域根植性与竞争力就越强。企业的结构、战略和竞争是指集群内企业的数量和规模、企业之间组织产品生产的方式、企业的管理模式、各个企业的产权结构等,这些因素决定了整个企业集群的战略方向和竞争策略。合理的企业规模、有效的生产组织方式,使得集群内部的生产链坚实而敏捷,保证了产品的生产过程能实现群的集聚效应,又能实现生产的规模效应(吕杰,等,2016)。

"因素对Ⅲ"市场,包括本地市场和外部市场,其实质是产业集群的需求要素。本地市场是一个区域范围,指的是以行政区划为基本单位的市场,也可以是本国市场。外部市场是指跨越行政区划或国家边界的市场,即本地市场之外更广阔的地区。市场应变能力、市场拓展能力、市场营销能力、市场规模、市场前景、用户特性把握等均会影响产业集群竞争力(陈平,等,2007)。市场应变能力主要是集群内企业对市场、终端用户需求变化的察觉能力和动态调整企业决策、生产运营制度、产品性能与外观等的能力。市场开拓能力是集群能够拓展本地市场和外部市场的能力。市场营销能力是指集群在营销活动中的基本技能和专业水平,主要表现为市场营销信息的调研收集和分析能力、营销网络本地市场和外部市场的建设能力和覆盖度、产品和价格的竞争力等。市场规模主要是衡量集群最终产品的销售收入、市场盈利能力、市场占有率情况。市场前景主要是衡量集群最终产品未来的市场表现度。这些具体的因素都与集群产业竞争力呈现正相关,即上述这些能力表现越好,则集群就越具备竞争优势。

"钻石模型"强调单个因素的重要性,但是GEM模型则强调各个因素对之间的互补作用,如良好的"设施"可以弥补"资源"的缺乏。在应用GEM模型对某一产业竞争力进行量化评估时,需要对因素对分值平均也体现了因素对之间的这种互补关系,这是GEM的突出优势之一。

GEM模型的不足之处是忽略了资源动员的嵌入性与产业集群内部的合作竞争关系,并没有详细地展现产业集群竞争力的关键要素。首先,产业集群中过多关注单个企业的技术创新活动,"三要素六因素"并未完全考量集群效应。单个企业内化式创新能力有限,必须依托广泛主体、全过程和多重复的技术创新网络,寻求更多元化的技术与资金支持,整合有效的内外部资源,全面提升产业集群的整体竞争力。其次,在经济全球化、信息化和网络化综合作用的背景下,产业集群之间的竞争,既是本地结网产业链之间的竞争,又是全球结网产业链之间的竞争,更是联盟性质集团间的竞争。该模型在衡量集群中企业与外部企业间技术创新合作网络化时缺乏评价指标。最后,该模型在"三要素六因素"的模型建构中对于创新路径的评价不足,没有重视集群创新网络的特殊作用,缺乏创新路径(喻春光,2008)。

4.2 国内产业竞争力评价模型

国内学者对于产业竞争力的分析也形成了自身的观点和看法,如厉无畏的产业竞争力分析框架、花建的"层次模型"、王颖的"过程模型"、顾江等学者的"新钻石模型"以及胡惠林等学者的"指数模型"等,都是对于文化产业竞争力的有益探索。

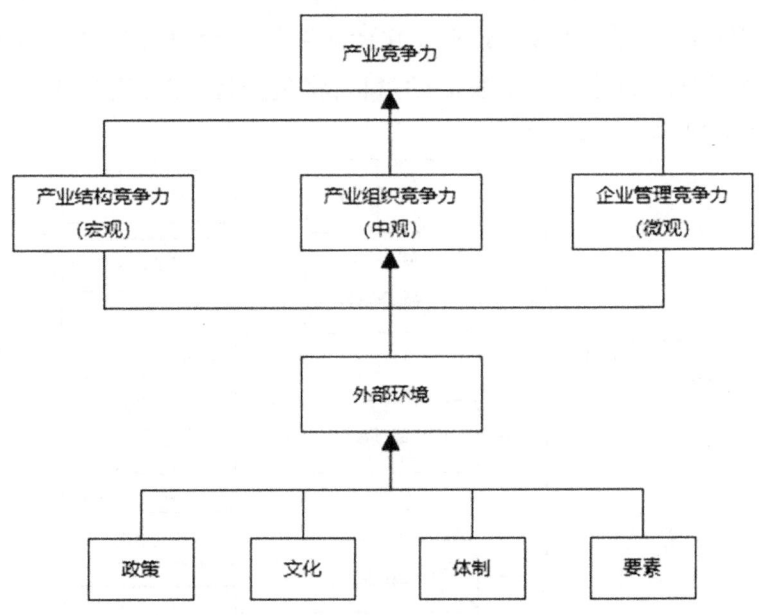

图4-4 厉无畏产业竞争力分析框架

厉无畏(2003)根据 WEF 和 IMD 提出的竞争力模型的八大要素以及 290 个详细指标中选择了一些关键的共性因素，按照综合性、动态性和层次性的基本原则，形成了产业竞争力分析框架，如图 4-4 所示。其中，综合性是指产业竞争力的形成是由多个因素组合而成的，并非单一因素的决定效果；动态性是指产业竞争力是一个逐步演进的过程，在不同的发展阶段，其特征也不同；层次性是指产业竞争力在范围上划分，可以将其划分为宏观、中观与微观三个层次。

花建(2005)认为：产业竞争力是指某一产业，如金融产业、造船产业、汽车产业、文化产业等，通过对生产要素和资源的高效配置和转换，稳定、持续地生产出比竞争对手更多、更好的财富的能力。它不仅仅表现为市场竞争中现实的产业实力，而且还表现为可预见的未来的发展潜力。竞争力包含以下三个层次，即综合竞争力、产业竞争力和企业竞争力，并且将文化产业竞争力评价指标体系分为四大核心能力和七个竞争力指标。由此提出的模型被称为"层次模型"，具体内容如图 4-5 所示。

以"层次模型"为蓝本，其他学者也提出了一些产业竞争力指标体系，被称为"过程模型"，如王颖(2007)提出的文化产业竞争力 3×3 模式，该模型吸收了"层次模型"的系统论原则，将文化产业竞争力分为三个层次，同时将文化产业竞争力视为动态、变化、发展的过程，将其分为"粗放型""集约型""创造型"三个阶段，如图 4-6 所示。

图 4-5 花建文化产业竞争力"层次模型"

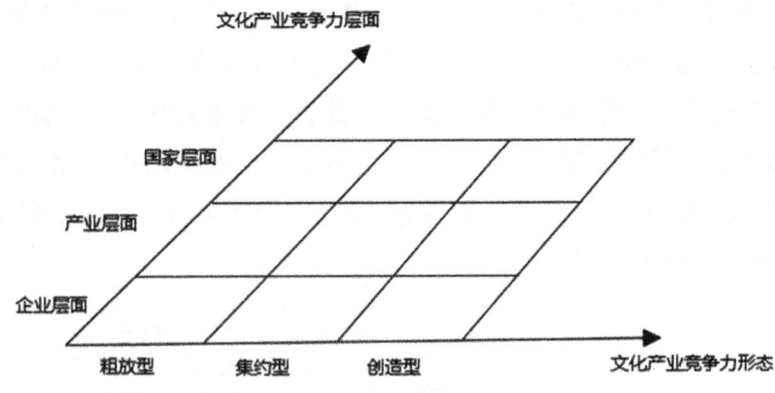

图 4-6　王颖文化产业竞争力"过程模型"

顾江(2013)等学者认为:在文化产业的相关产业中,旅游业、科技产业以及教育产业对于文化产业发展的支撑作用最为明显。于是对"钻石模型"进行了调整,加入了"知识吸收与创新能力"指标,并且进一步细化了二级指标内容,形成了围绕文化产业高度相关的关联产业展开的文化产业竞争力指标体系,见表 4-2。

表 4-2　顾江文化产业竞争力"新钻石模型"

一级指标	二级指标	三级指标	备注
文化产业竞争力	要素条件	文化产业从业人数	人力资源
		文化企业资产	资本资源
		每百人公共图书馆藏书	文化环境
	需求条件	人均文化娱乐、文化消费支出	实际需求
	相关和支持产业	国内旅游总收入	旅游产业
		高新技术产业产值	科技产业
		高等学校在校学生数	教育产业
	企业战略结构	文化企业数量	竞争结构
		文化企业营业利润	盈利能力
	政府支撑	文化事业财政拨款	财政支持
	机会	文化娱乐、文化消费支出占消费总支出比	需求结构
	知识吸收与创新能力	文化产业从业人员中高级职称人数	创新能力

胡惠林(2012)等学者认为：文化产业作为一种特殊的文化形态和特殊的经济形态，是社会的政治、经济、文化和科学技术等多重作用共同影响下产生的社会运动现象。如果单纯度量文化产业发展的表象特征，就会忽略对文化产业具体客观规律的把握。他们提出了中国文化产业发展指数，由内涵指数和表征指数构成，细化为16个一级指标、52个二级指标、91个三级指标和151个四级指标，如图4-7所示。

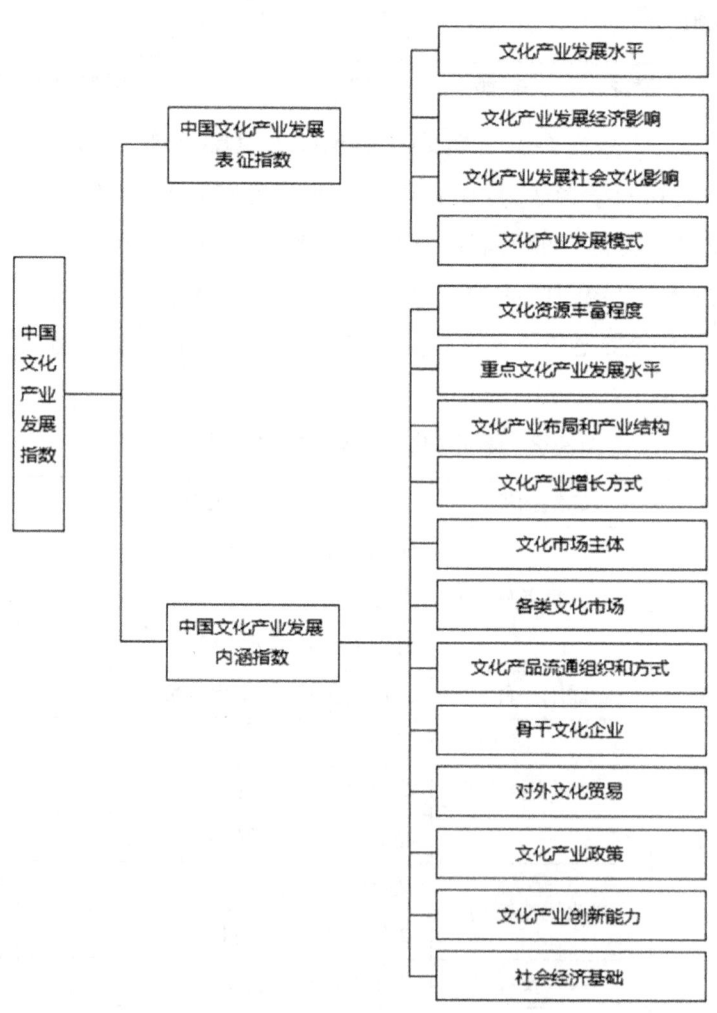

图4-7 胡惠林文化产业竞争力"指数模型"

4.3 文化产业竞争力分析模型

前面提到的国内外产业竞争力评价模型的建构与研究为文化产业竞争力评价模型的架构提供了一定的思路以及可借鉴之处,但文化产业与其他产业相比,有自身特色,对于文化产业竞争力分析而言,VRIO 模型吸取了先前产业竞争力模型中与文化产业匹配度较高的要素,形成了适应文化产业特征的竞争力评价模型。本书以 VRIO 模型为基础,并对其进一步分析与完善,形成对文化产业竞争力评价的 VRIO 修正模型。

4.3.1 VRIO 模型

杰恩·巴尼(2013)认为当一个公司正在实施一个创造价值的战略,而这个战略没有被任何现有的或潜在的竞争者同时实施,并且这些其他公司不能复制这个战略的好处时,这个公司就被认为具有持续的竞争优势。一旦该公司所拥有的资源不再是独特的、唯一的,其持续竞争优势就会丧失。

以"五力威胁模型"为代表的竞争力研究将竞争优势的产生归因于产业或企业内外部环境的机会和威胁,分析其优劣势。然而,杰恩·巴尼则认为企业的竞争优势尤其是持续竞争优势的产生并不能简单地从机会和威胁的角度分析,企业竞争优势的获得应该是产业或企业获取独特的资源和能力,并将这些资源和能力应用于竞争中。由此,以评估产业或企业资源为抓手的评估持续竞争力优势的框架形成。

企业资源包含所有被企业所控制,使得企业能够构思并实施提升运营效率和有效性战略的所有要素,包括资产、能力、组织过程、公司属性、信息与知识等。资源可以分为三类:物质资本资源、人力资本资源和组织资本资源。物质资本资源,又称有形资本资源,包括企业使用的有形技术、企业的厂房和设备、地理位置以及获取原材料的途径。人力资本资源包括培训、经验、判断力、智力、人际关系以及公司中经理和员工的洞察力。组织资本资源包括企业的正式报告结构、正式和非正式的计划、控制和协调系统,以及企业内部群体之间和企业与其环境之间的非正式关系(Barney,1991)。

资源在一个行业间的同质性和高流动性会促使具备"先动优势"的企业和其他企业之间逐步呈现竞争均势,因此寻找持续竞争优势的来源必须关注企业资源的异质性和不可流动性。异质性和不可流动性的资源必须具有四个属性:其一,该资源必须是有价值的;其二,该资源必须是稀有的,即企业当前和潜在的竞争者不能或者较长一段时间内不能拥有和掌握的;其三,该资源必须是完全不可模仿的;其四,不能有战略上等价的替代物来代替这种资源(Barney,1991)。资源需要具备价值性、稀有性、不可模仿性和不可替代性,这四种特征表征了资源的异质性,同时确保了资源的不可流动性,如图4-8所示。

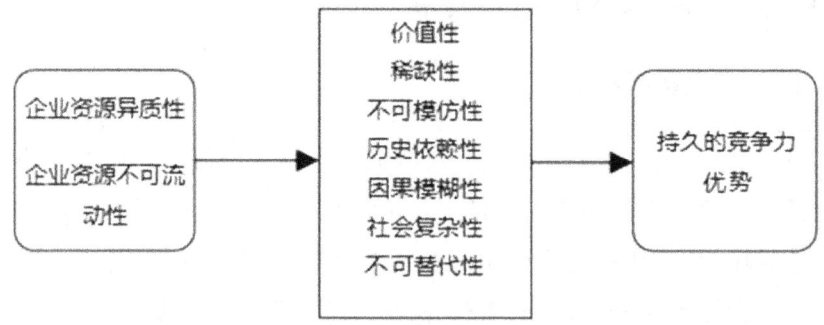

图4-8　VRIO模型下竞争力优势的生成过程

VRIO模型认为企业对于价值(Value)问题、稀缺性(Rareness)问题、模仿性(Imitation)问题和组织(Organization)问题的回答决定了其是否具备竞争优势。

价值问题是指企业的资源和能力是否可以利用企业内外部环境中的机遇,或者抵消其威胁。资源的价值问题是一个动态化问题,顾客偏好、产业结构、技术变革或者能源短缺等都能导致资源价值的改变。企业资源价值丧失,其弥补路径一般包括:第一,开发新的有价值的资源和能力;第二,用新的方式利用传统优势,而非形成新的资源和能力。

资源的价值性不能单独成为衡量企业会产生竞争优势的标准,这是因为有价值的资源被产业内大部分企业所共有,这种资源能保证企业的生存,并且促使产业内部形成竞争均势。只有产业内拥有某种有价值的资源和能力的企业数量少于产生完全竞争动态的企业的数量,这种资源和能力才被认为是稀有并且具有竞争优势的资源,至少可以被看成短暂竞争优势的来源。这就是资源的稀缺性要素(巴尼,2013)。

资源和能力具备价值性和稀缺性,可以通过"先动优势"保证企业暂时的竞争优势,产业内部其他企业会不断模仿稀缺资源,最终导致先动企业竞争优势的消除,使得整个产业重新进入竞争均势。模仿主要由两种形式,即直接复制和替代。直接复制是其他企业试图采用与先动企业同样的资源去实施同样的战略,达到相同的目的;替代是其他企业尝试采用与先动企业不同的资源去实施同样的战略,达到同样的目的。只有当不具备这些有价值且稀有的资源和能力的企业在试图建立或获取它们时,所付出的成本高于已经拥有这些资源和能力的企业,也就是模仿成本高昂,才能成为持续竞争优势的来源(邢俊,等,2012)。模仿成本主要受到模仿障碍的制约,两者成正相关关系。模仿成本主要包括以下四个因素。第一,模仿的法律限制;第二,获取投入或顾客的优越途径;第三,市场容量和规模经济;第四,无形障碍:对历史条件的依赖、因果关系不明和社会复杂性(戴维·贝赞可,1999)。

组织因素在 VRIO 框架中发挥调节与补充的作用,一个企业如果拥有有价值、稀有且难以模仿的资源和能力,就具备了产生竞争优势的潜质。但是要将这一潜力转化为现实竞争力,企业还需要进行充分有效的组织来利用这些资源和能力的管理架构,包括企业的正式沟通渠道、正式和非正式的管理控制体系、组织结构、产生的贡献度优先。只有当组织因素与资源要素相结合,才能激发企业竞争优势潜力的开发与实现。

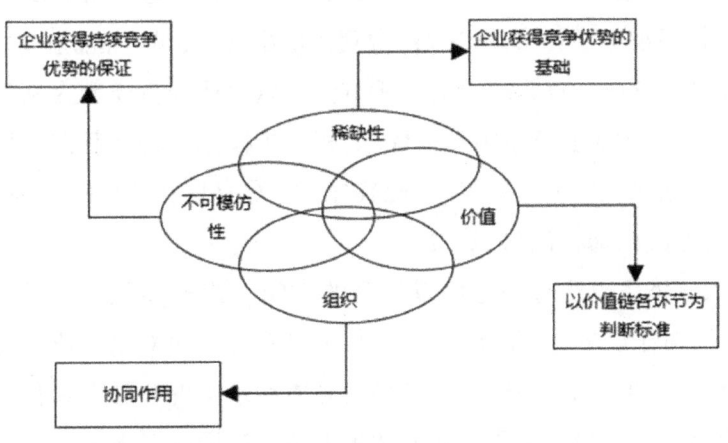

图 4-9　VRIO 模型要素逻辑关系图

上述四个因素并不是随意排列的,而是体现了一定的逻辑关系(李雪茹,2009),四者的相互作用与关联如图4-9所示。这四个因素融合在一起,才能够真正实现企业竞争力优势潜能向实际竞争力优势的转化。

4.3.2 VRIO修正模型

产业竞争力分析理论最初来源于企业的战略管理研究,企业竞争力分析方法主要分为直接评价法和间接评价法(胡红杰,2020)。前者主要是通过会计绩效或调整后的会计绩效来评估竞争力,主要关注的是盈利比率、流动性比率、杠杆比率、经营活动比率、投入资本收益率等,用上述可以直接收集的内部经营数据作为评价标准。后者则主要从外部环境、政策支持、资源要素配置等外部相关因素作为竞争力评价标准。从企业竞争力分析演进为产业竞争力分析,直接评价法的使用受到数据来源限制以及信息量庞大的制约,间接评价法成为主要的分析方法。间接评价法分析模型主要包括波特的"钻石模型"、巴尼的VRIO模型以及我国学者花建的"国家—行业—产业"层次分析模型。"钻石模型"来源于波特对于"结构—行为—绩效"模型(SCP模型)的反方向运用,关注进入威胁、竞争威胁、替代威胁、供应商威胁以及买方威胁等外部环境威胁对于产业竞争力的影响以及蕴藏的机会,其主要分析的是外部因素对于产业竞争力的作用。VRIO模型则从资源价值问题、资源稀缺性问题、资源模仿性问题以及组织问题等内部因素去评估产业竞争力。"国家—行业—产业"层次分析模型则遵循宏观、中观、微观的层次视角,尽可能涵盖内部和外部双重制约因素,形成了较为综合的分析方法。以上述分析模型为基础,学者们构建了不同的文化产业竞争力指标体系,每个指标体系均有其偏好性,但总体而言包含了企业战略、生产要素、文化需求、相关产业以及政府行为等影响竞争力的重要方面(郑奇洋,等,2021)。

现有指标体系也还有一定可以提升的空间。首先,创新性是每个产业发展的动能,而对于以创意、创新、知识产权为核心内容的文化产业而言,创新性是保障文化产业生存的基础,文化产品的异质性是实现产品市场化运行、实现盈利的首要元素。其次,文化产业的竞争力不应该局限于现阶段,未来可能的发展潜力也是评估产业竞争力的核心要素之一,尤其是对于处于成长发展期的我国文化产业而言,发展潜力是竞争力的重要组成部分。最后,文化产业与其他产业相比,其社会属性突出,文化产品要满足人民群众精神文化生活的需求,其社会效能的优劣也是竞争力中不可或缺的部分。VRIO 模型关注内部资源和组织能力,强调了资源的稀缺性、可模仿性等属性,可以有效地涵盖创新能力、发展潜力和社会效能,因此本书以 VRIO 模型为基础,结合文化产业特征,进一步细化各类显性评价指标,建构文化产业竞争力评价指标体系。

VRIO 模型是所有产业竞争力分析的基础模型,本书结合文化产业特征,遵循如下原则,对其进行修正:首先,遵循可操作性原则,本书设计的指标体系其二级指标和三级指标可以从统计年鉴和统计数据中获取,这些数据有相同的统计口径,具备可比性和可衡量性;其次,遵循综合性原则,在已有指标体系的基础上,将潜在竞争力、创新性和文化产业的社会属性引入指标体系,建构能够凸显文化产业特色属性的指标体系;最后,遵循层次性原则,本书将指标要素按照作用域范围分为逻辑清晰的三个层次。

根据以上修正原则,修正后的 VRIO 文化产业竞争力评价指标体系如图 4-10 所示。在价值要素中,已有竞争力包括生产能力和需求能力两方面:生产能力主要包括文化产业增加值,文化产业在 GDP 中的比重,以及现有的文化核心产业收入总值等指标;需求能力则主要通过居民人均可支配收入、人均文化娱乐消费支出等正向因素以及住宅商品房均价等负向因素来呈现,体现出文化消费的收入支出弹性以及消费挤出效应。而潜在竞争力则主要通过人口数量、人口受教育程度、人均可支配收入占 GDP 的比重表现,体现了人口数量和素质优势以及区域经济发展优势对于文化产业可持续发展潜力的影响作用。在稀缺性要素中,主要设计了表征社会属性的指标,以及体现科技对于文化产业竞争力促进作用的信息化要素指标。社会属性指标的设定主要体现出区域文化产业竞争力除了经济属性以外,其承担社会属性的效果也是文化产业竞争力必要的组成部分。不可模仿性要素主要是创新性要素,旨在从人力资源、资本资源和现有创新能力三方面对于区域文化产业的创新性进行衡量。组织要素则包括相关产业发展以及政府支持力度,体现了公共预算以及教育对于文化产业发展的促进性。

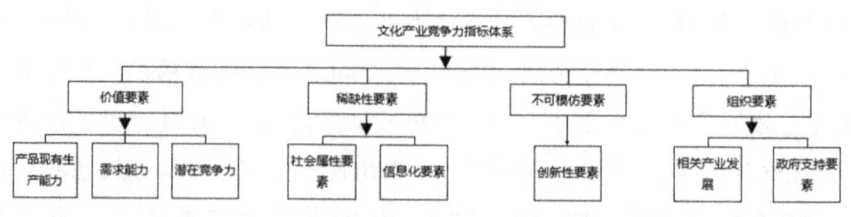

图 4-10 现代文化产业竞争力评价指标体系

4.4 区域文化产业竞争力分析应用——以河南省为例

本书将 VIRO 模型与文化产业实际相结合细化竞争力指标要素,依据熵权法确定各指标要素权重,建构竞争力指标体系,对于河南省文化产业竞争力进行评价,并提出提升竞争力的可行性方案。

4.4.1 数据来源及数据标准化处理

数据来源于 2021 年统计年鉴、中国文化及相关产业统计年鉴、国家统计局分省年度数据、《中国互联网发展报告》以及各省政府部门公布的相关公报、统计数据等。

采用熵权法确定各指标的权值,该方法利用指标变异性程度来确定客观权重,信息熵越小,其变异程度越大,提供的信息量越多,在综合评价中所能起到的作用也越大,其权重也就越大,反之亦然(Gray,2011)。

初始各项指标在计量单位与数量级上差异性较大,同时指标对于竞争力的影响呈现正负相反的性质,也就是各指标之间不具备可比性,不同性质的数据直接累加也不能正确反映不同指标综合作用效果。因此,在利用熵权法进行指标权重计算时,首先需要对初始各项指标进行标准化处理,包括规范化和趋同化处理。规范化处理主要是为了解决计量单位与数量级的差异性,趋同化处理则是为了改变负向指标的性质。将初始指标标准化处理之后,还需要进行平移,计算公式为:

正向指标: $T_{ij} = \dfrac{x_{ij} - \min(x_{ij})}{\max(x_{ij}) - \min(x_{ij})} + 0.00001$

负向指标: $T_{ij} = \dfrac{\max(x_{ij} - x_{ij})}{\max(x_{ij}) - \min(x_{ij})} + 0.00001$

计算第 j 项指标在第 i 个方案中占该指标的比重,即计算各指标的变异程度,其计算公式为:

$$p_{ij} = x_{ij} \bigg/ \sum_{i=1}^{n} x_{ij}$$

计算各个指标的信息熵,信息熵越大,该指标的不确定性就越大,指标蕴含的信息量以及价值就越大,同时计算各个指标的冗余度,其计算公式为:

$$e_j = -\frac{1}{\ln n} \sum_{i=1}^{n} p_{ij} \ln(p_{ij})$$

$$0 \leq e_j \leq 1$$

$$g_i = 1 - e_j$$

确定各指标权重,其计算公式为:

$$w_j = g_i \bigg/ \sum_{j=1}^{m}, j = 1, 2, \cdots, m$$

最终以客观赋权法,计算出各个指标的权重,完成了文化产业竞争力指标评价体系的建构,如表4-3所示。

表4-3 文化产业竞争力评价指标体系(赋值)

一级指标	二级指标	三级指标	权重	正/负相关
价值要素	产业现有生产能力	文化及相关产业增加值(亿元)	0.047 9	+
		文化及相关产业增加值占GDP比重(%)	0.024 2	+
		文化产业从业人数(人)	0.048 0	+
		文化产业法人单位数(个)	0.041 6	+
		文化产业法人单位营业收入(万元)	0.062 1	+
		国际旅游收入(百万美元)	0.055 3	+
		广播电视实际创收收入(万元)	0.089 3	+
		电视节目销售额(万元)	0.125 1	+
		文化产业固定资产投资比上年增长情况(%)	0.011 9	+
	需求能力	居民人均可支配收入(元)	0.038 5	+
		人均文化娱乐消费支出(元)	0.006 8	+
		住宅商品房平均售价(元/米²)	0.004 9	−
	潜在竞争力	地区人口数量(万人)	0.022 1	+
		人均GDP(元)	0.029 1	+
		人均可支配收入占人均GDP比重(%)	0.014 4	+
		地区人口受教育程度(大专及以上学历占比)(%)	0.041 7	+

续表

一级指标	二级指标	三级指标	权重	正/负相关
稀缺性要素	社会属性要素	公共图书数量(万册)	0.037 4	+
		博物馆数量(个)	0.022 7	+
		群众文化机构量(个)	0.025 2	+
		艺术表演场馆量(个)	0.026 1	+
	信息化要素	互联网普及率(%)	0.015 2	+
		每百家企业拥有网站数(个)	0.008 8	+
		有电子商务交易活动企业比重(%)	0.023 3	+
不可模仿要素	创新性要素	每万人拥有的专利授权量(件)	0.050 9	+
		R&D 支出占 GDP 比重(%)	0.015 9	+
	相关产业发展	地区第三产业占 GDP 比重(%)	0.032 6	+
组织要素	政府支持要素	地区公共预算支出(亿元)	0.019 6	+
		人均教育经费(元)	0.030 0	+
		教育总经费占 GDP 比重(%)	0.029 4	+

4.4.2 区域文化产业竞争力比较结果

根据客观赋权以及各指标的标准化数据,我国31个省、自治区、直辖市(不包含香港、澳门和台湾)文化产业综合竞争力排名如图4-11所示。北京、广东、浙江、上海、江苏有着较高的文化产业综合竞争力,明显强于其他区域。河南省的文化产业竞争力全国排名第11位,但是整体实力与文化强省相比,还有着很大的差异,文化产业还有很大的可提升与发展的空间。

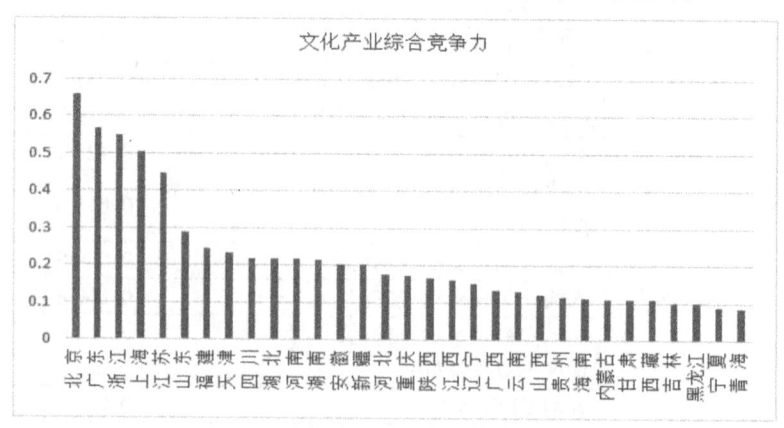

图 4-11 现代文化产业综合竞争力

为了更为深入全面地剖析河南省文化产业竞争力,还需对二级指标进行详实的比较。如表4-4所示河南省价值要素一级指标全国排名为13位,三个二级指标,现有生产能力的排名为12位,需求能力排名为24位,潜在竞争力排名为11位。价值要素指标整体均未达到与河南省文化产业综合竞争力相匹配的排名。其中,需求能力指标表现最弱,潜在竞争力指标相比而言表现最好。

稀缺性要素一级指标整体排名靠前,超过了河南省文化产业综合竞争力在全国的位次。其中,社会属性要素指标较好,全国排名第7位。而信息化要素指标表现较差,全国排名第26位。

不可模仿性要素主要体现为创新性要素,其排名为17位,低于河南文化产业综合竞争力。组织要素一级指标全国排名为20位,相关产业发展指标较差为28位,政府支持要素指标排名为14位,一级指标排名低于产业综合竞争力排名。

总体而言,河南省重视文化产业的社会属性,在公共文化设施、设备和资源建设中的表现要优于其他指标。同时,依赖于丰富的文化资源、人口红利优势以及政府对于文化产业发展的支持力度,在现有生产能力、潜在竞争力指标上比其他指标表现较好。区域第三产业发展、居民人均可支配收入以及信息化覆盖率等指标表现较差,制约了河南省文化产业的发展。

表4-4 河南省文化产业竞争力指标比较

一级指标	综合排名	二级指标	排名	三级指标	排名
价值要素	13	现有生产能力	12	文化及相关产业增加值(亿元)	7
				文化及相关产业增加值占GDP比重(%)	11
				文化产业从业人数(人)	7
				文化产业法人单位数(个)	5
				文化产业法人单位营业收入(万元)	10
				国际旅游收入(百万美元)	20
				广播电视实际创收收入(万元)	16
				电视节目销售额(万元)	29
				文化产业固定资产投资比上年增长情况(%)	6
		需求能力	24	居民人均可支配收入(元)	23
				人均文化娱乐消费支出(元)	25
				住宅商品房平均售价(元/米^2)	8
		潜在竞争力	11	地区人口数量(万人)	3
				人均GDP(元)	18
				人均可支配收入占人均GDP比重(%)	19
				地区人口受教育程度(大专及以上学历占比)	27

续表

一级指标	综合排名	二级指标	排名	三级指标	排名
稀缺性要素	7	社会属性要素	7	公共图书数量(万册)	10
				博物馆数量(个)	4
				群众文化机构量(个)	2
				艺术表演场馆量(个)	3
		信息化要素	26	互联网普及率	26
				每百家企业拥有网站数(个)	20
				有电子商务交易活动企业比重(%)	24
不可模仿性要素	17	创新性要素	17	每万人拥有的专利授权量(件)	17
				R&D 支出占 GDP 比重(%)	15
组织要素	20	相关产业发展	28	地区第三产业占 GDP 比重(%)	28
		政府支持要素	14	地区公共预算支出(亿元)	5
				人均教育经费(元)	22
				教育总经费占 GDP 比重(%)	15

4.4.3 河南省文化产业竞争力分析

第一,河南省政府努力创造良好的文化产业发展环境,注重文化产业满足人民群众精神生活需求的社会属性,加大公共预算支出,促进和不断完善公共文化服务体系建设,扎实推进了公共图书馆、艺术表演馆、群众文化活动机构等文化惠民工程的实施,利用河南中原文化发源地的文物资源优势,加大文物保护力度,提升博物馆的服务水平,增强博物馆在展示黄河文化、深化青少年文化感知与传承、构筑华夏儿女的精神家园和心灵故乡、铸牢中华民族共同体意识中发挥的重要功能。支持群众性文化活动,鼓励文艺工作者、文化志愿者深入社区与农村,发挥传帮带作用,帮助城乡居民建设属于自己的文化队伍,逐步推进"送文化"到"种文化"的转型,切实助力乡村文化振兴。同时,政府以购买服务的方式,公开招募文化惠民活动承办单位,全面开启公共文化服务数字工程,打造了公共文化服务平台"文化豫约",形成了"线上线下""政府+企业"共同发力的公共文化服务新格局。

第二,河南省文化产业现有生产能力指标整体情况良好,在疫情等不利因素的冲击下,河南省文化相关产业增加值稳中有升,全国排名第7位,产业增加值占区域 GDP 比重为 4.19%,文化产业正逐步成长为河南省的战略性支柱产业。文化产业整体规模不断扩大,体现在文化产业法人单位数量不断增加,并且其绝对数量在全国位列第 7 名。同时，体现在文化产业固定资产比例投资较上年度增加了 25.8%，其增长速度位于全国第 6 位。文化产业规模的扩大也为社会提供了更多的就业机会，吸纳了更多的就业人口，文化产业从业人口绝对值位居全国第 5 名。同时也应该看到，在现有生产能力指标中，电视节目销售收入、广播电视实际创收收入以及国际旅游收入等指标绝对值历年均有不同比例的增加，整体呈现上升态势，如国际旅游收入在"十三五"期间保持了年均 5% 的增长，但上述三个指标的综合数量在全国排名依然靠后，还有提升空间。

第三，河南省文化产业现有需求能力较弱，但其潜在需求能力较强。现有需求能力较弱是因为其受到居民人均可支配收入以及人均文化娱乐消费支出较低因素的影响。河南省是农业大省与人口大省，经济发展水平与全国其他较为发达的省份相比，还有一定的差距。这种整体的经济环境也导致了居民人均可支配收入较低，而文化消费往往是人均可支配收入达到一定程度之后，才会有显著提升的消费选择项。人均可支配收入与人均文化娱乐消费支出伴随着河南经济发展呈现稳中有进的趋势，从时间序列数据分析，其在不断增加，即文化产业需求能力在不断上升。然而与全国其他省市相比，上述两项指标的排名靠后，河南省文化产业在需求能力指标上表现较弱。

但是，河南人口大省的现实也蕴含了巨大的人口红利，文化产业的潜在需求能力有较大的挖掘和可能的提升空间。人口总量对于任何一个产业的发展而言都是红利，意味着潜在的需求能力。文化产业也不例外，河南的人口数量注定对于文化产品、服务需求数量庞大。同时，伴随着政府对于教育的支持力度不断加强，地区人口素质的不断优化，对于精神产品需求的渴望度会不断攀升。这些都构成了河南文化产业潜在需求能力与潜在竞争力。

第四，河南省文化产业信息化程度与科研投入比重较低。疫情期间，影剧院、展览馆、博物馆、文博会、剧本杀、KTV 等线下文化娱乐场馆以及旅游业运营都受到很大影响，有些行业甚至出现停摆状况。然而，民众对于文化产品的需求并没有随着疫情的存在而有所减少，数字文化迎来了发展机遇。消费者对于在线文化产品的消费明显提升，社交媒体、视频平台、虚拟体验馆、网络游戏、数字阅读、VR"云旅游"等线上文化产品在活跃用户量、在线时长、网络流量、企业营业收入等多个维度都有客观的提升幅度。数字文化企业的整体市场表现与运营成绩亮眼。

在文化产业朝向信息化与数字化发展的时代背景下,河南省互联网普及率、文化企业的信息化程度与全国文化产业竞争力排行靠前的省份相比均较低,同时能表现区域创新性的每万人专利授权量与研发支出比重也较弱。较低的信息化程度与设施设备等基础建设相关,同时也与企业的研发能力和创新能力相关。创新性是文化产业不同于其他产业的特征之一,创意与创新是文化产品异质化的来源,是文化企业赖以生存和发展的基础,是推动文化产业不断发展的原动力。研发的支持力度小和研发成果数量的不足会导致河南省文化产业发展内在驱动力的欠缺。综上,信息化指标与创新性指标的表现较差,阻碍河南省文化企业抓住促进文化产业结构转型与提升文化产业发展效能的黄金时期,不利于河南省文化产业的后续发展。

第五,河南省文化产业链发展不断完善,但相关服务业发展较为滞后。文化产业发展应该是全产业链发展,这样才能充分发挥价值链条上各个环节的最佳效能,产生合力。河南省文化产业正在不断构筑完善的产业链,文化服务业、文化制造业以及文化批发和零售业的增加值都有较大幅度的提升。河南省文化产业正逐步形成覆盖文化核心领域和文化相关领域上下游产业共同发展的形态。

同时,文化产业的发展也离不开交通运输、传播通信、金融、租赁等相关服务业的支持与配合,这些服务业发展规模、质量与水平会间接对文化产业运营产生正向或负向作用。河南省文化产业与其相关服务行业发展是共频关系,河南省第三产业的发展相对落后,其能够提供的服务对于文化产业的发展就会起到负向作用。

4.5 总结

VRIO产业竞争力修正模式将价值要素、稀缺性要素、不可模仿性要素、组织要素作为评价文化产业竞争力的一级指标,设置8个二级指标以及29个三级指标。其指标的设置析取了国内外产业竞争力钻石模型、WEF分析模型、GEM模型等多个分析模型中与文化产业高度相关的影响指标,同时考虑指标要素的可衡量性、可获取性、数据的可对比性等多方面因素,为文化产业竞争力分析提供可实践的评价模型。

以该评价模型为指导,收集公开发布的文化产业及相关支持产业发展数据,以河南省为例,描述了其文化产业竞争力现状,分析了其优劣势,为区域文化产业竞争力分析提供了可操作性范本。

在后续章节中,将从宏观的角度深入剖析四个一级指标的内涵、意义、现实发展状况以及未来可能的优化完善路径。四个一级竞争力指标的提升路径为区域文化产业竞争力提升提供了基本的发展方向。

第二部分

要素篇

第五章
价值要素：现代文化产业融资与融资效率

现代文化产业的发展需要生产链全要素的配合，其中资金融通是不可或缺的环节，尤其是对于初创期的中小、小微文创企业而言有着至关重要的作用。为了进一步助力我国文化创意产业的发展，文化旅游部、商务部、财政部、国家开发银行等多部门相继出台了《关于金融支持文化产业振兴和发展繁荣的指导意见》《文化部关于鼓励和引导民间资本进入文化领域的实施意见》《关于深入推进文化金融合作的意见》《关于在公共服务领域推广政府和社会资本合作模式的指导意见》《关于进一步加大开发性金融支持文化产业和旅游产业高质量发展的意见》等相关政策，从国家顶层设计的角度提升金融对于文化产业的服务效能。

我国文化产业融资规模不断增加，《文化金融蓝皮书：中国文化金融发展报告（2021）》统计：2020年度文化产业商业贷款融资规模达到16561.5亿元人民币，上市公司500多家，新三板文化及相关产业挂牌公司800多家。同时，也存在一定问题，如债券市场中文化产业数字化与互联网逆向增长，但传统文娱产业大幅下降，私募股权融资总金额同比下降38.34%。

本章采用内容分析法分析我国文化企业融资模式的技术路径，通过DEAP软件分析我国文化上市企业的融资绩效，客观描述我国文化企业融资的发展历程与现状。此外，梳理日本、韩国、美国等国家现代文化产业融资模式的发展路径，以期为我国文化创意产业融资提供一定的参考和借鉴，推动我国现代文化产业高质量发展。

5.1 文化企业融资与融资效率

根据企业成长周期理论,文化企业也需要经历萌芽期、初创期、成长期和成熟期发展的规律。在每一个阶段,文化企业根据自身产品研发、生产规模、技术升级、营销推广等经营运行状况的资金需求,通过政府、金融机构、私人、第三方平台等,采用一些融资模式和工具,对资金进行融通,满足运营所需资金的过程就是融资(赵佳,2020)。

融资方式涵盖内源性融资、外源性融资和政策性融资。内源性融资是企业不断将自身收益等内部资金转化为投资。外源性融资则是通过或不通过银行等金融机构,企业吸收外来资金,前者为间接融资,后者为直接融资。政策性融资是政府通过文化产业基金、政府补贴、政府担保、直接投资等方式给文化企业提供资金支持。在文化企业运营的不同阶段,融资渠道也不尽相同,如图5-1所示。

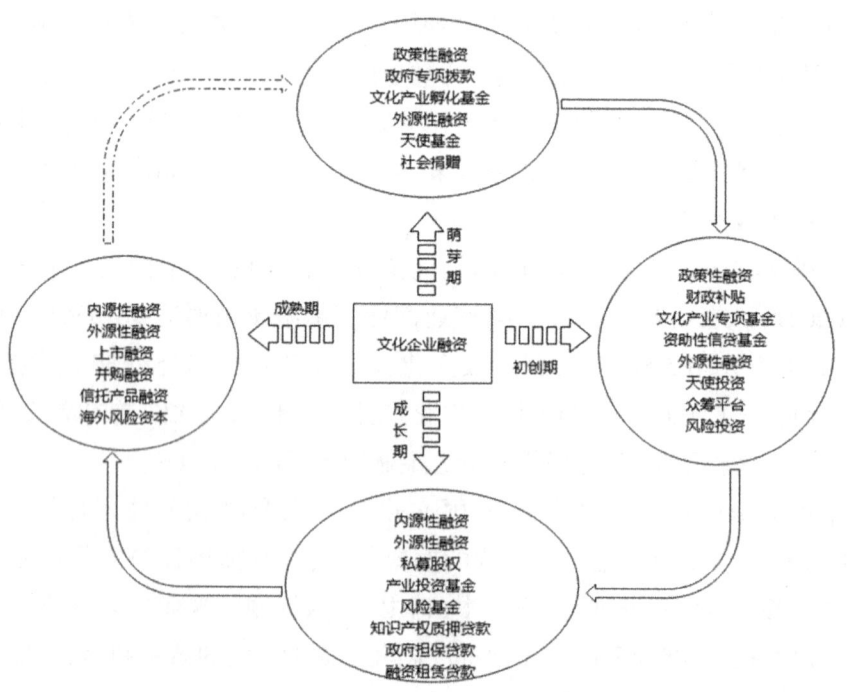

图 5-1 现代文化企业发展不同阶段融资渠道

文化企业融资效率是指企业能够综合考虑各种融资方式对企业融资成本、经营风险、成长激励、公司治理等方面的影响,按照适合企业的融资方式融通到资金,并能有效利用融通到的资金为企业创造价值,达到资金安排的帕累托最优(王雪,2014)。文化企业融资效率需要从两个维度来进行考量:其一是企业吸引社会闲散资金、金融机构资金以及政府政策性资金的成本与速度;在同一个市场环境下,企业能够以较低的融资成本吸纳较多资金,则其融资效率较高。其二是企业获取的资金能否有效利用,推动企业市场收益增加,使投入资本实现价值最大化。文化企业融资效率受到融资成本、融资利用效率、企业融资策略、企业盈利能力、市场环境、文化产业政策等多维度的影响和制约。

5.2 基于内容分析法的融资模式分析

5.2.1 文本数据来源

我国现代文化产业融资模式直接受文化产业政策的影响,从 2003 年以来我国文化产业实施体制改革,即从文化事业性向文化产业性的转变,这种基本方向的转换导致融资模式从有到无,同时随着文化产业不断发展,融资模式也呈现多元化、深入化特征。我国文化产业融资政策文本为历史的考量融资模式的变化提供了良好的数据来源。本章选取 2003—2021 年的文化产业融资政策文本为研究对象,其文本主要来源于中央人民政府网、文化和旅游部网站以及中国文化产业网等。

5.2.2 研究工具与文本挖掘过程

KH Coder 是用于文本挖掘的工具,能够对文本内容进行词频分析、共现分析、多维尺度构成、对应分析、集群分析、朴素贝叶斯学习模型分析等。本章节中,将融资政策文本以 TXT 形式存储,然后对数据进行预处理。预览预处理之后的词频表,检验与融资模式相关的词语是否被析取为一个完整的词语。将未被定义为完整词语的核心词,以停用词表的形式录入,以保证 KH Coder 在后续分析中能够挖掘到本章节分析所需的核心融资模式词语。

本章节主要挖掘各时间段与融资模式核心词语的对应共现,因此将时间段设置为汇总单元参数 H1。为了共现关系图更加清晰简洁,首先需对核心词语根据词类进行取舍,主要保留 Noun、ProperNoun、Foreign 以及 TAG;其次需要将差异显著性设置为 60;最后参数设置完成,选择词语中的对应分析,分析时间段与高频核心词语的共现关系,其结果如图 5-2 所示。

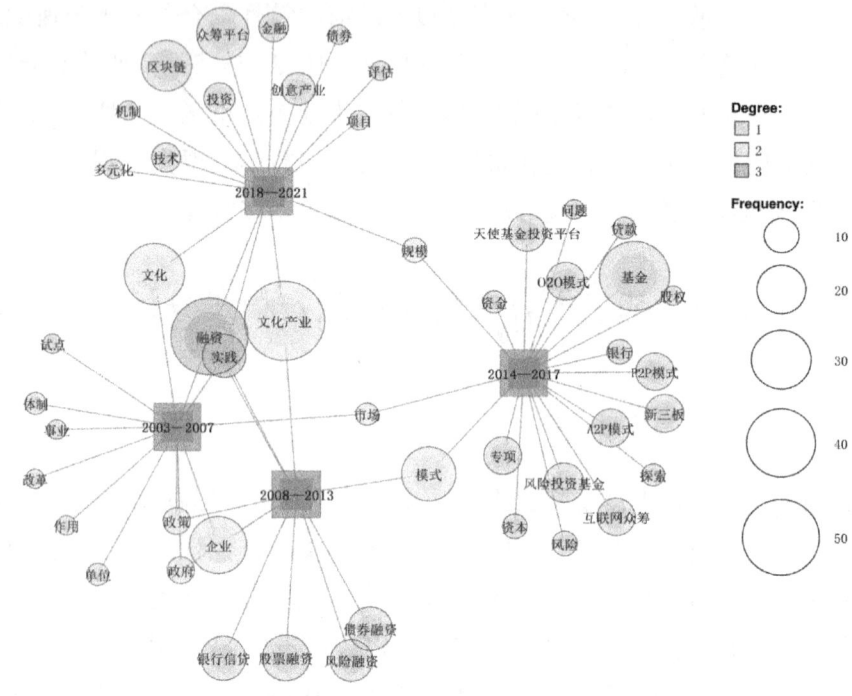

图 5-2　我国文化创意产业融资模式关键词共现网络

5.2.3　融资模式的阶段性演进

根据关键词共现图可以看出,我国融资模式的演进可以分为如下四个阶段。

第一阶段(2003—2007 年):融资概念的提出与融资实践探索的初步阶段。2003 年 12 月 31 日,国务院办公厅印发了《文化体制改革试点中支持文化产业发展的规定(试行)》和《文化体制改革试点中经营性文化事业单位转制为企业的规定(试行)》,这两个文件的颁布直接掀起了我国文化产业的制度变革浪潮,大多数经营型文化事业单位转制为文化企业单位,将政府调控为主导转变为发挥市场杠杆对于文化产业的调控作用。该阶段融资在政策中被初步涉及,并未深入论述,同时文化企业进行融资的实践少,融资在该阶段呈现弱化特征。

第二阶段(2008—2013年):融资模式研究和实践的爆发期。在经历了第一阶段的体制改革之后,文化企业的生存与发展成了本阶段的主旋律,多元化的生态环境促进文化企业发展的政策、规定、指导意见等相继出台,融资也成为政府促进文化产业发展的重要手段之一。因此,在政策层面上,非公有制资本首次被允许进入文化产业,国有或国有绝对控股的文化产业基金尝试设立,鼓励企业以银行贷款、发行企业债券、进入创业板等方式融资。在实践层面上,融资模式主要集中于银行信贷、债券融资、股票融资以及风险融资。在这一阶段,受文化创意产业企业的发展现状制约,上述融资模式都有自己的短板。由于文化产业企业往往缺乏银行信贷所需的有效质押,导致银行信贷在这一融资模式主要依靠政府的担保与扶持,债券融资则基本上只有在少数大型的国有文化事业单位转制之后形成的企业才有可能实现。对于中小型企业以及刚刚踏入文化产业的民营企业而言,该种融资模式缺乏实践的可能性。股票融资是较大型的民营企业使用的高效方式,而对于国有文化企业而言,牵涉到国有资产属性的变更,股票融资模式面临多重困境,因此借壳上市成为本时期国有文化企业股票融资的主要形式。政策对于文化产业的利好直接推动了风险投资对于文化产业企业的关注度,但是风险投资也保持了对文化产业的审慎态度,并未成为本时期融资模式的主流。总体而言,该阶段直接融资和间接融资模式都开始出现在中国文化产业企业中,但受到当时文化产业发展历史水平的限制,多种融资模式都还存在着无法深入进行的障碍。

第三阶段(2014—2017年):融资模式研究和实践的深化发展期。经历了前两个阶段对于融资实践的初步探索,在政策上,进一步鼓励和引导社会资本参与文化企业发展,为促进银行贷款对于文化企业的融资逐步脱离政府的扶持,尝试将知识产权、文化品牌等无形资产作为质押的模式,扩大已有融资模式的应用和规模,试点探索国有文化企业的股权融资。在实践上,对于已有的融资模式进行了更加深入的运用,针对银行贷款融资模式,开始探索版权质押融资中的评估体制建设和第三方评估机构的引入,以降低银行作为文化企业融资的风险,提高文化企业对于金融企业融资的吸引力,并且在实践中已经形成了已有版权质押和未来版权质押两种更加细化的模式。文化产业基金成为该阶段融资模式的一个热点。文化产业基金的主体一般是政府和市场投资者。政府主导的一般是文化产业专项基金和文化产业引导基金,这些基金对于文化产业发展有较好的推动作用,尤其是对于中小文化创意企业,但同时也存在资金总量较少以及主要以项目补贴为主运行的问题。以市场投资者为主体的基金主要是风险投资基金,风险投资基金以利益为最大驱动力,其潜力巨大。但对于文化产业的投资比重不如对于同阶段兴起的网络、计算机技术等新型科技行业的投资,投资规模依然较小。与此同时,股权融资模式也有了更深入的探索,光线传媒、土豆网等多家公司通过上市,获得大量融资,为企业的发展提供了强有力的资金支持,但对于绝大多数不具备上市条件的中小型企业而言,一般只能通过"新三板"获得资金融通,资金规模往往受限。随着大数据和云计算技术的兴起,以互联网为技术支撑的融资模式开始兴起,互联网众筹作为一种新型的融资模式开始在国内试水,天使基金投资平台、P2P 模式、A2P 模式、O2O 模式等都被应用到文化企业融资实践中,吸纳民间资本、风险资本进入文化创意产业。众筹融资模式尚处于探索时期,风险管理、信用系统建设、信用等级评估,其运营的法制化与规范化等都是亟待解决的问题。

  第四阶段(2018—2021 年):融资模式研究和实践的精细化发展期。以上述阶段文化产业的发展为基础,融资模式从最开始的单形态化走向多元形态化,对各种融资模式都进行了实践探索。从 2018 年开始,融资模式实践进入精细化阶段,注重分析融资运行各环节影响因素,对其优化,推动融资实践细化操作。在政策上,引导创新文化产业与金融资本融合的个性化、差异化、定制化途径,促进创新信贷产品运用,鼓励以商标、专利以及项目未来收益权等评估、流转和抵质押融资,扩大企业债券、股权融资以及直接融资规模。在实践上,进一步细化了文化产业基金融资模式,将开发性金融引入文化创意产业。文化旅游部和国家开发银行合作,发挥开发性金融中长期融资优势和"投资、贷款、债券、租赁、证券"协同支持作用,为文化和旅游项目提供直接投资、证券发行与承销、融资租赁等多元化金融服务。在文化创意产业与金融机构的合作中,知识产权、专利权、商标权等无形资产价值评估成为阻碍文化产业实现融资的制约因素,针对该问题,融资实践中开始尝试引进区块链技术对于文化资产实施数字化价值定位,同时,凭借非对称加密、哈希函数、时间戳三方协同等技术赋予区块链数据公开透明、可追溯等特性,创造了可"自证其信"

的信任新范式(解学芳,等,2021)。区块链技术革新了文化资产评估机制与投资信任机制,可以促进金融行业对于文化创意产业的融资规模和力度。关于众筹融资平台的创新升级以及其功能深化,众筹融资平台首先进行了规范化升级,被逐步纳入系统化的国家监管机制中,积极向合规盈利转变。众筹融资平台业务内容的垂直化与细分化升级,在经过了与中国文化创意产业市场的合作之后,开始探索平台业务特色。平台方逐步聚焦于文化创意产业的某一项业务,如原创电影、动漫等,因为业务的焦点化,也使得对于主营业务的运营更加深入,更加细致;同时,众筹平台的功能也逐步从单纯的"融资"向"融智、融人才、融技术"等多元化路线发展。

5.3 基于 DEA 的我国文化上市企业融资绩效分析

5.3.1 数据包络分析法及其模型

数据包络分析法(Data Envelopment Analysis,简称 DEA)是运筹学家查恩斯提出的用于系统评价的多指标综合评价法。数据包络分析是以相对效率概念为基础,以数学规划为主要工具,以优化为主要方法,根据多指标投入和多指标产出数据对相同类型的单位(部门或企业)进行相对有效性或效益评价的一种新方法。该方法通过建立规划模型来达到对决策单元进行评价的目的,本质上是来判断决策单元是否处于生产前沿面上,并通过比较决策单元偏离前沿面的程度来评价相对有效性(段勇瑞,2006)。其优点在于:其适合评价多个同类型决策单元的多元输入和输出指标;属于非参数的统计估计方法,在评价时无需事先给出生产前沿面,避免了主观因素干扰;对数据较为宽松,在运用 DEAP 软件时,除了投入指标和产出指标中的负值需处理以外,无需对数据进行无量纲化处理。

DEA 方法下演化出多种模型,第一种模型是固定规模报酬模型(CCR),后来又在此基础上提出了规模报酬可变模型(BCC)。BCC 模型公式如下:

$$s.t.\begin{cases}\sum_{j=1}^{n}x_{ij}\lambda_j+s_i^-=\theta x_{ij0}\\ \sum_{j=1}^{n}y_{rj}\lambda_j-s_r^+=y_{rj0}\\ \sum_{j=1}^{n}\lambda_j=1\\ 0\leqslant\theta\leqslant 1\\ s_r^-\geqslant 0\\ i=12,2,\cdots,m\\ r=1,2,\cdots,s\\ j=1,2,\cdots,n\end{cases}$$

在这个模型中,假设 n 个决策单元(DMU),是 DEA 方法分析中的评价对象。每个决策单元有 m 项投入指标,s 项产出指标。x_{ij} 是第 j 个决策单元的第 i 个投入指标向量,y_{rj} 是第 j 个决策单元的第 r 个产出指标向量。s^+ 与 s^- 为松弛变量,λ_j 为权重变量,θ 为绩效值。若绩效值为1,则决策单元相对有效;如果绩效值小于1,则决策单元相对无效,说明融资中存在投入冗余或产出不足的情况。

5.3.2 融资绩效指标选取

融资绩效指标选取应遵循如下原则:第一,关联性。所选择的融资绩效投入和产出指标应该与文化企业的资金获取能力和资金利用能力密切相关,这两种能力是影响融资绩效的核心要素。第二,独立性。投入和产出指标内部以及彼此之间不能存在部分替代或者完全替代的现象,每一个指标都应该独立地表征文化企业融资效率的某一方面。第三,可获取性。所选取的投入和产出指标应该具备较好的可获取性,可获取性的指标往往也是对于评价文化企业运营比较有代表性的财务数据。

根据以上原则,投入指标选取资产总额、资产负债率、基本每股收益以及速动比率;产出指标选取营业收入、营业收入增长率、净资产收益率。其中,投入指标表征的是文化企业获取资金的能力,而产出指标表征的是文化企业利用资金的能力。现代文化企业融资绩效评估指标体系如表 5-1 所示。

表 5-1 现代文化企业融资绩效评估指标体系

指标类别	指标名称	指标内容	指标能力
投入指标	资产总额	文化企业通过过去的交易、事项形成并由企业拥有或控制的全部资源	融资规模
	资产负债率	文化企业负债总额与资产总额的比重,主要体现企业的财务和经营中潜在的风险指数	融资风险
	基本每股收益	文化企业按照属于普通股股东的当期净利润与发行在外的普通股的加权平均数的比值,可以衡量普通股的获利水平	融资成本
	速动比率	文化企业速动资产与流动负债的比值,衡量企业流动资产可以立即变现用于偿还流动负债的能力	偿付能力
产出指标	营业收入	文化企业主营业务和其他业务所获取的利润,表征企业利用资金的效能	盈利能力
	营业收入增长率	文化企业本年度营业收入增长额与上年度营业收入总额的比率,显示的是企业与上年度相比收入的变化情况,评价的是企业的成长状况和未来的发展能力	发展能力
	净资产收益率	文化企业净利润与净资产的比率,表征企业净资本的获利能力,衡量企业运用资金开展运营的能力	运营能力

5.3.3 样本数据选取

本章评价文化企业的融资绩效,需要获取企业的财务数据和年度报表,处于萌芽期、初创期的文化企业其财务数据和年度报表信息较难获取,因此本章选取在沪深两市上市的文化企业作为样本,通过平台软件中提供的财务数据和年度报表分析其融资绩效。截至目前,2022 年的年度报表尚未形成,因此选取 2021 年的年度报表中的 7 个指标数据作为截面数据。由于 DEA 模型要求决策单元数量是投入指标和产出指标之和的 2 倍及以上,因此要求 DMU>14。我国的《文化及相关产业分类(2018)》中,将文化产业细分为多个门类,将其与上海证券交易所提供的行业分类相结合,在选取样本数据的过程中覆盖所有与文化产业相关的行业门类,在每一个行业分类中考量区域覆盖的全面性,由此从中选取 27 家企业作为样本。选择的文化企业具体信息与行业分类如表 5-2 所示。

表 5-2 现代文化企业融资绩效评估样本数据

行业分类	文化企业	简称	股票代码
印刷和记录媒介复制业行业	贵州永吉印务股份有限公司	永吉股份	603058
	厦门合兴包装印刷股份有限公司	合兴包装	002228
文教、工美、体育和娱乐用品制造业行业	上海晨光文具股份有限公司	晨光股份	603899
	广东群兴玩具股份有限公司	群兴玩具	002575
电信、广播电视和卫星传输服务行业	北京歌华有线电视网络股份有限公司	歌华有线	600037
	东方明珠新媒体股份有限公司	东方明珠	600637
	吉视传媒股份有限公司	吉视传媒	601929
公共设施管理业行业	黄山旅游发展股份有限公司	黄山旅游	600054
	大连圣亚旅游控股股份有限公司	大连圣亚	600593
	安徽九华山旅游发展股份有限公司	九华旅游	603199
	西藏旅游股份有限公司	西藏旅游	600749
	宋城演艺发展股份有限公司	宋城演艺	300144
新闻和出版业行业	中国出版传媒股份有限公司	中国出版	601949
	时代出版传媒股份有限公司	时代出版	600551
	中原大地传媒股份有限公司	中原传媒	000719
	江苏凤凰出版传媒股份有限公司	凤凰传媒	601928
	内蒙古新华发行集团股份有限公司	内蒙新华	603230
	北京光线传媒股份有限公司	光线传媒	300251
广播、电视、电影和影视录音制作业行业	中视传媒股份有限公司	中视传媒	600088
	横店影视股份有限公司	横店影视	603103
	博纳影业集团股份有限公司	博纳影业	001330
	华谊兄弟传媒股份有限公司	华谊兄弟	300027
	浙江华策影视股份有限公司	华策影视	300133
文化艺术业行业	浙江祥源文旅股份有限公司	祥源文旅	600576
	天舟文化股份有限公司	天舟文化	300148
体育行业	中体产业集团股份有限公司	中体产业	600158
动漫行业	广东奥飞动漫文化股份有限公司	奥飞娱乐	002292

5.3.4 数据处理与结果分析

所有的样本数据均为文化上市企业，其每年度的年度报告都会公开披露，表 5-3 中展示的是样本企业及决策单元投入指标和产出指标的 2021 年度原始数据。

表 5-3 投入指标与产出指标 2021 年度原始数据

样本作业	营业收入/亿元 y_1	营业收入增长率 y_2	净资产收益率 y_3	资产总额/亿元 x_1	资产负债率 x_2	基本每股收益/元 x_3	速动比率 x_4
贵州永吉印务股份有限公司	4.36	-0.65%	11.78%	16.79	26.46%	0.33	2.19
上海晨光文具股份有限公司	176.07	34.02%	4.35%	114.24	42.90%	1.645	1.62
北京歌华有线电视网络股份有限公司	25.52	-0.93%	1.64%	160.03	19.83%	0.1501	4.58
东方明珠新媒体股份有限公司	16.98	-16.00%	0.60%	436.81	18.13%	0.0534	2.92
吉视传媒股份有限公司	20.8	5.52%	0.38%	151.81	53.72%	0.0085	0.37
中国出版传媒股份有限公司	63.04	5.80%	10.44%	145	38.81%	0.4279	1.69
黄山旅游发展股份有限公司	8.95	20.84%	1.02%	51.5	12.36%	0.06	4.9
大连圣亚旅游控股股份有限公司	2.05	79.12%	-53.22%	20.91	81.07%	-1.54	0.07
安徽九华山旅游发展股份有限公司	4.26	24.81%	4.83%	14.91	14.45%	0.55	0.36
西藏旅游股份有限公司	1.74	37.97%	-0.78%	15.33	32.93%	-0.0363	2.32
时代出版传媒股份有限公司	78.94	22.35%	7.31%	74.23	31.80%	0.7418	1.58
中原大地传媒股份有限公司	92.61	-3.43%	10.59%	149.07	36.10%	0.95	1.36
江苏凤凰出版传媒股份有限公司	125.17	3.15%	16.02%	286.72	42.70%	0.9654	0.91
内蒙古新华发行集团股份有限公司	15.92	25.33%	22.01%	36.12	42.74%	0.86	2.06
中视传媒股份有限公司	11.88	52.64%	-0.19%	16.45	32.34%	-0.005	1.92
横店影视股份有限公司	23.66	139.06%	0.92%	54.54	72.65%	0.02	0.95

续表

样本作业	营业收入/亿元 y_1	营业收入增长率 y_2	净资产收益率 y_3	资产总额/亿元 x_1	资产负债率 x_2	基本每股收益/元 x_3	速动比率 x_4
博纳影业集团股份有限公司	31.24	94.05%	5.66%	156.87	64.04%	0.33	0.75
浙江祥源文旅股份有限公司	2.47	6.20%	1.75%	12.05	12.95%	0.03	4.6
中体产业集团股份有限公司	15.15	-24.11%	2.19%	55.76	36.51%	0.0572	1.72
广东奥飞动漫文化股份有限公司	26.44	11.66%	-13.67%	57.37	43.01%	-0.3	0.75
北京光线传媒股份有限公司	11.68	0.74%	-3.23%	104.79	8.67%	-0.11	4.44
华谊兄弟传媒股份有限公司	13.99	-6.73%	-8.36%	70.94	64.02%	-0.09	0.37
天舟文化股份有限公司	5.05	-40.37%	-36.21%	19.92	19.77%	-0.81	2.94
宋城演艺发展股份有限公司	11.85	31.27%	4.22%	98.27	19.04%	0.1205	2.51
浙江华策影视股份有限公司	38.07	2.00%	6.44%	87.5	22.98%	0.22	2.54
厦门合兴包装印刷股份有限公司	175.49	46.16%	6.39%	91.63	61.09%	0.18	0.85
广东群兴玩具股份有限公司	0.512	-43.76%	2.42%	8.35	6.18%	0.03	8.13

运用 DEAP-xp1 软件对上表中的数据进行分析之前,还需要对数据进行非负处理。在上述表格中,营业收入增长率、净资产收益率以及基本每股收益等都存在负值,这会导致软件分析数据的失效,因此需要按照下面的公式对数据进行前期处理。

$$\begin{cases} y_{ij} = 0.1 + (x_{ij} - m_j) \times 0.9 / (M_j - m_j), \\ m_j = \min(x_{ij}), \\ M_j = \max(x_{ij}), \\ (i = 1, 2, \cdots, n), y_{ij} \in [0, 1]. \end{cases}$$

数据处理之后,无需对其他数据进行无量纲化处理,只需设置参数,Number of Firms=21(决策单元个数),Number of Outputs=3(投入指标),Number of

Inputs=4(产出指标),0=Input AND 1=Output Oriented 该参数选择设置为 0 (投入主导型模型),0=CRS AND 1=VRS 该参数设置为 1(CRS 代表的是固定规模报酬模型 CCR,VRS 代表的是规模报酬可变模型 BCC),内部算法选择 DEA(Multi-stage)。参数设置完成之后,可以将上述处理过负值的数据带入模型分析。其结果如表 5-4 所示。

表 5-4 我国文化企业(样本)融资绩效评估结果

决策单元(DMU)	综合技术效率(crste)	纯技术效率(vrste)	规模效率(scale)	规模报酬状态
贵州永吉印务股份有限公司	1.000	1.000	1.000	—
上海晨光文具股份有限公司	1.000	1.000	1.000	—
北京歌华有线电视网络股份有限公司	0.939	0.940	0.999	irs
东方明珠新媒体股份有限公司	0.976	0.989	0.987	irs
吉视传媒股份有限公司	1.000	1.000	1.000	—
中国出版传媒股份有限公司	0.960	0.967	0.993	drs
黄山旅游发展股份有限公司	1.000	1.000	1.000	—
大连圣亚旅游控股股份有限公司	1.000	1.000	1.000	—
安徽九华山旅游发展股份有限公司	1.000	1.000	1.000	—
西藏旅游股份有限公司	1.000	1.000	1.000	—
时代出版传媒股份有限公司	0.968	1.000	0.968	drs
中原大地传媒股份有限公司	0.948	0.975	0.972	drs
江苏凤凰出版传媒股份有限公司	1.000	1.000	1.000	—
内蒙古新华发行集团股份有限公司	0.947	1.000	0.947	drs
中视传媒股份有限公司	1.000	1.000	1.000	—
横店影视股份有限公司	1.000	1.000	1.000	—
博纳影业集团股份有限公司	0.971	1.000	0.971	drs
浙江祥源文旅股份有限公司	1.000	1.000	1.000	—
中体产业集团股份有限公司	0.992	0.999	0.993	irs
广东奥飞动漫文化股份有限公司	0.926	1.000	0.926	irs
北京光线传媒股份有限公司	1.000	1.000	1.000	—
华谊兄弟传媒股份有限公司	0.982	0.992	0.990	irs
天舟文化股份有限公司	0.707	1.000	0.707	irs
宋城演艺发展股份有限公司	1.000	1.000	1.000	—
浙江华策影视股份有限公司	1.000	1.000	1.000	—
厦门合兴包装印刷股份有限公司	1.000	1.000	1.000	—
广东群兴玩具股份有限公司	1.000	1.000	1.000	—

1. DEA 有效性分析

在上表中,crste 表示的就是综合技术效率 TE 值,其反映的是企业在现有规模下利用资金的能力,衡量企业是否存在资金浪费或者资金未合理配置的情况(陈能军,2018)。vrste 表示的是纯技术效率 PTE 值,其说明企业的资金管理能力,表征企业融通资金的无效利用是不是因为管理或者决策失误导致的。scale 表示的是规模效率 SE 值,其说明企业的规模是否最优,即资金的投入是否能够带来有效的产出。规模报酬状态则是其他条件保持稳定,生产要素按相同比例变化时带来的产量变化,这个指标表征企业生产规模变化与产量变化之间的关系,可以分为三种:规模报酬递增 irs、规模报酬不变 crs、规模报酬递减 drs(李燕,等,2018)。

表5-5 样本企业效率总体评价结果

文化企业 (2021年度)	综合技术效率(TE)		纯技术效率(PTE)		规模效率(SE)	
	企业个数	占比	企业个数	占比	企业个数	占比
DEA 有效	16	59.26%	21	77.78%	16	59.26%
非 DEA 有效	11	40.74%	6	22.22%	11	40.74%

根据表 5-5,整体而言,我国文化上市企业中超过半数的企业融资绩效表现良好。27 家企业中 16 家企业达到了综合技术效率、纯技术效率和规模效率的有效,包括贵州永吉印务股份有限公司、上海晨光文具股份有限公司、吉视传媒股份有限公司、黄山旅游发展股份有限公司、大连圣亚旅游控股股份有限公司、安徽九华山旅游发展股份有限公司、西藏旅游股份有限公司、江苏凤凰出版传媒股份有限公司、中视传媒股份有限公司、横店影视股份有限公司、浙江祥源文旅股份有限公司、北京光线传媒股份有限公司、宋城演艺发展股份有限公司、浙江华策影视股份有限公司、厦门合兴包装印刷股份有限公司、广东群兴玩具股份有限公司。上述 16 家企业在选取的指标维度下进行融资绩效评估,可以用最小的投入获得最大的产出,处于投入无冗余、产出无不足状态,对于资金的管理应用和决策较为合理,资金利用有效,达到了规模最优状态。

在非 DEA 有效的 11 家企业中,有 5 家企业纯技术效率有效,综合技术效率和规模效率无效,包括时代出版传媒股份有限公司、内蒙古新华发行集团股份有限公司、博纳影业集团股份有限公司、广东奥飞动漫文化股份有限公司、天舟文化股份有限公司。这 5 家企业的纯技术效率有效说明其在对于资金的管理以及公司运营决策方面表现较好,能够有效管理资金,规划资金用途。规模效率无效,说明 5 家企业在其他生产要素保持不变的情况下,其资金规模的扩张并未产生相对比例的产出升值。前三家企业出现了规模报酬递减的状况，这是企业内部的管理水平、制度机制、人才要素、信息传递等各个方面的运行无法匹配资金规模扩张以后的实际要求，导致投入冗余，新扩张部分的资金融入并未使企业获得相应的市场收益，导致企业投入大于产出。后两家企业出现了规模报酬递增的态势，说明其增加部分的资金给企业带来较为丰厚的收益，具有较大的发展潜能，规模的扩大，会提升整个融资绩效，以至达到企业资金利用的最佳状态。

其他6家企业，包括北京歌华有线电视网络股份有限公司、东方明珠新媒体股份有限公司、中国出版传媒股份有限公司、中原大地传媒股份有限公司、中体产业集团股份有限公司、华谊兄弟传媒股份有限公司，则出现综合技术效率、纯技术效率和规模效率三个指标值均无效的情况，说明企业出现了投资冗余和产出不足的现象，企业需要从资金管理水平、决策水平、制度建设、人才培养、创新发展等各方面入手提升企业对于资金等资源的优化配置、管理与运用水平，提高企业资金的利用率和效率。

2. 松弛变量分析

上述对于6家三个指标均为无效企业的分析在松弛变量表中也得到了验证，表5-6中S^+代表的是产出指标的松弛变量，S^-代表的是投入指标的松弛变量。S_1^+、S_2^+与S_3^+分别表示的是营业收入松弛变量、营业收入增长率松弛变量、净资产收益率松弛变量；S_1^-、S_2^-、S_3^-、S_4^-则分别表示的是资产总额松弛变量、资产负债率松弛变量、基本每股收益松弛变量、速动比率松弛变量（魏臻，2017）。$S^+ \neq 0$表示企业产出不足，$S^- \neq 0$表示投入不足。在S^+指标中，6家企业均存在S_2^+指标营业收入增长率松弛变量，即产出不足的问题。在S^-指标中，6家企业中只有中原大地传媒股份有限公司不存在投入不足的问题，其他5家企业均存在S_1^-指标资产总额松弛变量，即投入不足的问题。

表5-6　6家非DEA有效企业松弛变量分析

	S_1^+	S_2^+	S_3^+	S_1^-	S_2^-	S_3^-	S_4^-
北京歌华有线电视网络股份有限公司	0.000	0.042	0.000	116.092	0.000	0.000	0.000
东方明珠新媒体股份有限公司	0.000	0.182	0.000	338.089	0.000	0.000	0.000
中国出版传媒股份有限公司	0.000	0.044	0.000	81.719	0.000	0.000	0.000

续表

	S_1^+	S_2^+	S_3^+	S_1^-	S_2^-	S_3^-	S_4^-
中原大地传媒股份有限公司	0.000	0.084	0.000	0.000	0.000	0.000	0.000
中体产业集团股份有限公司	0.000	0.191	0.000	10.899	0.000	0.000	0.000
华谊兄弟传媒股份有限公司	0.000	0.224	0.000	0.000	0.161	0.000	0.000

3. 投影结果分析

在 DEAP 中可以根据松弛变量对于上述 6 家三个指标值均为非 DEA 有效的企业进行调整，通过投影后使其达到 DEA 有效，具体见表 5-7。其他企业因为 DEA 有效，其投影值与初始值相同。

以河南省的中原大地传媒股份有限公司为例，其综合技术效率为 0.948，纯技术效率为 0.975，规模效率为 0.972，并且规模效率呈现递减趋势。投影之后的各项指标为：x_1 指标值由 149.070 调整为 145.326，x_2 指标值由 0.361 调整为 0.352，x_3 指标值由 0.804 调整为 0.783，x_4 指标值由 1.36 调整为 1.33，四个投入性指标均呈现收缩调整状态，这与其规模效率递减、投入冗余密切相关。需要企业通过以优化资源配置、细化管理模式、加强信息传递、提高产品创新性和市场盈利能力等为抓手，与资金规模的扩张需求匹配，较好地发挥资金这一要素在企业生产链各环节中的作用，提升各环节增值效能。

表 5-7　6 家非 DEA 有效企业投影结果分析

	营业收入/亿元 y_1	营业收入增长率 y_2	净资产收益率 y_3	资产总额/亿元 x_1	资产负债率 x_2	基本每股收益/元 x_3	速动比率 x_4	
北京歌华有线电视网络股份有限公司	25.52	0.311	0.756	160.03	0.198	0.578	4.58	DEA 调整前（数据非负处理之后）
	25.52	0.353	0.756	34.372	0.186	0.543	4.31	DEA 调整后
东方明珠新媒体股份有限公司	16.98	0.237	0.744	436.81	0.181	0.55	2.92	DEA 调整前（数据非负处理之后）
	16.98	0.418	0.744	94.03	0.179	0.544	2.89	DEA 调整后

续表

	营业收入/亿元 y_1	营业收入增长率 y_2	净资产收益率 y_3	资产总额/亿元 x_1	资产负债率 x_2	基本每股收益/元 x_3	速动比率 x_4	
中国出版传媒股份有限公司	63.04	0.344	0.862	145	0.388	0.656	1.69	DEA 调整前（数据非负处理之后）
	63.04	0.388	0.862	58.482	0.375	0.634	1.63	DEA 调整后
中原大地传媒股份有限公司	92.61	0.299	0.864	149.07	0.361	0.804	1.36	DEA 调整前（数据非负处理之后）
	92.61	0.382	0.864	145.326	0.352	0.783	1.33	DEA 调整后
中体产业集团股份有限公司	15.15	0.197	0.763	55.76	0.365	0.551	1.72	DEA 调整前（数据非负处理之后）
	15.15	0.388	0.763	44.829	0.365	0.551	1.72	DEA 调整后
华谊兄弟传媒股份有限公司	13.99	0.282	0.637	70.94	0.64	0.51	0.37	DEA 调整前（数据非负处理之后）
	13.99	0.507	0.637	70.395	0.475	0.506	0.367	DEA 调整后

根据上述分析,我国上市文化企业融资绩效在多年的融资实践中有了较大的发展,样本中半数以上的企业都达到了融资绩效 DEA 有效。虽然尚有40.74%的企业非 DEA 有效,在资金利用与管理等方面还存在纯技术效率的非有效性以及规模的非有效性,存在资金投入冗余和产出不足现象。但是,我国上市文化企业的综合技术效率均值、纯技术效率均值和规模效率均值分别达到了 0.975、0.995、0.980,说明我国上市文化企业整体融资绩效良好。处于成长期和成熟期的上市文化企业其融资模式、融资工具与融资途径都已经较为完善合理,更多的是要改善企业管理机制、优化资源配置、创新项目运营方式等企业内部的管理性要素,适应资金规模扩展带来的管理性要素上的更高要求,进一步提高资金的利用率,提升资金在生产链条上促进各环节增值提效的能力。

一般而言,上市企业的管理水平、融资水平、市场盈利能力等都会是同产业企业中的佼佼者,文化产业也不例外。上市文化企业的融资模式与路径会为我国中小文化企业的发展提供借鉴,同时它们存在的问题也可以为中小文化企业提供参考。

5.4 基于个案分析法的融资模式分析

本章以文本挖掘的方式对我国融资模式进行了内容分析,总结了其发展演进路径,同时对我国上市文化企业的融资绩效进行了 DEA 实证分析,这些都能为我国文化企业融资的优化发展提供参考和借鉴。除了我国融资情况以外,对于其他国家文化产业融资模式、方法与路径的梳理也可以为我国文化企业融资优化提供一定的参考。

5.4.1 美国文化产业融资模式

1. 政府文化产业基金

美国没有统一管理文化产业的政府机构,体现了美国对于文化产业管理中"政府为辅,市场为主"的倾向,但这也并不意味着美国政府在文化创意产业领域毫无作为,政府主要通过立法、知识产权保护等规范市场主体行为的方式促进产业的发展。同时,美国设立了国家艺术与人文基金会,该基金会具备文化产业政府基金会的性质,主要包含国家艺术基金会、国家人文基金会以及博物馆和图书馆服务研究所。该基金会为人文学科所有领域的项目和方案提供融资服务,包括历史、哲学、文学和语言、考古学、政治理论、比较宗教和其他领域等。图书馆、博物馆、历史建筑、社区学院、大学以及其他人文专业人员和组织均可申请该基金资助。2021 年度国家人文基金的预算为 1 亿 7 755 万美元,2021 年度国家艺术基金的总金额为 1 亿 6 750 万美元。申请人寻找与自己项目相匹配的资助方案并进行申请,基金会负责招募和监督同行评审小组,该评审小组由 6 名在相关领域具有专业知识和经验的成员以及至少 1 名知识渊博的非专业人士组成,向基金会提供小组分析结果,并对拟资助项目进行实地考察,最终符合条件的申请项目转交国家艺术委员会进行最终决定。

总体而言,美国政府文化产业基金主要针对的是公益性质的项目或者非营利项目。该基金的主要目的是鼓励创意活动、终身学习,促进美国多元文化社区个人和群体的不同信仰和价值观的相互尊重。

2. SBA 模式

美国中小企业管理局(SBA)主要为金融市场上融资困难的中小企业提供服务。SBA 并不是直接为中小企业提供贷款,而是与贷款人、社区发展组织和小额贷款机构合作,为中小企业提供融资服务和商业服务平台,必要的时候提供融资担保服务,其作用类似于众筹平台,但是没有众筹平台的营利性质,因此称其为 SBA 融资模式。SBA 的融资额度一般在 500 万至 550 万美元。

首先,SBA 模式中该平台除了融资功能以外,还提供大量免费服务,包括商业信息的获得、商业计划书的撰写等。例如,SBA 平台直接链接开放联邦贸易统计数据,为中小企业提供客户与市场信息的查询,包括一般商业统计、消费者统计、人口、经济指标、就业统计、收入统计、货币和利率、产销统计、贸易统计以及行业特定数据统计。同时,SBA 平台上只要输入中小企业所在区域的编码,即可找到设立于各地的服务点,其可以为中小企业提供专业且免费的商业计划书撰写的辅导。

其次,在 SBA 模式中,中小企业需要填写企业信息、商业计划、财务报表等信息。SBA 审核申请者信息的真实性,同时建立信用评分机制。如图 5-3 所示,SBA 根据申请者的意愿进行贷款人匹配,可能的贷款人通过申请人的信用评分来确定风险,并决定是否同意匹配,可能的贷款人同意匹配以后,SBA 向申请者发送贷方的联系信息。双方可以自主洽谈贷款利率、还款方式、还款时间、抵押物等详细信息。贷款利率一般为 8%~13%,还款年限最长为 6 年。SBA 在这个过程中,也可以为中小企业提供融资担保。

最后,SBA 也为中小企业提供银行贷款担保服务。文化创意产业的中小企业在银行认为风险较大而无法提供贷款时,中小企业可向 SBA 申请并提供相应的材料,SBA 也可以为其银行贷款提供融资担保。这种方法减少了银行的风险,提升了银行融资的可能性和额度。中小企业需要向 SBA 支付合同价格 0.6% 的担保费用。

SBA 模式以政府信用为基础,吸引闲散资金、风险投资资本等加入为中小企业提供融资服务,同时可以为中小企业进行担保,加大了银行对于中小企业的支持力度。这种模式对于中小企业的早期发展有着重要的推动作用。

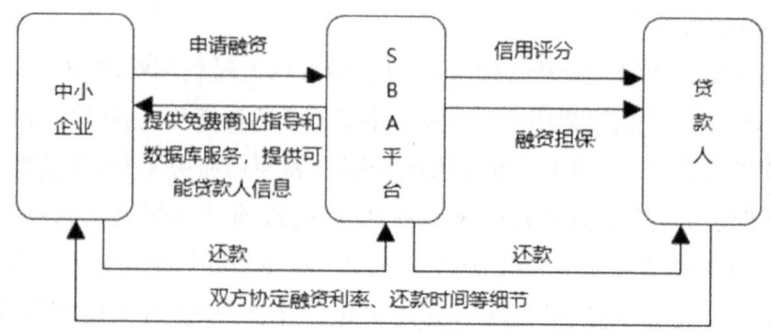

图 5-3　美国 SBA 融资模式

3. 财团融资

美国拥有世界上数量最多、盈利能力最强的大型核心文化产业集团，这些集团的形成历程大多数是财团融资的结果，其突出特征是融资金额巨大，并且有庞大跨国资本注入。好莱坞八大电影公司的发展历程中，米高梅电影公司斥巨资拍摄的《风语者》票房惨败，康卡斯特公司、索尼公司、普罗维登斯股本合伙人公司、美国德太投资有限公司等多家集团通过并购和股权交易的方式注资 25.8 亿美元。环球电影几经易主，在不断的资金融入过程中发展壮大。日本松下电器公司、加拿大西格拉姆公司、法国维旺达集团、通用电气公司都曾经通过收购、股权融资等成为环球电影的主人。从上述两家电影公司的发展历程中可以看出文化产业巨头企业获得融资的模式，巨头企业自身拥有比中小企业更多的技术、创作团队、资金、品牌等资源，但这并不能保证其一直处于领先的地位，也会因为没有高票房的作品导致资金危机。当这些文化巨头企业出现资金危机时，很多大型的非文化产业领域的集团公司会向其注资，这些集团其背后往往是财团的力量在支撑，如通用电气公司隶属摩根财团，松下电器隶属日本住友财团，索尼公司隶属日本三井财团等。这些财团资金雄厚，可以为文化巨头企业提供大量的融资，促进了这些巨头企业的发展和壮大，并且美国文化巨头企业融资过程中明显有国外财团的资金投入，这得益于美国文化巨头企业在全球文化市场上的盈利能力和品牌价值。

总体而言，美国不同规模的文化企业、处于不同阶段的文化企业，其融资模式与企业特征相匹配，因而具有较多的差异性，如图 5-4 所示。这些融资模式在市场检验中进行摸索和改进，对于我国文化产业融资模式的实践有一定的借鉴意义。

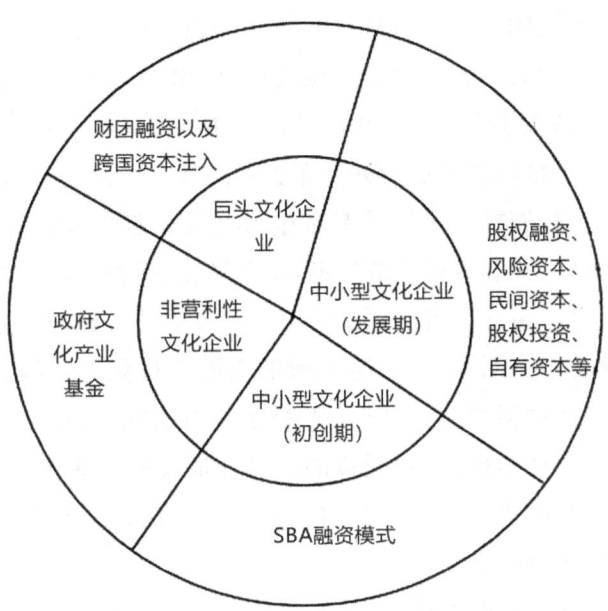

图 5-4 美国文化产业融资模式概貌

5.4.2 日本文化产业融资模式

1. 政府财政投资

日本政府对于文化产业的资金支持是日本文化产业发展的主要推动力之一。日本的文化产业主管部门为经济产业省和文部科学省。2013 年日本为了获得文化产业的海外市场开始实施"酷日本"战略,旨在有效传播日本传统文化与地域文化,提升文化产品在海外的需求及品牌影响力,为此特别设立了 Cool Japan 机构保障该战略计划所需的资金供给。截至 2021 年 10 月,该机构吸收了三井住友银行、电通集团、全日空控股株式会社、日本铁路公司、大日本印刷株式会社等 22 家企业资本 107 亿日元,政府投入 946 亿日元。政府的财政投入成为该项战略活动顺利实施最重要的资金保障。

日本相关的艺术文化促进会旨在公开展示日本古老的传统表演艺术,培养和研究传承人,在日本进行现代表演艺术的表演、表演者培训和研究,以保存、促进或传播这些表演艺术,并为日本各地的文化艺术活动提供支持,为艺术和其他文化的改善作出贡献,艺术文化产业振兴基金也应运而生,为上述项目提供资金。艺术文化振兴基金以政府出资 541 亿日元和一般社团法人、一般财团法人、公益社团法人、公益财团法人、非营利性组织法人、商业合作社、营利性法人(株式会社、合名公司、合伙公司等)出资 159 亿日元的合计 700 亿日元作为本金。该基金制定了 PDCA(Plan、Do、Check、Action)的资助方案。第一,计划阶段:基金管理者制定并公布资助的基本方针与项目资助的审查标准;第二,实施阶段:安排文化艺术专家作为项目总监和节目官对申请项目进行信息收集和调研,并确定最终的资助额度;第三,检查阶段:对资助对象的活动进行过程性评价,包括是否达到了预期效果或活动目标、资金是否用于申请项目、预算累计是否有问题、是否努力增加或培养观众等;第四,改进阶段:关于表演艺术创作活动振兴项目,根据受资助活动的调查结果、受资助组织提交的业绩报告和自我评估报告,对受资助活动在通过时是否取得了预期成果进行事后评估。评估结果通过项目总监和节目官传达给受资助组织,同时就改善组织的活动和运营提供建议。

对于中小文化企业的发展,日本有专门的隶属经济产业省中小企业厅作为融资和信用担保的机构。如图 5-5 所示,日本政策金融公司、商业和工业协会中央金库、冲绳振兴开发金融公库等可以为符合条件的中小文化企业提供贷款。如果中小企业在金融机构获得贷款时,独立于政府的信用担保协会可以在信用风险评估下,对于不同信用等级的企业收取不同的担保费率,进而为其提供债务担保。例如,日本 CRD 协会就是第三方机构,其创建了企业信用风险评估 CRD 集成工具,根据企业提供的财务数据,分析公司的经营状况,与同行业公司进行比较,计算其信用率,并可以对异常值警报。同时,为了降低融资机构的风险,CRD 协会提供基于 T-Forest 的企业合作伙伴高精度信用评估。

综上,政府对于文化产业的融资为其发展提供了坚实的资金支持,同时也重视对于民间资本的吸纳,民间资本参与其中可以享受税费上的优惠,这些政策也刺激了民间资本对于文化产业的投入。

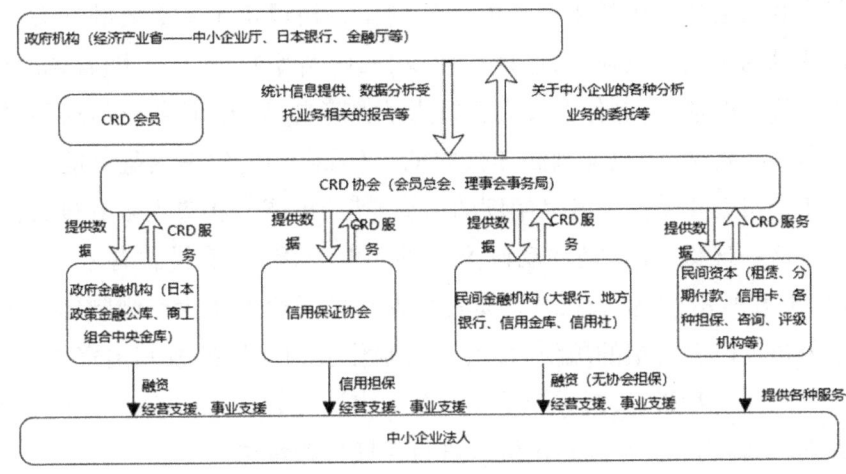

图 5-5　日本中小企业融资模式

（资料来源：中小企業庁—中小企業信用リスク情報データベース）

2. 制作委员会修正模式

动漫动画一直是盈利能力最强、品牌化最高的日本文化产业之一，而该产业也具备了文化产业高成本、回报率预期不明朗的典型特征。一部动画剧集的平均制作成本为 2000 万日元左右，平均 12 集，一个项目的预算为 2.4 亿日元。动画制作公司如果自主出资，其资金压力大，并且一旦剧集播出效果未达到预期，动画制作公司就会面临破产的危机。同时，动画制作公司独立完成动画的制作、宣传、上映以及衍生品的开发等，也难以兼顾。因此，从 1990 年开始，日本动漫动画一直采用的是制作委员会模式融资，分摊风险，保障收益。

一部动漫动画要经历制作、宣传、推广、销售、版权的二次开发等一系列的过程，才能成为一个成熟的有盈利能力的产品。这期间需要大量资本的投入，日本的制作委员会融资模式就是吸纳动画制作公司、电视台、网络平台、电影公司、广告公司、出版社、玩具厂商、DVD 制作公司等作为出资人，共同募集资金，并且在该过程中，还会有风险资本的投入，如国外有些风险资金就会选择投入日本动漫动画市场逐利。这些公司根据出资比例，承担相应风险并获得相应回报，出资比例决定了其话语权。这种方式拓宽了融资渠道，增加了融资额度，分散了投资风险，同时知识产权归制作委员会，避免了知识产权的纠纷。在这种融资模式的激励下，日本动漫动画在全世界的市场份额不断上升。

然而，近 4 年来日本动画的制作一直保持在每年 11 万分钟的产量，这是因为制作委员会模式中位于一线的动画制作公司承担了最重要的开发工作，然而往往因为出资比例较低，话语权较少，其收益率较低，同时随着风险资本以及跨国资本的涌入，制作委员会各方为了保障自己的话语权，会选择将投资分散到多个项目中，导致动画制作公司的工作量上升，但是其盈利能力下降。动画制作公司近年来并未有大幅度的增加，其产出能力相应也未有显著提升。为了改变这一现象，促进动漫动画产业的不断发展，融资模式有了一定的修正，如图5-6所示，即将版权管理责任由制作委员会变更为动画制作公司，动画制作公司可以有直接的版税收入，动画制作公司可以授权其出资人对于产品进行二次开发和买卖，同时为了平衡其他出资方利益，继续吸引风险投资与国外资本，动画制作公司要对出资人进行保底分账承诺。

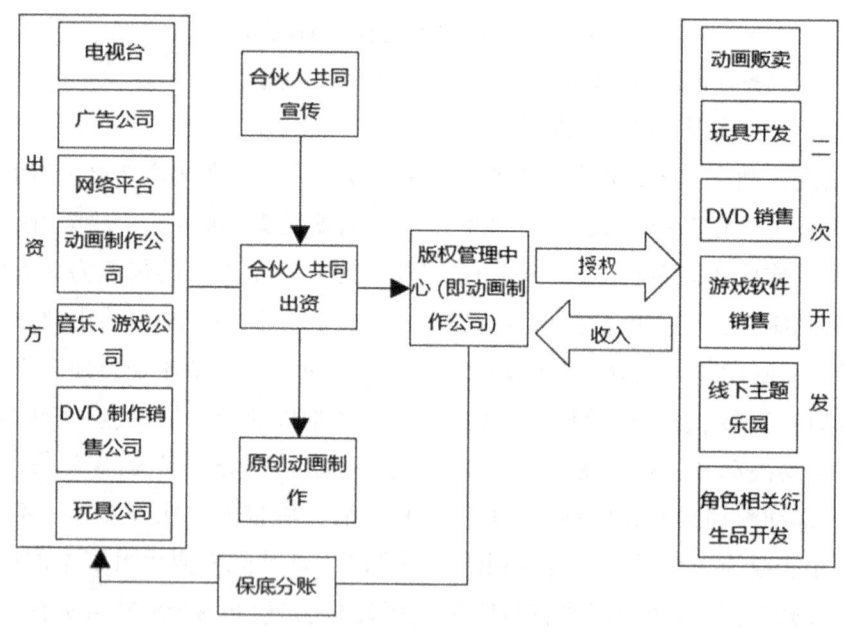

图5-6 日本制作委员会修正模式

5.5 我国现代文化产业融资模式的对策建议

1. 探索适合不同发展阶段的文化企业融资多元模式

中小文化企业作为现代文化产业链中的重要组成部分，能够通过创新、多元化的文化产品和服务，激发整个文化产业的活力，推动文化产业的繁荣和发展。中小文化企业通常更加灵活,更容易进行文化创新和实验。它们能够引领新的文化潮流,挖掘新的艺术表达形式,为整个文化产业注入新的动力。中小文化企业若能够获得足够的资本,展示其文化创意,有望在短时间内快速发展成熟,成为具有市场竞争力的企业。为了给予初创期的中小文化企业充分的金融支持,各国采取了多种途径。其中,政府融资是一种主要方式,通过设立政府主导的文化产业基金,引导政府投资并吸引其他社会资本,有力地支持初创阶段的中小文化企业。此外,政府还可提供税收减免、贷款担保等政策优惠,以激励民间资本或金融机构的积极参与,降低企业的融资成本。在中小文化企业发展期,可采用多样化的融资方法以满足不同资金需求。自有资金是重要的内部资金来源,有助于降低企业的负债压力。新三板融资为企业提供了股权融资的途径,同时可以增强企业知名度。众筹平台为企业提供了向广大公众募集小额资金的机会,同时能够促进用户群体的建设。信贷融资是通过银行或金融机构获取资金的一种方式,而金融机构融资则可以通过发行债券等金融产品分散融资来源。政府在信贷融资和金融机构融资中的介入可以通过提供融资担保、利率优惠或直接投资等方式。对于成熟期的中小文化企业,应主要依托市场,采用多元化的市场融资方式实现,而政府在这一阶段的主要职责是提供信息、管理数据、提供证券交易平台等服务功能,持续创新金融产品、信贷产品和金融服务方式,以支持企业的可持续发展。

2. 知识产权质押评估系统与信用体系建构,推动金融服务机构与文化企业的深度融合

文化企业在金融服务机构进行融资时,其最主要的难点在于文化企业的轻资产特点,无有效的质押物。知识产权质押、文化产品未来收益质押等都有所实践,深化这些融资模式的发展,其核心在于建构知识产权价值评估系统以及文化企业信用系统。在国际实践中,独立于文化企业和金融机构的第三方专业机构通常负责构建评估系统和信用系统。这些机构以评估系统和信用系统参数值为核心要素,制定综合的评估方案,充分利用大数据、网络技术和区块链技术,致力于建立具备可操作性的评估集成工具和实时监测数据库。这样的体系为知识产权的融通和无形资产的评估、质押、质物处置等环节提供了高效的一站式服务。在这一过程中,政府的参与显得尤为关键。政府需要向第三方机构提供有关文化企业、文化行业和融资机构的相关动态数据,为其提

供充分的支持和信息。同时,政府在监管方面也扮演着重要的角色,确保第三方机构在合法合规的框架内运行。同时,我国文化产业在经过转制以后,还需要较长时间的发展,才能达到支柱型产业的目标。在知识产权质押过程中,政府的担保作用也是必不可少的。

3. 众筹平台应从单纯的融资功能向"服务、融资、融智"的复合型功能转变

在信息技术高度发达的社会,众筹平台迅速崭露头角,成了吸引民间资本的有效途径。为了提升在文化企业融资方面的贡献度,这些众筹平台可汲取国际众筹平台或政府融资平台的成功经验和有益启示。众筹平台的"服务、融资、融智"转变体现了其在支持文化企业发展方面的深化和多元化,逐渐从简单的交易平台演进为全方位的创业支持生态系统。首先,在服务方面,众筹平台不再仅仅提供基础的交易平台,而是转向为企业提供全方位的支持服务,通过提供商业指导、宣传文案撰写等服务,协助企业更好地进行品牌推广和项目落地,使其在众多竞争者中脱颖而出。其次,融资方面强调提供更全面、更透明的信息,包括贷款企业的财务状况、组织结构、过往业绩以及风险评估等。这为投资者提供了更多的决策支持,降低投资风险,增强其对项目的信心。最后,众筹平台最重要的是"融智"转变,即不再仅仅注重资金的注入,而是将投资者更深度地融入项目运作的方方面面,提供深度参与的机会和权限。这使得投资者能够更深刻地理解企业的运作模式、产品创意和市场策略,提供更为智力化和人力资源的支持。综合来看,这种转变使众筹平台从传统的资金募集模式走向了全方位的创业支持平台,为文化企业提供了更广泛、更深入的发展机遇。

4. 利用技术赋能融资,优化现有产业融资模式的技术路径

市场现有的融资模式包括金融机构融资、信贷融资、股权融资、债券融资、风险投资、文化产业基金、众筹平台等多种方式,有一些融资模式具有较长的历史,而有些融资模式则是依托于技术的发展而兴起的。现代化技术为融资提供了广泛的创新可能性。大数据和人工智能的应用使文化企业能够接受深度分析和市场预测,为融资者提供更准确的项目可行性和风险评估。金融科技工具实现了实时监控和风险审核,提高了审批决策的效率。区块链技术构建了更为安全透明的知识产权定价系统,增强了知识产权交易的可信度。T-Forest 技术为文化企业建立了信用评价和动态风险评价系统,增进了投资

者对企业的全面了解。而模块集成化技术的应用则为产业基金平台、众筹台等提供了整合服务,为文化企业和投资者提供了更高效、更便捷的融资生态。这些现代化技术的综合应用有助于解决融资过程中的现实问题,推动融资模式的创新发展,有效提升文化市场的融资水平和效能。

5. 深化文化产业链内部融资模式的纵深化发展

现代文化产业是一条完整的产业链,其产品往往涉及制作、宣传、广告、销售、发行出版、衍生品开发、实景体验等多重主体环节,同时围绕主体环节,还有设备制造、软件开发、影视旅游产业、物流运输等多元化外在环节,这些构成了文化产业的全产业链。我国目前对于现代文化产业的融资也不局限于文化产业主体环节中的企业,也兼顾到全产业链上企业的融资,以促进产业链整体发展为抓手,进而促进文化产业的发展。日本的制作委员会模式为产业链融资提供了另外一个可能的视角。在文化产品生成的主体环节中的企业,是一个天然的生态圈。单一企业尤其是文化产品创意和制作的企业是文化产品的最初发源地,但往往又同时存在较大的融资困难。为了保证整个文化企业生态圈的平衡和良性发展,这些处于主体环节中的企业为某一项目或文化产品共同融资,利用自己的资源共同宣传、销售,共担风险,共享利益,并且在此过程中,可以吸引风险资本和其他民间资本的参与,这种产业链内部的自我融资模式可以促进原创作品和项目的开发,激发创意活力,提升整个文化产业链的共同发展。

第六章
稀缺性要素：数字文化产业

全球范围内数字技术、信息网络、人工智能、大数据、云计算以及区块链技术等迅猛发展，正在形成以互联网为平台，以数据信息为关键资产，以高度智能化为核心的产业经济发展方向。对现代文化产业而言，数字技术与文化产业的高度融合，促进了文化产业在传统行业领域的跨越式和转型式发展，同时也催生出一系列的新产业、新业态以及新的文化产品消费模式、商业运营模式等。数字文化产业已成为现代文化产业高质量发展的重要驱动力，在推动国内经济结构转型升级，为民众提供多样性文化产品，满足群众更高精神需求等方面发挥着重要的作用。

6.1 文化产业数字化与数字文化产业

文化产业与数字化的融合产生了一个新的词语：文化产业数字化。但是两者之间的地位并不是相等的，在已有对于文化产业数字化的研究中，往往将文化产业作为基础，然后在其上叠加数字化技术，即文化产业是核心，数字化技术是推进文化产业发展的外在手段、方式。因此，文化产业数字化一般被理解为两个层面的内容：其一是利用现有文化资源，运用数字化技术，改变文化产品和服务的传统线下模式，开发依托数字化媒介的文化产品和服务。数字化技术主要是改变了文化产品和服务的外在表现形式，强调其"数字原生状态"，但文化产品和服务的核心要素和本质并未改变。其二是将文化内容由"非数字化"转变为"数字化"，文化产品从内容设计、创意、功能设置等方面都不同于传统文化产品,更强调文化产品的数字化内核特征(张铮,2021)。

基于上述对于文化产业数字化的阐释和理解,其在实践过程中往往包含了两方面的内容:一是传统产业的数字化转型,如影视剧、图书出版、旅游、文博展览、表演等传统文化产业以及博物馆、展览馆、图书馆、非物质文化遗产馆等传统文化服务场馆,通过数字技术、智能化技术的加持,改变文化产品的产出或展示形态,提升其科技含量,或者打造文化服务场馆服务系统的智慧化、人性化等。但究其实质,文化产品和服务的核心功能和要素并没有实质性的内在改变,外在传达的形式发生了悄然的改变。二是以数字技术为支撑,生成新兴文化产业的业态。这些新业态自身就是在数字技术发展之后产生,与传统业态不同,其对于科技的依赖程度更高,如网络影视、网络直播、数字音乐、网络动漫等行业。传统文化产业中科技是一种助力手段,但是对于新业态而言,科技则是其基石,没有基础网络传输设施和数据支撑,其功能性就无法展示。这种状态下,文化产品的改变不局限于外在的表现形式,更多的是本质内容、功能设计等内在要素的数字化转变。

文化产业数字化的概念主要关注的是产业中的生产环节,往往会忽略产业是一个由资源开发、产品生成、产品营销与消费共同构成的有机生态系统。针对这一现象,有学者提出数字文化产业这一术语,并将其定义为通过包括网络通信技术、智能算法技术、数字版权技术、影音编码技术等在内的广义的数字技术对于文化产业的创造、生产、传播以及消费生态体系进行更新再造,推动文化产业全面转型升级,提高质量效益和核心竞争力,并最终促成社会效益和经济效益最大化的文化产业新趋势与新模式(齐骥,2022)。

依据数字文化产业的定义,凡是在整个文化产业生态系统任一环节有突出的数字化技术应用行业领域均属于该范畴。数字文化产业包括数字媒体产业、数字电竞产业、动漫及衍生品产业、数字营销产业、网络文学产业、虚拟现实产业、数字教育产业、数字出版产业、数字音乐产业、数字文旅产业、数字直播产业、沉浸式产业、数字创意设计、数字文化装备制造和数字艺术展示等(张伟,等,2022)。

6.2 我国数字文化产业发展现状

"十四五"时期数字经济对经济增长的贡献率达到60%以上,日益成为推动经济快速增长、包容性增长、可持续增长的新引擎。我国数字文化产业在整个国际文化产业发展趋势、国家政策以及疫情等多重因素的叠加下,进入了快速发展的时期,数字文化产业在各个细分行业领域都有较好表现。

6.2.1 文化产业新业态高效发展

其一,网络文学逐步建构新生态格局。网络文学全年新增签约作品约200万部,全网作品累计约2 800万部,全国文学网站日均更新字数超1.5亿字,全年累计新增字数超过500亿字,网络文学整体收入规模达到268.1亿元。网络文学作品的质量显著提升,题材结构日益多元化,其内容主流化、精品化意识增强。版权运营逐步成为网络文学的主要营收增长动力和来源,版权运营在网络文学市场规模中占比为11%。网络文学打造文化IP的功能加强,版权综合运营能力不断提升,对于如动漫设计、影视剧制作、文创产品等相关行业的拉动赋能作用日益明显,正在成为文化创新创意的主阵地之一。

其二,网络动漫游戏行业向高质量转变。2020年,网络动漫收入规模为238.7亿元。由疫情带来的"宅经济"为网络动漫发展创造了有利环境,多年来优质动漫内容的生产、储备与积累,奠定了产业快速发展的基础,付费用户规模化形成了产业发展的强大助力。我国的网络动漫行业在经历了规模快速扩张的过程以后,开始注重动漫游戏产品的质量,不断提升其吸引力,逐步转向以质量为核心的发展模式。中国自主研发的移动游戏海外市场实际销售收入超130亿美元,同比增长超46%。2021年上半年海外移动游戏发行商中,来自中国的发行商占比23.4%,位居全球第一。

其三,数字音乐产业规模持续扩大。音乐产业的产业链较长,其上下游关联行业较多,数字技术给音乐产业带来了巨大的冲击,音乐产业在创作、制作、录制、出版和发行等各环节中不断创新,其产业规模也逐年扩大。根据《2020年华语数字音乐年度白皮书》,2020年音乐人人数增长高达131%,发行新作的华语歌手人数同比2019年增长了82%,其产值为710亿元。

其四,有声读物成为传统阅读的有益补充。长音频市场在以前有声评书、小说等的基础上,借力数字化技术,形成了一些有市场影响力的付费有声读物平台。这些平台在有声读物选择、制作等方面逐步呈现精品化、智能化、场景化趋势,为受众提供有价值的、体验感真实、服务人性化的听书阅读体验。中国新闻出版研究院《第十八次全国国民阅读调查报告》(以下简称《报告》)显示,2020年,有31.6%的成年国民形成了听书习惯,较上一年增长1.3%,有6.7%的国民会将听书作为阅读方式的优先选择。该《报告》还显示,2020年人均有声书阅读量为6.3本,较去年增长5.5%,有声读物在全民阅读工作中发挥了更大作用。此外,长音频领域成为行业竞争的新热点。2020年中国长音频市场规模达272.4亿元,增速54.9%。

6.2.2　传统文化产业技术提升

其一,文化装备制造业数字化水平提升。文化装备制造业是为满足文化生产与传播需要所提供的各类专用材料与设备的研发、制造以及相关配套系统集成服务的产业经济形态的统称。文化装备制造业包括数字文博与文化遗产数字化科技、数字影视拍摄与后期制作科技、数字内容传输科技、视听呈现科技、舞台演艺科技与设备、舞台机械与剧院设备科技、数字智能科技文旅景点配套设备等。文化装备制造业在优化消费体验、丰富文化产品竞争力、提升对外文化贸易水平等方面都发挥着重要的作用。《中国文化及相关产业统计年鉴》发布的数据显示,中国文化装备制造业年均工业总产值达到1.06万亿元,年均增幅11.07%。2021年第四季度,我国生产设备数字化率达51.5%,关键工序数控化率达55.3%。

根据《2020—2021中国数字出版产业年度报告》数据,2020年我国数字出版产业收入超过万亿元,达到11 781.67亿元,比上年增加19.23%。在疫情影响下,我国数字出版业整体规模呈现了逆势上涨的趋势。其中,出版业实现了融合发展提速增效。互联网期刊、电子图书、数字报纸的总收入为94.03亿元,相较于2019年的89.08亿元,增长了5.56%。出版业在运营理念、内容设计、创作技术、管理机制等方面全方位创新,与新技术深度融合,突破了传统报刊书籍产品和服务的范围,拓宽了出版行业的发展领域。

其二,数字文化教育产品得到进一步优化升级。疫情带来的信息化普及、升级和用户消费习惯线上迁移的巨大契机,推动网络教育从探索性的教育方式逐步演化成为常态化的教育方式,网课授课教师和参与学生人数的激增为数字教育行业带来了发展契机。我国数字教育行业2020年的总收入为2 573亿元,其总收入在数字出版业中位居第二,仅次于互联网广告。数字文化产品和服务在教学实践过程以及真实的运营过程中暴露的问题,因其受众量多,会在短时间内形成舆情效应,这也促使其研发者和平台需要快速解决并应对。在历经多次的实战中,我国在线文化产品、平台性能、服务稳定性等都有了较大幅度的提升和优化。

上述数据显示,我国数字文化产业在各个细分行业领域中都呈现了良好的发展态势,各行业在不断寻求破界、跨圈与融合发展。数字文化产业在未来的发展中也依然会是文化产业发展的重要着力点和提升点。

6.2.3 我国数字文化产业发展中存在的主要问题

我国数字文化产业的快速发展还存在着一些结构性问题,对其进行深入分析有利于推动数字文化产业提质增效,实现高质量发展,进而带动整个社会经济结构的转型升级。

1. 发展速度较快,但存在数据鸿沟

首先,区域间的经济差异。2020年国家统计局有关全国规模以上文化及相关产业企业营业收入增长数据中,东、中、西部地区文化及相关产业企业营业收入相差甚大,东部地区是中、西部两个地区总值的2.5倍。区域之间的差异性,主要是各地区在数字文化产业基础设施设备,如网络、有线电视、移动电话等普及程度上存在着较大差距,同时东部地区是文化创意人才与科技人才的集聚地,其得天独厚的数字文化产业和科技的实力也超越中、西部地区,这种现象产生了数字鸿沟(罗兰,2022)。

其次,城乡间的二元化差异。从数字文化产业的空间分布来看,其主要分布于城市,尤其是一些大中型城市,其在农村地区的发展有限。数字文化产业的发展需要数量庞大的消费者群体,城市聚集着大量的人口和潜在消费者,与农村地区相比,有着红利优势。同时,我国长期的城乡二元化发展体制机制,导致农村基础设施建设较为落后,市场和产业基础薄弱,再加上收入水平、消费理念和受教育程度的不同,这种现象扩大了数字鸿沟(陈娴颖,等,2020)。

最后,年龄结构间的消费差异。对于现代文化产业而言,年轻人是主流消费群体,他们认可精神消费在生活消费中的重要性,愿意花费精力和金钱去享受文化产品和服务。年轻人善于接受新鲜事物,是互联网的原住民,对于数字化技术的认可度以及熟悉度均较高,享受数字化技术带来的便利,因此在数字文化产业的发展中年轻人更是成为其重要的目标群体和客户。然而,对于中老年人而言,很多人受教育程度有限,对于数字化技术的接受度受限,数字化产品的利用难度较高,这种现象加剧了年龄层之间的数字鸿沟。2020年国务院办公厅印发了《关于切实解决老年人运用智能技术困难的实施方案》,其目的就在于解决中老年人面临的数字鸿沟问题。

数据鸿沟的存在反映出现代文化产品和服务的不公平性,不利于全面提升人民群众的生活幸福感。同时,我国数字文化产业发展不能忽略有将近10亿人口的三线以下城市、县镇与农村地区的广大下沉市场,然而数字鸿沟对于我国数字文化产业进一步开发下沉市场提出了巨大的挑战,也是我国数字文化产业未来发展中亟须解决的问题之一。

2. 数字文化产业技术可行,内容原创性不足

我国数字文化产业在产品创造的过程中,技术表现手法已经较为成熟,动漫、影视剧、音乐、配音、长音频等制作软件性能完备,3D、虚拟仿真、立体环声等技术日臻完善,能够作出有视觉或听觉冲击力、体验感真实的文化产品。但是数字文化产品在内容层面上表现出原创性不足、同质性高、低层次产品过剩、品牌稀缺的弱势,究其原因可以概括为以下几个方面。

首先,地方特色文化资源的开发不均衡不充分。2021年,中国青年报社社会调查中心对文化消费者进行问卷调查,53.6%的受访者认为文化产品存在较为严重的同质化倾向。同质化的文化产品只能在较低水平上竞争,市场盈利能力弱,未来引导其他相关行业发展潜力较小。高质量的文化产品应该具备鲜明的特色,打造久负盛名的文化名片和品牌,这就需要结合区域的文化资源与特点,深入挖掘并创新区域文化资源,在价值链前端深度创新,将优秀的文化资源转化为文化产品,提升品牌的辨识度、吸引力和认可度等。

其次,传统文化产业从业者与数字文化产业生产者的技术割裂。数字文化产业是近年来发展出的新型产业业态,其内容生产者在年龄上呈现年轻化趋势,在其受教育过程中熟悉数字化技术与相关专业软件的运用,但是其更多

的关注点是技术应用,对于文化产品内容设计的知识储备不足。传统文化产业资源的拥有者,如各类专业人士和机构,其发展的年限较长,对于文化产品内容的设计、制作和创新有着更为丰富的经验,但是对于数字技术的应用较为欠缺。两者之间需要项目的实战运营去实现融通。这种技术与创意在人才中的割裂也导致了我国数字文化产品的精品化意识不强。

最后,缺乏专利意识,知识产权保护不强。数字文化产品中价值最高的是具备创新创意元素的内容,在互联网平台上数字文化产品较之以往传统文化产品有更快的传播速度、更短的传播时间,这也为数字文化产品的版权侵权、抄袭等活动提供了便利。对于受众接受度较高、市场表现较好的数字文化产品的创意和设计的抄袭现象时有发生,不利于行业内容创意能力的增强,不利于精品文化产品的产生。影视剧《人世间》播出之后,"人世间"被抢注商标,除此以外,多部热播剧被抢先注册为与文化产业毫无关联的其他产业的商标,这都暴露出对于文化产品及其衍生品知识产权保护意识不强的现状。

3. 数字文化消费习惯有待养成,服务质量有待提升

我国数字文化消费市场庞大,但是在消费过程中出现的一些问题,给消费者带来不良体验,影响了消费潜力的进一步激发。这些问题可以具体概括为以下几个方面。

首先,线上文化产品消费习惯尚未完全建立。在上述数字鸿沟分析时提到,年轻人尤其是身处城市的年轻人是线上文化消费的主流群体。对于广大中老年群体而言,线下文化消费依然是主流。即便是年轻人,他们也并不排斥线下文化消费,如主题公园、现场音乐会、线下艺术表演、剧场中的戏剧演出、文化体验园、文娱综合体等。线下文化消费没有技术上的准入门槛,同时可以给消费者带来强烈的参与感和真实感,再加上线下文化消费很长时间内几乎是我国文化消费中的唯一方式,因此积累了大量的文化消费群体和潜在消费者。线上文化消费习惯的形成及消费者数量的增加是我国数字文化产业应该重点考虑的问题之一。

其次,数字文化产品平台质量良莠不齐。互联网向"互联网+"的转变中,平台发挥了巨大的作用,也呈现了野蛮生长态势。社交、影视、音乐、长音频、短视频等各类平台如雨后春笋般不断涌现,但是各个平台在技术支撑、内容选择等各方面均存在较大差异性,一些粗俗、劣质的文化产品和服务也频频出

现,较难保障消费者的消费体验。以网游行业为例,2017年全国各地相关部门收到的与互联网游戏相关的投诉日均多达40万件,"无故封号""不知情充值""赌博式抽奖中装备"以及"游戏交易欺诈"等都是主要的投诉原因。

再次,付费体验成为数字文化产品供给的障碍。我国境内很多规模较大、实力较强的数字文化产品和服务平台,基本都已经完成了从最初的免费体验到现在的收费观看模式的转变,平台的利润主要来源于广告收入以及会员付费。随着大型文化产业平台在市场上所占据的份额越来越大,很多国内较大的文化产品服务平台,特别是一些较大的视频平台开始过度使用解释权,实施会员二次付费的政策。这种收费方式的产生导致消费者与平台之间的矛盾突出,直接影响了消费者对于国产文化产品和服务的消费热情,降低了消费者的良好体验,最终会导致消费者寻求其他的替代平台,甚至是直接选择其他的文化产品和服务。消费者流失可能性是我国数字文化产业发展中需要解决的问题。

最后,线上消费场景性能有待优化。线上博览会、展览会、文博会等消费场景,虽然运用了VR、AR等技术,能够将产品展示出来,但是与线下同类活动相比,缺少了参与感、互动性和真实感,即便是潜在消费者有意于某个文化产品,找到其生产厂家或供应商也需要费时费力。这些都导致很多线上展会转化率较低。云上服务的效能直接决定了潜在消费者的体验感,体验感会直接影响文化产品的市场化转换。

6.3 数字文化产业生态系统建构

我国数字文化产业上述存在的问题主要是因为其内部的运行机制动力不足,将数字文化产业与其上下游行业之间的关系阐释为简单的线性关系,没有意识到数字文化产业是一个被各方因素所影响的动态变化的生态系统。将其理解为动态变化的过程,可以为我国数字文化产业的发展带来不同的视角以及可能更加多元化的促进方案。

6.3.1 现有系统模式述评

杨秀云、李敏(2021)认为,数字技术与文化产业"内容生产—传播推广—消费体验"全产业链条的深度融合,使得文化产业的产业发展逻辑、产业组织方式以及产业发展形态发生了结构性、颠覆性的变化,原有的上下游、产供销的线性关系向立体、多维的网络化、生态化方向转变,且基于此理念,建构了数字文化产业生态系统。如图 6-1 所示。

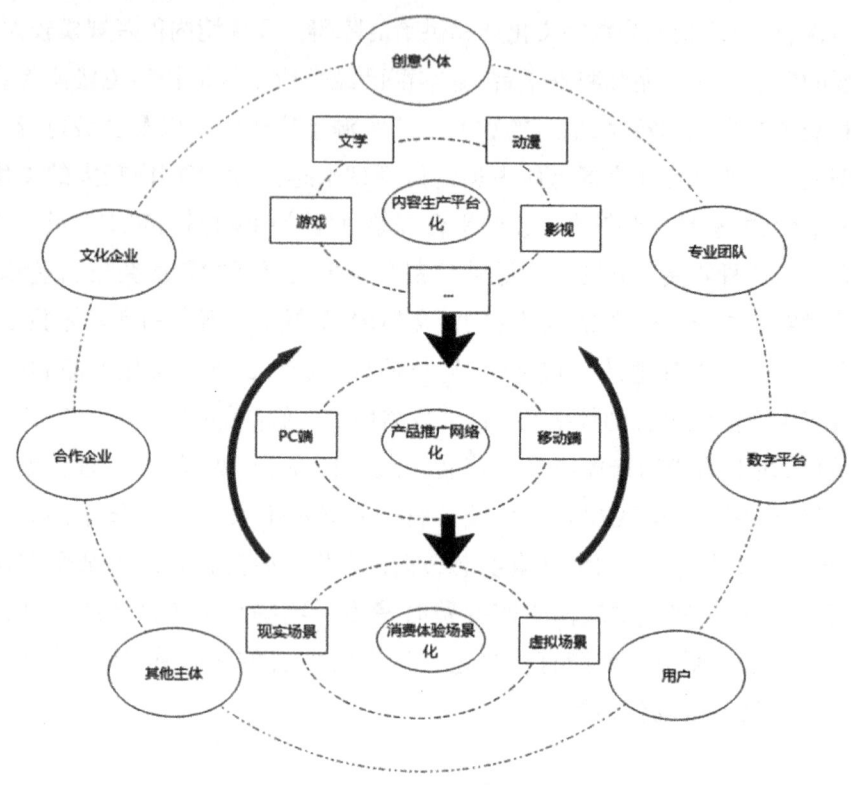

图 6-1 数字文化产业生态系统

用户价值是整个生态系统建构的核心要素,文化企业、创意阶层、平台运营商的所有市场化行为都围绕消费者的需求展开。该生态系统将数字文化产业链条进一步细化为内容生产平台化、产品推广网络化以及消费体验场景化。三个不同环节之间既有线性发展的关系,又存在着循环的关系,表明三个环节之间的立体互动。数字技术在三个环节中发挥着重要的催化作用,促进了产品生产、推广与消费的持续迭代升级。三个环节的外围是所有产业链条中的参与者,它们依据各自优势,通过数字化平台整合或分解产品需求信息、共享产品数据、有效调配相关资源,实现不同环节之间高效的再分工与价值再分配。全产业链条上的多元市场主体基于网络化价值链交互协作,在竞争与合作的动态平衡中实现协同并行式发展。

6.3.2 数字文化产业生态系统修正模式

上述模型为我国数字文化产业发展提供了生态系统的研究视角,较之以前基于线性生产链条的研究有了不同的切入点,必定会有不同的研究成果。这些成果给数字文化产业的发展提供不同的路径,丰富了理论研究成果,具有实践指导价值和意义。但其生态系统模式还有一定的调整空间。调整依据如下。

1. 政府是数字文化产业生态系统中的重要参与者

数字文化产业与其他产业一样,包含了生产、营销、消费等全产业链条,与其他产业不同之处在于文化产业在精神层面上所起的作用。为了保障文化产业在健康有序的范围内发展,其产业链条中应该加入政府这一参与者。产业生态系统是指在文化产品生产、营销、消费和监管的各个环节中,其上下游相关行业、文化企业各部门、创意人才、数字化平台等多元市场参与主体,与政府相关部门、消费者等之间构成的相互影响、相互制约、动态平衡的统一整体。在整个生态系统中,上述四个环节不是线性发展的简单关系,消费者也不是被动的接受者,政府也不是独立于外的参与者,政府的作用也受到其他参与主体情况变化的影响,每一个主体都会对整个生态系统产生反作用,每一个主体的变化与发展都会推动生态系统的动态前行,它们彼此之间的关系是多维度的、立体化的。

2. 政府监管制度化与服务平台化

数字文化产业的内容生产、营销推广、消费体验、政府监管形成了一个完整的产业生态系统。政府是数字文化产业生态系统中的重要参与者,政府监管是产业生态链中的重要环节。政府监管与内容生产、营销推广、消费体验三个环节并不存在线性传递关系,政府监管存在于三个环节的全过程,同时三个环节在实践中的改变也会导致政府监管措施、政策的修正,政府监管是对生产、营销、消费的监督,这三个环节又对政府监管产生反作用。

政府监管需要制度化的保障,政府对于文化生产、文化传播与文化消费的监管需要有法可依,因此要建构制度化的监管方案,细化监管制度、法律法规的各项措施和实施细则。制度化的政府监管系统是我国政府执政能力的体现。同时,政府在实施监管的过程中,通过数字技术手段将各项监管服务融合为一个智能化、综合化的服务平台,简化文化企业申报流程,减少文化企业申报的时间和程序,减轻文化企业在被监管过程中的负担,切实提高服务效能。

3. 内容生产数字化

在原有数字文化产业生态系统建构中，内容生产是伴随文化产业与新一代信息技术的深度融合发展，通过线上虚拟平台形成了文化创意者网络集聚，进行文化产品的网络化协同创作和开发。其包含两方面的内容：其一是生产载体的平台化，主要是指互联网平台的出现使得业余创意者参与文化产品的内容生产，特别是在短视频领域中，个人用户在文化产品的创意生产中占据了较高份额；其二是多元主体协同生产模式逐步成长。在文化产品的生产过程中，上下游企业与文化企业联合对原创作品进行各种衍生品的再创造，推动原创作品成长为文化IP，进而提升生产链条中各环节的市场价值。

内容生产平台化是当前我国数字文化产业发展中的一个逐渐显性化的现象，但是作为描述数字文化产业生态系统而言，其典型性不充分，尚不能作为生态系统的组成部分。一方面，生产载体的平台化主要体现在大众参与的文化产品生产中，然而我国消费市场中提供的文化产品绝大多数是文化企业、专业团体、音乐工作室等创造的，这些文化产品目前依然是我国文化产业市场盈利的主要来源。在这些主流文化产品的生产过程中，生产载体的平台化往往只能在一个企业内部实现，较难做到跨企业运营。另一方面，多元主体协同模式也并不是在文化产品创意之初就开始的，往往是最初的文化产品，其创新创意性在市场上得到了一定的回应之后，熟悉文化产品运营的文化企业、掌握技术优势的互联网平台企业、衍生品制作的上下游企业等才会对其进行进一步开发与挖掘，并且这些开发与挖掘也不是在同一时间内完成的。内容生产平台化强调的是多元主体在相同时间与空间范围内参与相同文化产品的生产，但是在实践中同一时间以及相同空间这两个要素较难保障。因此，生产内容的平台化并不是我国数字文化产业目前最广泛的应用方式。

基于以上分析，内容生产平台化目前还只是大众参与的文化产品制作的特色，多元主体协同往往也不是在同一个时间内在同样的平台上完成的。就现阶段而言，在数字文化产业内容生产中，数字化依然是其主要的特征。就文化产品生产过程而言，无论是文化企业、艺术团体的文化产品和服务生产，还是大众参与的文化产品和服务生产，从设计、制作、后期剪辑与修改、展示等各个环节都离不开数字化技术的应用。多元协同主体对于同一文化产品的开发，无论其最终的产品形态如何，其在生产过程中都融入了科学技术的元素。

所以,将内容生产平台化调整为内容生产数字化更符合我国数字文化产业发展的实际情况。

4. 多元主体调整

在原有模型中,数字平台和用户作为参与主体的界定还有可以调整的空间。将数字平台与文化企业、创意个体、合作企业、专业团队、用户等一起被认为是文化产业生态系统的参与主体。然而,数字平台只是一个载体,它本身不能参与任何活动,其背后的能动者是平台企业,其包含两种:一是单纯掌握技术优势,根据客户需求搭建数字平台的互联网企业;二是通过企业内部或外部的技术力量搭建数字化平台,主要运营业务是文化产品传播、提供文化服务的文化平台企业,如优酷、喜马拉雅、抖音等。在原有模型中使用用户指代文化产品和服务的消费者,对于产业生态系统而言,消费活动是其中重要的环节,与之相对应的能动主体应该是消费者,而不是用户。

调整之后的数字文化产业生态系统如图6-2所示。

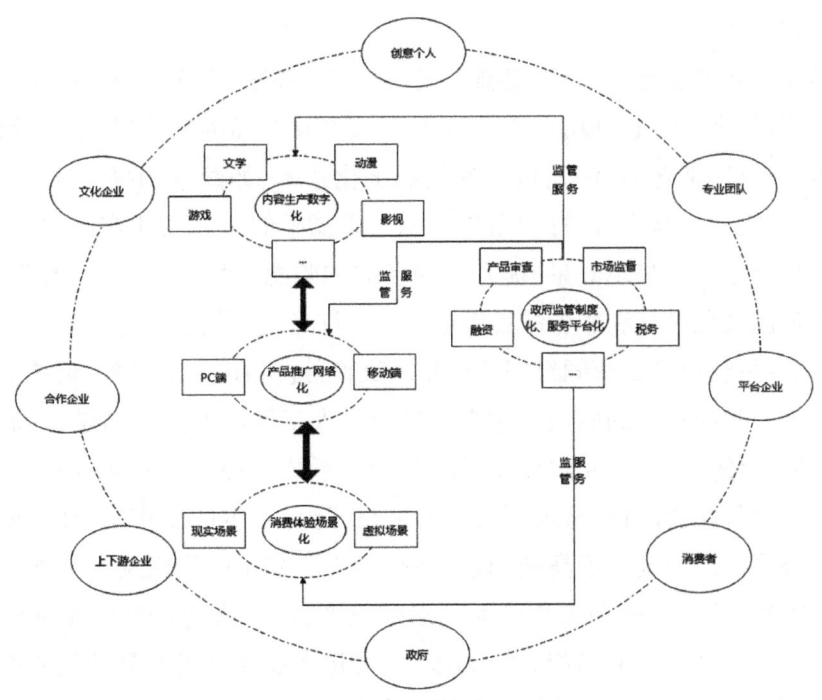

图6-2 数字文化产业生态系统修正模式

6.3.3　修正模式实用阐释

数字文化产业生态系统修正模式中消费者需求是整个生态系统发展的驱动力,也是数字文化产业生产、营销、消费与监管四个环节共同面对的任务。创意个人、文化企业、合作企业、专业团队、平台企业、政府以及上下游企业等多元主体共同参与,推动文化产业生态系统的发展。

1. 内容生产数字化

中共中央办公厅、国务院办公厅印发的《关于推进实施国家文化数字化战略的意见》,明确提出多项重点任务,并强调提升科技支撑水平。可见,以数字化助力扩大优质文化产品供给,关键在于深刻把握文化与科技的关联性、交互性和融合性,聚焦文化内容智能化生产与供给,促进文化和科技深度融合。文化产品内容生产数字化包含两方面内容:一方面是传统文化产业行业领域的科技化转向;另一方面是文化产品与科技的融合产生的新型业态与新的文化产品创造方式。

传统文化产业行业,如影视制作、图书出版、戏剧、表演、动漫等,从文化资源的挖掘、整理、重组、利用等各过程,到后续文化产品内容选择、场景设计、人物刻画、产品制造等各环节,依托现代数字化技术,如数字扫描、AR、VR、3D、全息声、影视特效技术等,打造出具备视听震撼感的全新文化产品,提高文创产品的创新效率和呈现效果,提升消费者的体验感。灯光秀、音乐盛典、实景夜游等夜间文化产品和服务的提供也离不开灯光、置景、多媒体等科技手段的支持,数字科技点亮了夜间经济的灯光。随着科技的进一步发展,传统文化产业对于人工智能技术的应用也越来越广泛。人工智能通过机器学习、需求理解、草图框架制作、文化元素补充、细节完善、系统选择最优方案、输出消费终端一系列全智能化流程,整理所需要的素材,建构基本的工作框架图,创意个人只需要将注意力集中于高端创意部分,只关注文化产品区别于其他同类产品的关键核心要素,提高文化产品创造的效率,推动文化产品和服务向规模化、集约化方向发展(乔雪峰,等,2019)。文化产业高质量发展的核心就是提高文化产业的生产效率。传统文化产业与数字化技术的叠加,以数字化生动交互的形式展现传统文化丰富的内涵,实现中华优秀传统文化、区域特色文化数字化和现代化价值升级。融合数字化技术和全新创意,加强现代设计与传统工艺对接,开发具有鲜明区域特点和民族特色的数字文化产品,突出文化产品的文化内涵与审美趣味,加强高质量文化产品供给。

内容生产数字化也较多地体现在新型业态的产生。文化产业与5G、物联网、大数据、云计算、虚拟仿真、声光电等技术的碰撞产生了之前并不存在的文化产业行业领域,如长音频、网络直播、网络文学、网络动漫、短视频、传统文化IP、在线教育等,都是在数字化技术发展到一定程度之后出现的科技与文化产业跨界融合的文化产业新业态、新形式。这些新业态从基础建设、内容生产、展示形式等各方面都依赖于技术。首先,这些新业态都需要建立在网络平台或网络空间的基础上,它们均需要借助某个平台或者网络IP存在,科技打造了其生存的物质载体,没有网络技术搭建的平台与分配的IP地址,新业态便不复存在;其次,传统文化产品的生产与制作过程中科学技术的参与是一种融合,是一种工具性手段。与传统文化产品不同,新业态的文化产品和服务的生产与制作等则高度依赖于科学技术。其在设计与构思之处,就需要考虑文化产品和服务内容要符合网络平台和技术的要求,要符合网络平台消费者的习惯与审美。最后,新业态文化产品和服务的最终展示形态也充满了科技化特色,科技元素的印记突出才能吸引潜在网络平台文化消费者。内容生产是数字文化产业生态系统中的第一个环节,这个环节中科技要素的运用主要是提升文化产业效率,增加高质量文化产品供给。

2. 产品推广网络化

传统文化产业中产品营销与推广主要是通过文化企业设立的实体营销网络展开。通过报纸杂志、电视广播、网络等媒介的宣传(硬广)、软文宣传以及口碑营销以外,数字文化产业的营销推广路径中也凸显了数字技术的参与和应用,营销传播在PC端和移动端实现了智能化、裂变化、跨界化倾向。

大数据、云计算、人工智能技术等较强地推动智能化营销,在海量内容与多样式服务场景下,算法及AI在分发中占据着主导地位。数字文化产业的产品推广有较强的智能化倾向,主要体现在精准用户需求、精确体验计算和精细内容推广。利用大数据覆盖面广、目标洞察准、分析能力强、效果监测好的特点,可以对客户的消费习惯和偏好进行记录,实现客户和内容的高度匹配,形成闭环的智能营销,在行业内完成资源、创意、数据、产品和服务的立体融合。利用人工智能技术强化社交平台的互动性,关注社交生态链的关系黏性,完成社交网络在虚拟空间的映射和输出质量(毕秋灵,2022)。

文化产品、旅游产品等与实业品牌、文创 IP 的跨界融合营销也凸显出互联网在文化产品营销中的实力。传统工艺、技艺、非物质文化遗产等联名跨界融合网络营销,将线上的海量流量导入实体文化产品和服务的裂变式营销,能够激活双方或多方品牌的优势与价值,赋予传统文创产品以更符合现代人审美和认知的文化内涵。以个体为传播节点,并且通过网络社交媒体、网络视频媒体的宣传等方式,很容易吸引流量,推动传统文化工艺品等焕发生机。

对于旅游产品而言,网络宣传模式不应局限于针对某一个景点的直入主题式宣传,可以采取与游戏、影视作品相结合的跨界方式,将旅游景点的宣传植入游戏、短视频故事以及影视剧中。通过设置情景、故事演绎让游客对相关景点产生探索的兴趣和欲望,提升旅游景点的魅力指数,展现人文价值,继而引发其实际的旅游消费和体验。

3. 消费体验场景化

文化产业数字化适应了互联网时代文化传播、接受的全新形式与可能性,文化消费也有了新的形式与可能。文化消费的社交属性和社群特征决定了其消费体验需要呈现给受众场景化的体验感,包括现实场景和虚拟场景两种方式。采用场景化的方式,文化产品和服务都需要引导消费者将注意力完全放在某一个文化活动中,全情投入,获得心理的兴奋感、充实感与满足感,收获精神上的愉悦感。现实场景的体验感是传统文化产业中最为核心的要素之一,电影院、剧场、艺术馆、博物馆、公园、展览会等都为受众搭建了能够真实参与其中进行感受的现实场景。数字文化产业除了现实场景以外,还能够以增强现实技术(AR)、虚拟现实技术(VR)、全息投影技术等数字化技术为依托,为受众建构虚拟体验的场景,拓宽传统文化产业的消费空间。沉浸式演艺、虚拟旅游和云端展览等数字文化消费场景,可以最大限度地提升大众的实时参与感,满足多维体验需求,打造线上线下交融一体的体验场景和文化消费矩阵。

虚拟场景化主要体现在数字文化产品和服务的沉浸式体验。沉浸式体验,是指通过集成大量技术、智慧和创意手段创造出来的一种高价值经历,具有"集成创新,跨域融合"的特点。它一方面集成大量前沿科技成果,如 3D 全息投影、虚拟现实、增强现实、混合现实和多通道投影等技术,共同搭建结构形态;另一方面以主题性空间造境为关键,通过营造交互式、叙事性空间,让受众融入特定的情境、氛围与主题之中。沉浸式体验提供的既有以视觉、听觉、触觉、嗅觉等为主的感官体验,也有叙事性和故事性的情感体验,还有追求价值认同的精神体验,是多种媒介与视听效果于一体、全方位作用于身心的消费经历。

沉浸式体验通过环境渲染、场景塑造、内容IP、虚拟仿真技术等营造氛围感,使消费者从感官和心理上打破现实世界的物理边界,超越日常生活体验方式,参与到虚拟与真实交织的场景中,并与之进行多重互动,产生身临其境般的体验感。同时,随着沉浸式体验的进一步发展,虚拟式场景消费也不再局限于单个孤立文化产品和服务的体验感,而是探索将文化产品和服务组合,为消费者打造有故事、有情感、有文化、有参与、有服务的全身心、全方位体验感。如云南整合了电竞文创村、历史文化主题体验线路、动漫主题扎染国潮服装等文创产品和旅游线路,将其一揽子置于智能服务体系中,通过人脸识别、AI、5G技术等支撑,打造数字身份、数字消费、数字诚信、地理信息开放、LBS数字化资源服务和商务聚合服务等多重复合体系。该体系不仅为消费者提供文化产品和服务的沉浸式体验,而且覆盖了整个体系,满足客户前端、中端和后期的各项需求,提升场景式消费的空间广度。

4. 政府监管制度化与服务平台化

数字文化产业的发展对于政府的监管也提出了更高的要求,之前依靠政府相关部门工作人员完成的线下文化企业监管与服务已经不能与我国文化产业快速发展的现状相匹配。数字文化产业中政府监管需要体现制度化和数字平台化两种特点。

我国的文化产业经历了文化事业向文化产业的体制转变,之后又在数字化技术涌现的背景下,迎来了文化产业的数字化转型。政府职能也从之前的主导者变为市场化下的监管者。对于数字文化产业的监管要求政府相关部门形成针对各行业细化的监管法律与法规,逐步形成完善的数字文化产业监管法律体系,做到有法可依、有法必依。在相关法律与法规的制定过程中,针对数字文化产业的特征,完善政府监管的科技手段,特别强调数字化技术应用、数字安全等的监管。同时,政府相关部门对于数字文化产业的服务,如融资、税收等,也需要形成规范化的制度,让数字文化企业在运营过程中遇到困难,有制度化的解决方案,引导数字文化企业用好政策红利。

数字文化产业呈现了破圈、跨界以及融合发展的态势,对于其监管和服务在范围上也进一步扩大,在内容上也进一步丰富。为了提升政府监管和服务的效能,也需要借助数字化技术搭建融监管与服务于一体的数字化平台。融合的数字化平台可以简化文化企业开设、申报税务、文化产品审核等各环节的流程与实践,提高文化企业的生产效率。同时,数字文化平台可以集成企业信息收集、税务服务、融资服务、知识产权质押等各项功能,方便文化企业根据自身发展阶段和特征,使用各项服务,提升政府相关部门的服务效率。

数字文化产业的生态系统是动态平衡的过程,内容生产、产品推广、消费体验、政府监管与服务四个环节不是单纯线性排列关系,而是一个完整的系统,任何一个环节上的创新与改变都会带动其他环节作出相应的进化。数字文化产业并不是单纯地在文化产品和服务的内容生产中加入科技元素,更多的是将科学技术与整个生态链相融合,提升整个生态链的市场盈利能力和市场辅助能力,这为我国数字文化产业未来的发展提供了更多的可能提升路径。

6.4 促进数字文化产业与文化事业协调发展的路径

6.4.1 数字文化产业发展路径

1. 加强新型基础设施建设,消弭数据鸿沟

在已有 5G 网络、有线电视网络设施、无线电广播、电信运营、互联网等文化产业运行基础设施建设之上,进一步加强新型基础设施建设,消弭区域之间、受众之间的数据鸿沟,为数字文化产业未来的快速高质量发展奠定基础。

首先,建设国家文化专网。国家文化专网是依托已有的文化产业基础设施,将全国各级各类文化部门和单位的数据中心接入,不再进行浪费人力物力的重复建设。国家文化专网采用中国主导制定的信息与文献关联标识国际标准,保证文化数据的标识唯一,标识具备可溯源性,数据标识保障数字可以在专网闭环系统内被解析、被利用,以统一标识和数据可溯源可解析性保证文化数据安全,以及我国对于文化数据的掌控权。在国家文化专网下设置各省和区域的文化数据中心,实施数据的分布式存储。国家文化专网与互联网物理隔离,形成闭环运行,在全国范围内实现互联互通,服务文化资源数据的存储、

传输、交易和文化数字内容分发。国家文化专网的建设首先为数字文化产业的发展提供了新型的基础设施，同时每一个省域或区域均有各自的数据中心，其对于数据的开发利用权限是相同的，这能逐步消除区域间以及城乡间数据信息鸿沟问题。

其次，建设具备云计算能力和超算能力的文化计算体系。布局具有模式识别、机器学习、情感计算等功能的区域性集群式智能计算中心，提升数字文化产业发展所需要的设施质量和科技含量，构建一体化算力服务体系，为文化产业数字化建设提供低成本、广覆盖、可靠安全的算力服务。算力服务是允许创意个人和文化企业进入国家文化专网可配置的计算资源共享池，对于资源进行快速检索和访问，按使用量收费，因此结算支付功能的完善性和便捷性也是至关重要的技术要求。算法体系的优化能够提高我国数字文化产业检索、利用、创新的效率，进而促进整个产业的发展。

最后，注重基础设施建设的适老化发展。我国数字文化产业的基础设施建设在高精尖领域的不断发展推动了我国数字文化产业高端产品和服务的生产效率和质量。但同时，也应该注意到在不同年龄阶段上的表现。基础设施建设在 APP、小程序、智能化服务系统等设计上应该充分考虑中老年文化消费者的生理、心理、学习特征，设置适老化的方案，推进年龄阶段中数字鸿沟的逐步消除。

2. 激发数据资源潜力，培育数字文化消费习惯

文化数据是数字文化产业发展重要的生产资源要素，充分挖掘数据信息，激发数据资源潜力是进行创新的重要路径，创新则是推动文化产业发展的核心驱动力。

首先，依托国家文化专网，引导和规范公共数据资源开放流动，鼓励企业或个人研发面向数字文化产业发展的通用或专业数字化应用工具或软件，提供文化数据标识解析、检索、精准分析、匹配交易等服务。允许企业或个人开设"数据超市"，依法合规进行文化数据或分析数据的交易。支持企业或个人深入挖掘具备地区特色的文化数据资源，对其进行整理和深加工，为后续文化企业、专业团体的文化产品和服务内容生产提供初级的生产要素。国家文化专网搭建平台，多元主体深入挖掘数据资源和发挥其潜力，实现跨层级、跨地域、跨系统、跨业态的数据流通和协同治理，提升数据流通共享的商用水平。

其次，不断开发新的数字化技术，进一步优化数字文化消费产品的个性化、多样化、定制化。我国数字文化产业发展出了网络动漫、网络文学、数字化音乐、长音频等多种数字文化消费产品，上述文化产品在经历了规模快速扩张之后，其内涵式发展必将成为未来的趋势与方向。内涵式发展就要求这些基于数字化技术生成的文化产品，在其运营过程中，不断提升网络算法、情感词汇捕捉、习惯分析等技术，精确计算和匹配消费者个性化、多元化的文化产品和服务消费需求，为消费者精准推送文化产品和服务。同时，根据大数据分析，可以为消费者推出定制化的文化产品和服务，提升消费者的体验感，进而逐步培养消费者对于数字文化产品的消费习惯。

最后，开发新技术推进我国数字文化产业消费场景的品质化体验感。我国数字文化产业中"云展览""云演艺""云直播"一度为消费者打造了虚拟的沉浸式体验。但是体验感与线下消费场景的真实感、参与感等还存在着一定的差异性，这就要求不断创造研发新的技术，推动数字消费场景体验感的提升。可以借助于全息呈现、数字孪生、多语言交互、高逼真、跨时空等新型体验技术，大力发展线上线下一体化、在线在场相结合的数字化文化新体验。进一步开发和打造数字文化产业消费新场景。创新数字电视、数字投影等"大屏"运用方式，提升高新视听文化数字内容的供给能力，增强用户视听体验，促进"客厅消费"、亲子消费等新型文化消费发展。新的文化体验会给消费者带来新异感与愉悦感，感官与心理的愉悦是激发消费者再次消费的推动力。

3. 优化数字化监管体系，搭建文化数据服务平台

对于数字文化产业的监管与服务，能够为数字文化产业的发展建构良好的市场环境，公平有序的市场环境对于促进文化产品和服务创意的生产、流通与消费起着至关重要的作用。

首先，对于数字文化产业的监管与服务需要特别关注数据安全。进一步完善并细化我国已有数据安全法律法规，在数据收集、加工、存储、流通与交易各环节中，制定统一的文化数据安全标准，建立健全文化数据安全管理制度和流程，明确文化数据跨国流动与交易的具体安全管理措施，切实加强文化数据的安全性。

其次，政府部门可以借助国家文化专网搭建数据服务平台，为文化资源数据和文化数字内容的确权、评估、交易、分发等提供专业化服务，从而激活各地

文化产权交易所,使其成为真正的要素市场。同时,政府部门也应该进一步加强消费者关注的监管问题,在服务平台上叠加消费市场的监察功能,对于文化企业在市场运作中出现的侵权事件,在数据化技术的检测下及时发现,迅速处理。

最后,需要提升数字化平台的服务质量。我国现阶段已有较为大型文化产业监管与服务数字化平台,其基本的框架结构已经呈现出融合性、综合性等特征,即通过将文化监管和服务放置于同一个数据平台上,减少企业、个人、团体办理相关业务的时间与流程,进一步提升其效率。但是,这些已有平台还有一定的发展空间,需要细化平台设置,深化平台科技化元素的应用,包括:设置检测指标,运用网络数据采集、数据库技术等完善文化数字化统计检测体系;加强文化产业知识产权质押的数字化评估能力,为金融、融资部门等的融资服务提供参考,为文化企业的融资活动提供支持;专门针对中小微文化企业的一系列服务和助力措施等可以设计为一个独立的服务版块,让中小微企业知道并用好政策红利,切实推进中小微文化企业的发展等。

总体而言,对于数字文化产业的服务与监管,应该在已有数字化服务平台基础上,针对不同发展阶段的文化企业,细化服务版块,细分服务内容,切实提高监管与服务的针对性、个性化,提升政府对数字文化产业监管和服务的效能。

6.4.2 公共文化服务数字化发展路径

1. 建构中华传统文化数据库

文物、古籍、地方剧种、民间文学、民族文艺、非物质文化遗产、民族文艺、红色文化等中华传统优秀文化是我国数字文化产业发展的资源要素,在数字化技术支持下,一些政府相关部门、文化行业机构、博物馆、非物质文化遗产馆等都探索建设了一批文化资源、非物质文化遗产等的数据库。集成数据库建立在精神层面的作用在于,将具有历史传承价值的中华文化要素、符号、标志与印记等进行提取,丰富了中华民族文化基因的当代表述,全景化地呈现中华文化,能够增强人民群众对于中国文化的认同感和自豪感;其在文化产品创新创意活动中的作用是,为文化的创新提供了来源。

这些数据库存在分类不统一、标准混乱、数据库之间兼容性较差等问题,导致已有数据库之间数据相互传递、检索和应用的效率低下。这就需要统筹规划,全面梳理已有的文化数据库,制定分类标准和标识规范。按照统一标准关联文化资源数据,采用数字化采集与管理、跨集群通信与数据迁移等关键核心技术,对共性数据资源进行统一梳理,形成中华传统文化集成数据库。按照物理分布、逻辑关联的原则,在文化机构数据中心部署底层关联服务引擎和应用软件,制定数据接入、数据描述、数据管理、数据访问等统一的标准规范,从基础架构层面解决分散异构的数据的存储、管理和计算分析的问题,形成中华传统文化集成数据库。集成数据库与之前零散的专题或地方数据库相比,集成数据库容纳的文化资源数据是海量的,远远超过其他零散的数据库。集成数据库有统一的分类标准和标识等,规范化的数据收集是数据库后期检索和利用的关键。集成数据库具备快速链接、高效搜索、全面共享的特征,集成数据库在统一标准的基础上能够快速检索出大量信息,该数据库面对所有公民个人、文化企业、文化行业、艺术团体等开放,实现社会层面的全民共享。

2. 加强文物保护的数字化应用

文物承载的是中华民族的历史和渊源,保护文物就是在保护现代中华文化与传统中华文化之间的联系与纽带,是中华民族发展历程在时间的长河中留下的印记。文物是不可再生的文化资源和宝藏,但是随着时间的流逝和周围环境的变化,很多文物面临着损坏甚至消失的危险,运用高科技技术提高文物保护、管理、修复水平,实现文物的数字化生存,是文化事业中重要的组成部分。

在文物管理方面,可以利用高清影像获取等技术手段,对文物的空间、纹理信息等进行数字化采集,建立信息数据库,实现文物的永久性数字化保存,为文物研究、修复、利用等提供基础性数据。在文物修复方面,借助多图像三维建模、3D 打印等技术手段,可以高精度、快速获取文物三维几何数据,为修复工作提供帮助,促使文物恢复本来面貌,最大程度保存其原始价值。在文物数字化展示方面,高光谱成像仪、光学相干断层扫描系统等高科技设备,能够对文物质地结构、工艺信息等进行无损检测分析,有利于深入发掘和全面认知文物本体价值。

3. 提升公共文化场馆服务效能

博物馆、图书馆、文物馆、农耕文明遗址、非物质文化遗产馆、国家公园、红色纪念馆等非营利性文化场馆在提供公共文化服务方面发挥着重要的作用。利用3D、VR/AR、全息影像等数字多媒体技术，提升公共文化场馆服务效能，推进其服务向智能化、精准化、体验化方向发展，是文化事业繁荣的重要方面。

公共文化场馆建立集藏品信息、藏品管理、智能导览、数字语音讲解于一体的数字化服务平台，让文化场馆"读懂"藏品，实现藏品等文化资源管理的数字化与科学化。同时，智能导览、全息影像、数字语音等技术的使用能够提升公共文化场馆服务的智能化水平，让受众在参观、游览的过程中不是只能看到藏品的外在，而是能够更加深刻地认识到这些文化资源的内涵。公共文化场馆中的文化资源对于不同年龄阶段、教育背景的受众而言，其审美和认知的关注点均不尽相同。公共文化场馆的数字化平台需要收集用户的偏好信息、基础数据等，在后台作出大数据智能分析，并进行机器学习，为后续用户提供精准的产品和服务推送，并以此为基础设计针对不同受众的文化产品和服务，更新藏品展览的方式，让公共文化场馆真正"读懂"观众。公共文化场馆中的藏品等文化资源，其背后蕴含的文化元素和故事等，单纯通过文字表述的方式展示，其吸引力不够，较难收到良好的文化宣介效果。人工智能、虚拟现实、大数据、交互展陈等技术的发展，将藏品等打造成为可以与受众互动交流的文化资源，推动公共文化场馆向体验化方向转型。

第七章
不可模仿性要素（一）：知识产权

随着文化产业在经济结构中的比重不断增加，文化作为社会经济发展的重要资源和推动力的作用日益凸显。布尔迪厄指出："任何特定的文化能力都会从它在文化资本的分布中所占据的地位获得一种'物以稀为贵'的价值，并为其拥有者带来明显的利润。"当文化内容以产业资源的形式进入文化产品的创作生产过程，并为生产者带来可观的经济效益时，开发和利用文化资源不仅能产生新的人文精神，更能创造经济价值。在现代经济条件下，文化资源进入产业链必然会有产权问题。

本章从知识产权的角度研究现代文化产业的价值创造，通过概念辨析与范围确定厘清国内外的保护机制，以理论研究为依据，找出文化公共领域的生成机理，建构知识产权引领现代文化产业体系创新，从价值评估和智慧化监测方面进行路径和对策研究。

7.1 知识产权：现代文化产业价值创造的核心

产权，是指以财产所有权为主体的一系列权利的总和，包括财产的占有、支配、使用、处分等行为权利。《牛津法律大辞典》(2003)对产权的解释是："产权亦称财产所有权，是指存在于任何客体之中或之上的完全权利，包括占有权、使用权、出借权、转让权、用尽权、消费权和其他与财产相关的权利。"产权本质是人与人基于"物"的关系。产权的主体可能是个体或者许多人共同组成的，他们须先结成一定的关系，然后才能对其共同所有的生产资料行使权能。这时,产权的所有者和使用者在内部都会形成一定的关系,产权结构就会复杂。产权具有以下特征:(1)具有排他性的权利;(2)能够流动或者让渡的权利;(3)具有可分离性;(4)有边界和可计量的权利(董雪梅,2012)。产权制度作为市场交易有序进行的基础性元素,在现代社会经济的运行中发挥着重要的作用,具有经济实体性、可分离性、独立性的特征。以法权形式体现所有制关系科学合理的产权制度,可以巩固和规范商品经济中的财产关系,约束人的经济行为,维护商品的经济秩序,保证商品经济顺利运行的法权工具。

1986年4月12日,《中华人民共和国民法通则》(以下简称《民法通则》)正式将知识产权确定为法律用语。《民法通则》规定,知识产权属于民事权利,是基于创造性智力成果和工商业标记依法产生的权利的统称(刘春田,2003:4)。文化产业与知识产权有密不可分的联系。"创意产业之父"霍金斯(2006)在他的著作中认为,创意产业是"其产品都在知识产权法的保护范围内的经济部门"。美国作为文化产业发达的国家,将其称为版权产业。在文化产业体系中,知识产权既可以保障创意主体的合法权益,激发创意开发潜能,也能增强文化产品的附加值,促进文化版权商业价值的最大化开发。

文化产业知识产权,是指对文化创作、生产、加工的智力劳动成果所享有的占有、使用、处分和收益的权利,是获得法律保护的知识资产。它的特点如下:(1)无形性,知识产权的存在以不可触摸或不可感知的非实体物为主;(2)专有性,赋予权利人所拥有的排他权,将知识产权独立于公有财产权之外;(3)公开性,获取法律保护需要在权利人拥有前,先向政府部门提出书面申请;(4)复制性,知识产权能体现出相关产品或其他物品的复制活动;(5)时间性,知识产权非永久的无形资产,具有法律规定的时效期限;(6)地域性,知识产权中的任何一种权利只有在某个国家或地区正式申请,才具法律效力。

文化产品和服务的特殊形式,将知识产权保护认定是市场化、产业化运作的前提条件,知识产权制度是保障文化产业健康、有序、科学、持续发展的必要条件(李顺德,2002)。知识产权视域下,文化产业定义为以版权产业为核心,提供精神产品的生产和服务的产业。它包括:出版业、新闻传播业、广播电视业、文艺创作与表演业、文化娱乐业、影视制作业、音像制品业、信息网络业和计算机软件业等核心版权产业。文化产业提供的知识商品和服务包括以下三大类别:(1)以工业化方式生产的大众文化产品,包括图书、报纸、期刊、音像制品、软件制品、工艺制品、娱乐用品等。(2)以个体化方式生产的艺术、技术作品,包括书法、绘画、摄影、手工艺品、设计方案专利产品等。(3)文化产业提供的知识服务由直接服务和间接服务构成。直接服务由专业人员传授知识文化,包括表演、讲解、教育、咨询、培训等;间接服务则通过专业的产品、实物、景观并借助于专业的设备、设施、装备器械、场地等传播知识文化,包括电影放映、电视播映、无线广播、互联网、娱乐服务、文物展览、人文旅游等。

7.2 现代文化产业知识产权保护的机理分析

7.2.1 深度参与国际合作与竞争

我国已成功加入《建立世界知识产权组织公约》《保护工业产权巴黎公约》《集成电路知识产权条约》《商标国际注册马德里协定》《保护文学艺术作品伯尔尼公约》《世界版权公约》《专利合作条约》《商标注册用商品和服务分类协定》《与贸易有关的知识产权协定》《世界知识产权组织版权条约》《世界知识产权组织表演和录音制品公约》等国际公约。其中,《保护文学艺术作品伯尔尼公约》《建立世界知识产权组织公约》《与贸易有关的知识产权协定》与文化产业的发展有着密不可分的关系。

《保护文学艺术作品伯尔尼公约》由联合国世界知识产权组织管理,对所有国家开放。该公约由国民待遇原则或同化原则、自动保护原则和保护独立原则构成,还包括一系列关于授予最低保护的规定以及为发展中国家制定的一些特殊条款。作品及其权利享有的最低保护标准为:受保护的作品范围包括文学、科学艺术领域的所有作品,不论其表现方式和形式如何。作者的翻译权、演出权、任何形式的复制权、动画制作权、改编权必须被承认。该公约将保护期限规定为从作品完成之日起至作者去世以后 50 年为止。对于联合国大会所承认的发展中国家,在翻译权和复制权方面在一定条件下可以偏离最低保护标准(王铁崖,1996)。

1967 年 7 月 14 日世界知识产权组织发布《建立世界知识产权组织公约》,将"知识产权"的内容定义为:(1)关于文学、艺术及科学作品的权利;(2)关于表演艺术家的表演活动、录音制品和广播的权利;(3)关于人们努力在一切领域的发明的权利;(4)关于科学发现的权利;(5)关于商品商标、服务商标、商号及其他商业标记的权利;(6)关于制止不正当竞争有关的权利;(7)在工业、科学或文学艺术领域里一切其他来自知识活动的权利。

《与贸易有关的知识产权协定》确定了知识产权的保护范围,包括:(1)著作权及相关权利(指邻接权);(2)商标权;(3)地理标记权;(4)工业品外观设计权;(5)专利权;(6)集成电路布图设计权;(7)对未公开信息的保护权、对许可合同中限制竞争行为的控制。

《建立世界知识产权组织公约》通过各国间的合作,保证各联盟间的行政合作,并与其他有关国际组织适当配合,促进在全世界保护知识产权。《与贸易有关的知识产权协定》继承了《建立世界知识产权组织公约》中知识产权划分的内容,在对外延的列举上是基本一致的。《与贸易有关的知识产权协定》强调了与贸易有关的知识产权,并增加了一些新的知识产权保护客体,该协定促进对知识产权在国际贸易范围内更充分、有效的保护,以使权利人能够从其创造发明中获益,受到激励,继续在创造发明方面努力;减少知识产权保护对国际贸易的扭曲与阻碍,确保知识产权协定的实施及程序不对合法贸易构成壁垒。

7.2.2 我国现代文化产业的知识产权保护

我国的知识产权立法已经基本达到世界贸易组织中与贸易有关的知识产权协议的基本要求。我国文化产业的知识产权保护就是要以国际条约、法律、法规及其相关司法解释为基础,建立符合我国国情的国家知识产权保护制度,健全文化产业知识产权保护体系。知识产权主要来源于知识活动领域,是建立在创造性智力成果和商业标记的法定基础上产生的一种权利,具有时间性、地域性、专有性等特点。知识产权的客体是人们在科学、技术、文化等知识形态领域中所创造的精神产品,属于精神创造的范围,具有无形性(赵玉忠,2005)。随着社会经济的不断发展,知识产权的保护范围也逐渐扩大,文化产业领域的知识产权可以分为创造性成果权、商业标记和网络知识产权。

1. 创造性成果权的保护

创造性成果权的保护是指对个人或团体所创造的原创作品享有的权利进行法律保护,确保他们能够合法享有其作品的权益。创造性成果权的保护包括著作权、专利权和商业秘密权。通过完善法律保护体系,可以维护创作者的权益,鼓励创新和创作活动,丰富文化产品和服务的多样性,促进产业经济的高质量发展。

(1)著作权。

著作权是基于文学艺术和科学作品而依法产生的权利。《著作权法》第三条将版权客体作一划分:"本法所称的作品包括以下列形式创作的文学、艺术和自然科学、社会科学、工程技术等作品:(一)文字作品;(二)口述作品;(三)音乐、戏剧、曲艺、舞蹈、杂技艺术作品;(四)美术、建筑作品;(五)摄影作品;(六)视听作品;(七)工程设计图、产品设计图、地图、示意图等图形作品和模型作品;(八)计算机软件;(九)符号作品特征的其他智力成果。"根据《著作权法》第十条的规定,版权人享有的财产权,包括复制权、发行权、出租权、展览权、表演权、放映权、广播权、信息网络传播权、摄制权、改编权、翻译权、汇编权等。图书报刊音像、软件、广播、电影、电视、网络等大众传媒行业和美术、展览表演等传统文化均属于典型的版权产业。

(2)专利权。

专利权是国家行政机关根据专利法的有关规定,根据申请人的申请,就其发明创造所授予的在一定时间、一定范围内禁止他人实施其发明创造的权利。专利权的客体包括三大类发明、实用新型和外观设计。其中,发明是对产品、方法或者其改进所提出的技术方案,分为产品发明和方法发明。产品发明又包括新产品、新材料和新物质的发明;方法发明,包括操作方法、技术方法和工艺流程。我国传统文化产品中将专利权归属于方法发明的保护。实用新型是对产品的形状、构造等提出的技术方案。外观设计是指对产品的形状、色彩、图形或者要素组合而制作出的具有美感,适用于工业应用的新设计。

(3)商业秘密。

商业秘密权是指不为公众所知悉、能为权利人带来经济利益,具有实用性并经权利人采取保密措施的设计资料、程序、产品配方、制作工艺、制作方法等技术信息和经营信息。《反不正当竞争法》第九条规定:"经营者不得实施下列侵犯商业秘密的行为:(一)以盗窃、贿赂、欺诈、胁迫、电子侵入或者其他不正当手段获取权利人的商业秘密;(二)披露、使用或者允许他人使用以前项手段获取的权利人的商业秘密;(三)违反保密义务或者违反权利人有关保守商业秘密的要求,披露、使用或者允许他人使用其所掌握的商业秘密;(四)教唆、引诱、帮助他人违反保密义务或者违反权利人有关保守商业秘密的要求,获取、披露、使用或者允许他人使用权利人的商业秘密。经营者以外的其他自然人、法人和非法人组织实施前款所列违法行为的,视为侵犯商业秘密。第三人明知或者应知商业秘密权利人的员工、前员工或者其他单位、个人实施本条第一款所列违法行为,仍获取、披露、使用或者允许他人使用该商业秘密的,视为侵犯商业秘密。"

2. 商业标记的保护

商业标记是指,工商业领域具有标识商品来源和质量功能的标记,如商标、商号、国原产地名称、地理标志和质量标记。在文化产业领域,商标权和地理标志对于文化品牌价值、消费者识别、市场竞争公平性、创新与投资激励以及国际市场拓展都具有重要作用。

(1) 商标权。

商标权是指商标使用人依法对所使用的商标享有的专用权利。商标注册人依法支配其注册商标并禁止他人侵害的权利,包括商标注册人对其注册商标的排他使用权、收益权、处分权、续展权和禁止他人侵害的权利。商标是用以区别商品和服务不同来源的商业性标志,由文字、图形、字母、数字、三维标志、颜色组合或者上述要素的组合构成。我国商标权的获得必须履行商标注册程序,而且实行申请在先原则。商标是产业活动中的一种识别标志,所以商标权的作用主要在于维护产业活动中的秩序,与专利权的作用主要在于促进产业的发展不同。

按照商标使用者的分类,商标可以分为:①商品商标,是指使用于商品上的商标,商品的使用者是商品的经营者,包括产品的使用者和产品的销售者使用的商标。②服务商标,指服务的提供者为了表明自己的服务并区别于他人同类的服务而使用的商标。③集体商标,是指以团体、协会或者其他组织名义注册,供该组织成员在商事活动中使用,以表明使用者在该组织中的成员资格的标志。集体商标的所有权属于一个集体组织,其商标由这个组织的成员共同使用。④证明商标,是指由对某种商品或者服务具有检测和监督能力的组织所控制,而由其以外的人使用在商品或服务上,用以证明该商品或服务的原产地、原料、制造方法、质量、精确度或其他特定品质的商品商标或服务商标。

（2）地理标志。

地理标志作为区域经济、文化和形象的代表符号,是我国三农权益的载体和国际经贸中国别权益的体现(杨德桥,2012)。2013年,在修订后的商标法第十六条规定:"指标示某商品来源于某地区,该商品的特定质量、信誉或者其他特征,主要由该地区的自然因素或者人文因素所决定的标志。"目前,我国建立了涵盖农产品地理标志、地理标志商标和地理标志保护产品的保护体系,该体系从地域表征、品质特征、制约因素等方面进行了详细阐述,并且确定商标由"地名+品名"诠释其核心内容,属该地区全体生产经营者(李裕瑞,等,2021)。

地理标志具有以下特征:①地域性。根据《与贸易有关的知识产权协定》第二十二条第一款的规定:"'地理标识'指识别一货物来源于一成员领土或该领土内一地区或地方的标识,该货物的特定质量、声誉或其他特性主要归因于其地理来源。"我国在2020年4月推进实施由国家知识产权局印发的《地理标志专用标志使用管理办法(试行)》。上述内容从法律层面界定了地理标志产品有且只能产自一个确定区域范围或地点,并且它是显著区别于其他地域同类产品的特征。②集团性:地理标志基于原产地的自然条件和世代劳动者的集体智慧而形成,该地区生产的商品达到了所代表的产品的品质,所包括的企业、个人都能够共同使用,属于该区域集体所有。③人文性:人文因素是构成地理标志的主要组成部分,它由来源地域的特色性文化和劳动者的技艺组成,包括传统风俗、制作工艺、流程配方等。地理标志的人文特质经过岁月积淀,历久弥坚,它与来源地产品有机融合、相得益彰,共同形成了具有特色的区域品牌。④独特性:质量、声誉或其他确定的特性是地理标志的核心表述,也是鉴别与其他地区的同种商品的重要依据。独特性作为与来源地的属性联系,不可复制或转移,可以引导消费者进行产品比选,找出产品价值与实际需求的最佳切合点。

3. 网络知识产权的保护

网络知识产权是指在网络环境下产生的知识产权,包括在互联网、社交媒体、电子商务等网络平台上创作、发布和传播的各种内容所享有的知识产权。网络著作权内容侵权可以分为以下三类:第一,对其他网络产品内容的完全复制;第二,虽对其他网络产品的内容稍加修改,但仍然存在严重损害被抄袭者的形象;第三,侵权人通过技术手段偷取权利人的网络数据,进行非法传播,严重侵犯其权益。

网络知识产权的保护可以采用版权保护、商标注册以及专利保护等传统知识产权的保护途径,如网络原创作品上增加版权声明,将作品进行登记和归档等。除此以外,还可以采取网络安全措施,对于网络原创作品、企划、设计等的访问权限进行设置,只有经过合同或许可协议的用户才能进行正常访问、下载等,防止未经授权的访问、盗取或篡改网络资产。同时,可以采用网络监测工具实时监测是否发生网络侵权行为。

一旦发生侵权行为,收集与侵权行为相关的所有证据,包括截屏、保存侵权内容的链接、聊天记录等。同时向侵权方发送一封停止侵权的正式通知信函,包括您的身份信息、侵权行为的描述、侵权材料的详细描述和证据,以及要求侵权方停止侵权行为的要求。如果侵权行为有第三方平台的参与,可以向平台提供商报告侵权行为,并要求其迅速采取行动终止侵权方的侵权行为。如果上述方式都无法解决问题,则需要寻求法律援助,向侵权方提起诉讼。

7.3 知识产权引领现代文化产业体系创新

7.3.1 文化公共领域知识产权保护的理论依据

1. 劳动产权理论

洛克理论是公共领域内知识产权保护的理论基础。他认为,凡是对资源施加了劳动,使其价值增加的人对其劳动成果可以当然地享有某种自然权利,国家有义务尊重和保护这一自然权利并授予其正当性。所以,"只要他使任何东西脱离自然所提供的和那个东西所处的状态,他就已经掺进他的劳动,在这上面掺加他自己所有的某些东西,因而使它成为他的财产"。以洛克理论为基础,财产权是源于物上所附加的劳动成果,那么,人们使用智力劳动"加工"原始材料后派生的智慧财产权就是知识产权,他的理论也是公共领域产权保护的理论基础(洛克,1964:88)。

知识产权哲学关心的问题是"没有主体,就没有权利",所以在具体的权利分配、平衡中,要考虑到不同的权利主体及其需求,并从哲学的角度予以调整。知识产权哲学包括效率和正义两个方面。效率，是指从一个给定的投入量中获得最大的产出，即以最少的资源消耗取得同样多的效果，或以同样的资源消耗取得最大的效果。正义，是指一种分配方式，通过正当的分配达到一种理想的社会秩序状态。正如罗尔斯所说："正义的主要问题是社会的基本结构，或更准确地说，是社会主要制度分配基本权利和义务，决定由社会合作产生的利益之划分的方式。"（刘普生，等，1997）因此，正义具有手段和目的两重特性，正义的分配是达到理想社会秩序的手段，理想的社会秩序则是正义所要达到的目标。

贾斯汀·休斯（1988）在其著作《知识产权哲学》中认为，洛克的劳动财产权理论对知识产权正当性问题进行了合理的解释。首先，他将思想的创造分为两个连续的阶段，即提出和实施。思想的提出仅限于精神层面的活动，没有产生具体的行为活动。思想的实施过程是行为的具体活动，这对于保护创造性的思想来说更为重要。这个过程中，需要投入大量的人力、物力、财力，更体现在知识产权是对已付诸实施的思想进行保护并授予其权利。其次，他将思想与公有领域的关系进行了辨析。思想作为行动的起源，本身并不具有排他性，人们在自己独立思考和分析中可以利用某种已经成为他人的思想，激发出全新的一系列思想，用其指导自己的实施过程。思想的财产变化并没有违背非浪费条件，就知识产权而言，不存在浪费，因为思想不会变质。最后，当代劳动财产权理论对洛克先决条件作出了合理性与正当性解读，劳动论可以克服功利主义对个体利益带来的多重压制，思想进入私有领域不会对公有领域造成任何的损减，还会丰富公有领域，劳动论是解决知识产权与社会公众共有权之间的冲突的基本原则。

2. 公共地悲剧理论

加勒特·哈丁（1968）首先提出公共地悲剧的理论。他认为，没有规则、没有产权制度、没有强制，就会导致公共财产的崩溃。如果不将知识以知识产权的方式进行保护，就会诞生类似公共地悲剧问题，严重影响科技创新发展。公共地悲剧表现为无形资产和有形资产的流失。无形资产是核心竞争力的动力资源，具有无形性和不稳定性，在产权交易活跃时，缺乏监管和约束机制，容易造成流失。有形资产与产权交易市场密切相关，只有产权清晰、职责明确才有利于资产的保值增值。因此，文化产业体系中资源合理配置的问题可以将其类比于文化公地,如果不进行有效的保护、传承和发展,就会酿成公共地悲剧。

我国文化资源分布广阔,文化产业发展兴盛,尤其在现代化的浪潮中,区域公共品牌保护性开发的进程加快,权利主体有一定的模糊性,存在个人、群落集体、国家所有的多样性,较难辨别文化权利的主体,使得知识产权保护更加脆弱,形成了文化产业体系中的公共地悲剧。随着产业数字化和数字产业化的到来,品牌内容在生产、加工、传播中的共享性加大,被竞争性地过度使用或侵占,从而造成资源的枯竭。分析其核心原因包括:一方面,由于所有权和使用权的分离,致使注册区域公用品牌后,品牌就变成为公共资源,在授权使用规则不完善的情况下,会出现泛用的现象;另一方面,由于品牌的运营方对于文化内涵的挖掘不够充分,会产生附庸的价值消耗,严重扭曲了文化的产权效益,造成公共地悲剧负外部性的突出。

3. 反公共地悲剧理论

黑勒(1998)提出了反公共地悲剧的理论模型。他认为,加勒特·哈丁对人们过度利用公共资源恶果的公共地悲剧作出了阐释,却忽视了资源未被充分利用的可能性。在公共地的范围内,存在众多的权利所有者。每个当事人为了达到目的都有权阻止他人使用该资源,或者相互设置使用障碍,却没有人拥有有效的使用权,从而导致资源的闲置和使用不足,就会发生反公共地悲剧。反公共地悲剧与公共地悲剧的区别在于,它有监督权,但使用权低效或无效,没有平等的收益权。在形式上表现为文化产业体系内多头或无序管理,地域封锁,部门壁垒,所有者责、权、利的不统一。

全球数字经济发展方兴未艾,数据资源已成为当今社会经济发展的必备要素,现代文化产业体系中内容数据和行为数据都处于高速增长阶段。内容数据是最基本的数据形式,它通过创造、组织、编辑、呈现等流程实现运营的初步阶段,在此基础上进行转化、扩散与分享,最后实现其传播效力的全面覆盖,它包括生产、服务活动过程中的文字、数字、图表、影像等各种物理符号,也可以是各种程序语言代码。行为数据的本质是还原场景,它通过监控业务流程、梳理消费历程找出文化消费需求,洞察数据中的隐藏价值。通过内容数据和行为数据可以看出,数据已成为现代文化产业体系发展的重要支撑元素,具有数量大、内容分散的特点,对于知识产权的保护也提出了新的要求。

从数据的归属权看,记录数据的厂家和产生数据的消费者有着不明确的矛盾,导致商业价值在交易过程中无法真正体现,无法实现产权带来的增值。数字经济下文化产业的生产、加工、传播、分享、增值的界限模糊,所以知识产权的划分较为细致,致使一个专利的申请会影响其他合理产权所有者行使正当权利,进而产生垄断,对现代文化产业发展产生掣肘。反公共地悲剧是针对公共领域内针对公共权过度使用而采取的监管体制,该理论适用于互联网发展的需求,平衡产业中各方利益,实现网络服务中提供者、权利主体及社会公众三者之间的利益平衡,化解数字经济条件下现代文化产业体系权利人、中介、使用者的合理界。

7.3.2　知识产权引领产业体系创新的作用机制

知识产权是一切与知识有关的权利的概括。它是一种特殊的权利范畴,根本不同于对物的所有权(宁立志,2011),它不仅关系到国家治理体系与能力的现代化进程,还能够深化要素市场化改革,促进市场在资源配置中的决定作用。2021年,我国"十四五"规划及2035年远景目标提出坚持把社会效益放在首位、社会效益和经济效益相统一,健全现代文化产业体系和市场体系。这表明新时代中国现代文化产业逐步从"产业格局"向"体系健全"的高质量发展跃进。现代文化产业体系以高新科技为抓手,以要素的高效流动为支撑,以现代化制度为保障,培育产业的核心竞争力,使之与社会主义文化强国的目标相适应。

从发展阶段看,我国贯彻创新战略的发展理念,需要发挥知识产权在全过程多领域的作用。现代文化产业体系以满足广大人民群众的文化需求为核心要义,它与现代化经济体系相适应,是提高经济竞争力最大的激励,知识产权是自身发展的内在需求。从供给结构看,它要推动产业优化升级,提高产业质量,知识产权促进产业在全球价值链中高端参与国际竞争。从动态发展看,要持续推进"互联网+"与传统文化产业的深度融合,加大人才、技术、知识、信息等要素的投入,知识产权是实现多要素的支撑配套。从数字化进程看,将数字科技引入现代文化产业,着力培育新兴文化产业,大力发展现代服务业,知识产权是实现产业体系价值创造的驱动力。

1. 目标机制

习近平总书记在中央政治局第二十五次集体学习中强调:"必须从国家战略高度和进入新发展阶段要求出发,全面加强知识产权保护工作,促进建设现代化经济体系,激发全社会创新活力,推动构建新发展格局。"党中央、国务院始终把知识产权放在社会经济发展更加突出的位置,高度关注知识产权对激励创新、秩序规范、品牌创造和扩大对外开放的重要作用。健全现代文化产业体系需要发挥知识产权的引领作用,培育具有现代核心竞争力的企业,打造有较强市场影响力的文化品牌,有效地支撑知识产权强国建设,加速文化和经济融合发展的进程。知识产权目标机制可以概括为:

(1) 完善顶层设计,统筹推进文化强国建设。制定"十四五"时期知识产权保护和运用规划,将提高社会文明程度、提升公共文化服务水平、健全现代文化产业体系作为整体的建设目标,从全局的高度加强政策支持、业务指导和资源统筹,把握新时代知识产权紧紧围绕"五位一体"总体布局、协调推进"四个全面"战略布局的重点工作。

(2) 强化激励引导,提升创新创造能力。产权激励引导应当贯穿于知识产权保护的全过程,在现代文化产业体系内形成申请权、审查授权、利益分配以及权利监管和司法保障环节的可靠衔接,全面提升体系的创新创造能力,形成主体明确、权责清晰、尺度得当的激励机制。

(3) 严格行政保护,优化管理服务。实行严格的知识产权保护方式和手段,对现代文化产业的目标决策、生产流通、配套服务等环节进行指导,利用大数据、云空间、人工智能等媒介优化管理模式,加大对权利人合法权益的保护,对违反市场监管的行为实施"零容忍",对有行政保护记录的要援引保护和重点保护。

(4) 加强运营转化,支撑产业发展。发挥知识产权在现代文化产业运营中的转化作用,实现重数量、重拥有向重运用、重质量转变。强化知识产权在现代产业创造、保护、运用中的综合协调能力,以自主创新支撑创新驱动发展,转变发展方式,促进新旧动能转换,努力实现知识产权引领现代文化产业体系高质量创造、高水平保护和高效率运用。

2. 特征机制

知识产权的价值引领必须坚持正确的价值导向,将社会效益放在首要位置,坚持社会效益和经济效益的相辅相成。引领机制需要将科学性、创新性、融合性和开放性作为主要特征,统筹国内文化发展和对外开放,推动现代文化产业链和价值链进程的高端化,加速体系升级优化,讲好"中国故事",提高中华文化在国际上的影响力和传播力。

（1）科学性特征机制。科学性是进行系统分析的基本精神，只有把握事物的客观规律，才能保证体系的客观性和可实施性。以知识产权价值的来源为标准可以将其划分为创造性智力成果权和工商业标记权。利用科学性可以精准把控现代文化产业体系的决策目标，界定知识产权的范围和制约因素，促进体系内部要素自主、有序流动，高效配置。

（2）创新性特征机制。知识产权法律制度本身就是促进创新的制度，也是国际商贸交易的法律秩序。随着创新驱动发展战略的不断深化，现代文化产业市场主体和创新企业主体对保护知识产权的需求愈发强烈。通过赋予专有产权的形式，在体系内部加大保障创新者和创新活动的力度，为产业的可持续发展提供巨大的激励机制。

（3）融合性特征机制。融合是全球市场动态化运作，它能对知识、工具和所有相关人类活动进行深度集成而改变各自的物质或社会生态系统。信息化推动现代文化产业和其他产业不断渗透，呈现出新动能持续扩大、动力转换显著、结构数字升级的特征。知识产权的流动性、收益性以及价值评估性可以提供"优势互补、有机衔接"的保护模式，提高融合的质量和效率。

（4）开放性特征机制。知识产权作为国际竞争力的核心要素，在现代文化产业"走出去"的进程中服务于创新型国家建设和全方位对外开放大局，拓宽了中华文化国际传播的渠道，为完善相关国际贸易、国际投资、国际标准和贸易规则提供了有力的法治保障，推动产业体系向着更加合理有序的方向发展。

3. 运营服务机制

知识产权引领文化产业运营机制就是强化创新资源高度集聚和开放共享，促进体系融合和要素互补，辐射带动区域协同发展，探索新型业态经济、品牌经济和特色地方文化高质量发展的全新机制。

（1）以提升文化的软实力为核心要义，积极营造公平、竞争、有序的现代文化产业发展环境，打造知识产权引领的高素质、深融合、国际化的生态体系，完善产业载体建设与政策供给，推动运营服务的增质提效。

（2）要发挥区域现代文化产业资源、企业、人才的集聚优势，布局以智慧平台服务为中心，全链条协同工作的机制，深入研究新时代的业务特点和评估方法,建立有针对性、目的清晰的知识产权评价体系。

(3) 应采用专利导航方法,围绕产业规划和项目对现代文化产业进行专利数据分析,建立以价值运用为导向的专利培育机制,满足现代文化企业专利信息与产业目标决策深度融合、专利创造与产业创新能力高度匹配、专利布局与实现运行效益可靠支撑的机制,推动优质服务资源与产业结构互支撑、相融合。

(4) 深入挖掘知识产权在现代文化产业体系中的创新性优势,坚持研发和专利布局政、产、学、研、用深度链接的工作体制,加强知识产权服务人才队伍建设,支撑区域产业体系的创新发展实践。

7.4 构建以知识产权为核心的价值评估体系

7.4.1 文化产权交易的价值评估

文化产权是人们智力劳动创造的精神成果的所有权,这种权利的拥有者能够决定自己对文化资源的使用、改变、保护和放弃,并可以据此获得一定的经济收入。文化产权包括三层含义:首先,它以知识产权为核心,是与文化有关的资产性、资源性和企业性产权,并经法律上确认的权利人使用并获得利益的权利。其次,它是一定的所有制关系在法律上的表现,也就是法律上确认的经济主体对自身所拥有的文化产品、文化服务或文化企业的权利。主体是其权利人,控制对象是文化产品、文化服务和文化企业;最后,它作为文化企业的核心竞争力,交易流通有利于文化的传播和升值。文化产权作为一种无形资产或资本,在社会交易过程中,其价值状况与使用主体和使用方式密切相关。

以文化产业特征为基础,可将文化产权具体分为文化企业股权、与文化要素相关的文化知识产权和与文化艺术品有关的文化物权三大类。(1) 文化企业的股权价值,是指在某一特定的时点下企业全部股东权益客观、公允的价值。主要由企业整体的经营状况、当前获利能力、预期盈利能力、行业市场前景和人力资本等。(2) 文化知识产权,是指在所有文化产权的标的物中,无形资产的数量占据了绝对的核心地位,与文化要素相关的文化知识产权涵盖的范围最广,如商标权、版权和广告权等,它能够细分为使用权和所有权。文化知识产权的价值主要分为获利价值和长期潜在价值两部分。获利价值就是在法律保护年限内,能够给所有者带来的直接收益,它是未来可预测和计量的;长期潜在价值是由其被反复开发和使用的特性所决定的,能给所有者带来更多的收入。(3)文化物权,是指其历史价值和内涵价值的总和,历史价值在文化物权诞生时就被赋予在其外部特性上;内涵价值是对其精神层面的涵盖,包括消费者对该项文化艺术产品的欣赏与满意程度。

价格机制作为市场经济中的资源配置,知识产权的可交易性是其产生与发展的重要属性之一。从市场经济的历程来看,当产品、劳动力和知识产权完全进入市场后,市场经济才能够逐步由低级向高级迈进。在市场经济中,知识产权交易的顺利进行需要具备明晰的产权界定和产权市场这两个条件。产权明晰是依法进行产权交易的必要前提,而产权市场为产权交易的双方提供场所,是商品经济高度发展、社会化程度显著提高、竞争机制全面渗入经济过程的必然产物。文化产业属于轻资产、高风险行业,文化产权无法按照传统方式进行交易,文化产品价值评估难、融资难,已成为文化产业规模发展的瓶颈。文化产业要与资本对接,最好的方式是适应商业模式的需求,创建文化产权的市场化交易,让大众参与文化投资,分享文化成果。

文化产权交易是指文化产权所有者将其拥有的资产所有权、经营权、收益权及相关权利全部或者部分有偿转让的一种经济活动。交易范围包括文化创意、影视制作、出版发行、印刷复制、广告、演艺娱乐、文化会展、数字内容和动漫等领域。2009年国务院发布的《文化产业振兴规划》和2010年九部委联合发布的《关于金融支持文化产业振兴和发展繁荣的指导意见》等政策法规的促进下,上海、深圳、成都等地先后成立了文化产权交易所。文化产权交易所实现了文化与金融的全方位对接,搭建了文化产权交易、文化产业信息发布、文化产业投融资服务、文化企业孵化等助力平台,设计出一揽子适合现代文化产业特点的创新型产品。文化产权通过载体创新源源不断地流入到商品市场并参与流转交易,实现了产业资源的集聚效应,价格发现作用初现成效,新的文化产业链也日趋成熟。

文化产权的价值评估作为文化产权交易定价机制的起点和基础,是对文化相关资产价值形态的一种评估,通常评估价格作为参考,具体交易价格需经过后续竞价过程得出。文化产权作为无形资产,在进行交易时价格会偏离其实际价值,会出现价格失灵的现象,给投资者带来巨大的损失。因此,在进行文化产权交易前,需对文化产权的价值进行合理评估。文化产权价值评估离不开科技的进步,现代文化产业体系和市场体系的健全,它在以创新为核心要素的产业体系中发挥着重要的作用。一方面,文化产权价值评估是高层次的需求。在我国已实现全面脱贫,向小康社会迈进的征程中,消费的重心已由温饱向高层次的文化、科技、旅游等需求转变,这是驱动现代文化产业发展的内生动力,而知识产权就直接服务于精神产品的生产和传播。另一方面,文化产权价值评估是形成多元化、多层次盈利模式的前提。现代文化产业关联度广、渗透性强,在市场链条中衍生性高,进行全面、科学评估可以优化产业路径,延长文化产品和服务的价值链体系。

文化产权价值评估对于文化企业作用表现为:首先,文化产权价值评估是盘活资金、吸引投资的重要渠道。文化企业利用无形资产质押贷款、增资扩股、参资入股、许可使用、转让和清算拍卖,还可以利用项目融资、吸引投资、合资合作和企业兼并、收购。其次,文化产权价值评估是合理资源配置的重要途径。文化企业通过评估,可以摸清家底,根据企业所处的发展阶段,制定战略规划,合理配置资源。再次,文化产权价值评估是提高知名度的重要表现。美誉是文化企业实力积累的外展,利用无形资产的运作与规范、标准接轨,提高国内市场份额,提升国际话语权。最后,文化产权价值评估是侵权、诉讼提供索赔依据的重要途径。由于文化产权的特殊性,价值评估可以为文化企业的知识产权保护提供有力的前置效应,为打击假冒伪劣、知识产权的侵权、诉讼提供必要的索赔依据。

7.4.2 文化产权价值评估的技术路径

文化产权价值评估是一项系统、严谨的工作,具有较强的理论性、技术性、法律性和时间性的特点,涉及经济学、管理学、知识产权法学和会计学等多个学科,属于多领域学科交叉的范畴。传统的价值评估方法,如成本法、市场比较法和收益现值法等,沿用的理论基础是经济学上有形资产评估的既定方法,虽然对文化资源或文化产品所包含无形资产的考虑因素和数据各不相同,适用性也有一定的差距,但作为成熟有效的传统方法,也有一定的借鉴价值。

重置成本法和历史成本法是常用的文化产权价值评估的方法。重置成本法,是指产权转让方能获得的最高价和同时存在的受让方能够承担的且不会高于在附近建立或购置相同资产所付出的成本的价格即为重置成本。历史成本法,是指将形成某种无形资产所需的总成本资本化,并将其作为该无形资产成本的一种方法。在实际操作中,重置成本的前提条件是重置的无形资产的成本和收益应相同。那么,在当前条件下重新开发该无形资产的成本减去折旧造成的再摊余成本,即其最后估值。无形资产具有独创性的特征,很难有替代品更不会进行频繁的交易,因此,使用历史成本法进行评估时参照的历史交易信息有限,一般情况下会运用重置成本法来估算无形资产价格,历史成本法多用来评估商业机密的价值。

市场比较法是基于替代原理的一种评估方法。市场比较法先选择至少三个与评估对象相同或相似的资产作为参照物,然后对参照物的交易时间、地点、成新率、价值影响因素等差异进行相应的调整,最后以参照物的交易价格为基础获得评估对象估值的方法。市场比较法的优点是,所使用的参照物已在现实中交易成功,相关数据都真实可靠,是一种操作简单且增强评估结果可靠性的方法。缺点在于,市场比较法所使用的数据都是历史数据,无法跟随市场的变化作出及时的调整,在文化市场繁荣活跃、产业发展处于上升趋势时偏小,反之偏大,存在一定的滞后性。

收益现值法又被称作现金流量分析法,是指将待评估无形资产的未来现金流运用一定的折现率折现,据此得出的未来收益的现值即为该无形资产的评估价值。收益现值法的假设如下:一个完全理性的投资者对标的物的出价不会高于该标的物预期未来收益的现值,且该方法认为资产的价值主要取决于预期收益和折现率。收益现值法的基本参数为预期收益、收益期限和折现率。预期收益为在正常经营情况下,待评估资产未来所能获得的收益;收益期限为待评估资产获得收益的持续时间;折现率则是将未预期收益折算成现值的折算比率。该方法的基本公式为:

$$P = \sum_{i=1}^{n} \frac{R_i}{(1+r)i}$$

上式中,P 为评估值;n 为年序号;i 代表收益的年期;R_i 为第 i 年的预期收益;r 代表资本化率或者折现率。

成本法、市场比较法、收益现值法作为传统的计算方法,分别从不同角度针对价值评估进行了解释,每种方法都各有各自的适用性,也存在不足。这三种方法的缺陷会在一定程度上降低评估效果,使评估结果与实际情况存在一定的偏差。此外,从业人员的经验和知识水平也会在一定程度上影响结果的客观公正。模糊综合评价法,是指在模糊环境下,利用模糊数学工具,考虑评估中多种因素的影响,为了达到目的对该评估作出综合决策的评价方法。模糊综合评价法是基于上述方法的初评结果,求得纠偏系数,从而对评估结果进行一定修正。

由于文化产权价值具有较大的模糊性,而模糊数学工具能够量化许多难以精确度量的因素,着重考量关键因素对文化产权价值的重要影响,克服个人经验、操作因素的影响以及其他无法量化因素的干扰,是定性与定量分析相结合的方法。利用模糊综合评价法的关键在于合理地确定评价因素集及权重、评语因素集及权重。具体步骤为:(1)构建模糊综合评价指标;(2)通过专家经验法或者层次分析法(AHP)构建权重向量;(3)建立适合的隶属函数从而构建评价矩阵;(4)评价矩阵和权重合成和修正。此外,为了确保价值评估结果具有公信力,找出评估对象的客观价值,许多国家和地区都完善出台了定价保证机制,使评估报告更具说服力。

文化产权价值评估指标体系包括经济指标、行业指标、技术指标和风险指标等,这些指标可以作为一级指标,再根据价值的功能性和重要性的程度,继续细分多个一级指标项下的二级指标,见表7-1。

表7-1 文化产权价值评估指标体系

一级指标分类	二级指标内容
战略性指标	1.1 经营战略 1.2 技术战略 1.3 信息战略 1.4 国际战略 1.5 法务战略
创造指标	2.1 产出导向 2.2 产出数量 2.3 产出质量 2.4 衍生产品
运用指标	3.1 自行实施专利 3.2 其他知识产权收益

续表

一级指标分类	二级指标内容
管理与保护指标	4.1 管理体系 4.2 管理制度 4.3 管理投入 4.4 预警机制 4.5 纠纷应对
绩优加分指标	5.1 获得奖励 5.2 特色加分
定量定性指标	6.1 管理工作人员的数量和层次 6.2 专利收支额 6.3 专利实施率 6.4 侵权纠纷案的件数 6.5 获奖层级及奖金额度。
具体核查指标	1.1-1.5 的具体内容

除以上方法外,实物期权法、AHP 评估模型、专利价值评估的 BP 神经网络模型和基于 IPScore 的专利价值评估研究也是经常使用的方法。

7.4.3 我国文化产权价值评估存在的问题

首先,文化产权评估对象和范围界定较难。我国资本市场按标准化程度可以划分为标准化的权益性市场和半标准化、非标准化的产权市场。文化产权价值评估时,尽管文化无形资产和知识产权的评估模式有一定的交叉性,可以借助知识产权的市场工具进行文化产权的评估,但是二者的概念有着本质的区别,也极其容易混淆评估的路径。文化产权中存在的非标准化、非通兑化和小众化的文化产权很难采用统一的方式去衡量和测定,所以在选取时范围的界定也有一定的难度。

其次,文化产权价值评估缺乏完整的评估体系和量化标准。2009 年 6 月,文化产权交易平台——上海文化产权交易所在上海揭牌,我国文化产权价值评估进入了黄金发展期。文化产权评估体系由一系列相互联系、相互制约、相互作用的评估要素构成科学和完整的总体,应具有系统性、时效性和协调性的特征。评估体系基本构成要素应包括评估目标、评估原则、评估内容、评估方法等。文化产权评估标准应以科学技术和实践经验的综合成果为基础,由主管机构批准,以特定形式发布,在推动产业科技化、产业结构升级、产业质量强国等方面发挥着基础性作用。但是,由于各国的发展程度不同,在国际上没有形成统一的法律条约,在国内也处于新兴的发展态势,理论研究尚不成熟。

最后,文化产权价值评估市场尚不成熟。评估与交易息息相关,交易是评估的前提,评估是交易的保障。交易需要通过评估进行确权定价,评估需要交易实现其价值。文化产权市场作为评估与交易中间的载体,确定合理的价格,以期得到市场认可。由于市场缺少通兑工具和投资资本,评估与交易的中间环节脆弱,无法实现正常的流程,形成现实的堵点。

7.4.4 高质量发展建议

建立健全文化产权价值评估的体制机制。我国已出台的有关文化产权价值评估的文件包括《文化企业无形资产评估指导意见》《著作权资产评估指导意见》《知识产权资产评估指南》等,这些文件对于产业的发展具有一定的指导性。但是,我国现代文化产业崛起的速度快,经济占比高,所以应该深化该领域的改革,着力提高运营转化效能,解决产权评估的关键问题,推动产权交易、质押融资、运营转化的提速增效。

(1) 精准建构评估方法体系。我国沿用的文化产业分类有一定的历史延续性,但是应根据新时代我国文化发展的现实,在有关文化资产评估准则的基础上,细化产业分类,针对文化资产的小众化、异质性制定不同的标准。前文所述的评估方法各有适用性,可以利用大数据"5V"的特性获取相关数据,精准地建构评估方法体系,使评估结果更为科学和合理。成立全国文化产权价值评估技术委员会,分为国家标准、行业标准、地方标准和企业标准四个层级:国家标准编制层次清晰、覆盖面广、针对性强,在对需要在全国范围内统一的技术要求,应当制定国家标准的产业统筹、体系格局及战略目标等方面均有明确的部署;行业协会以"服务政府、服务社会、服务行业、服务会员"为目标,围绕热点、难点和焦点问题开展工作,为政府制定行业政策、法规、规划以及会员的发展提供咨询和建议,对没有国家标准又确需统一的技术要求进行制定,作为对国家标准的补充;省级标准化技术委员会,可以结合本省(区、市)的实际情况实施发展战略,制定省(区、市)的标准体系;企业标准是对内部需要协调、统一的技术要求、管理要求和工作要求所制定的标准,自主确定发布后30

日内向政府备案。

（2）完善文化资产评估的基础设施。中评协、文资办在上海文交所、深圳文交所等机构的支持和配合下，已对基础设施进行了建设，如建立中国文化资产登记评估鉴定服务中心，中央文化国有资产进入文交所平台评估交易等。充分发挥中评协在国家级行业协会的统筹功能，运用市场手段使中国文化资产登记评估鉴定服务中心快速发展。充分发挥中央部委给上海文交所、深圳文交所的政策红利，文化产业项目融资交易和产权交易、股权转让、增资扩股、私募引进、上市培育、质押融资、资产租赁等融资服务，建立完善评估、登记、确权、托管、保管、信息发布、结算、鉴证、保险、信托、版权保护、资信评级等综合配套服务。

（3）加快评估信息资源共享平台建设。数字技术将数据资源作为有效当量挖掘生产要素，提升全媒体传播效率，实现数字技术与现代文化产业的融合共生，是数字化渗透产业发展的空间扩展。文化产权价值评估也应该积极利用数字技术，加快建设线上评估信息的查询系统，建立完善的服务体系，推进在全时段、全过程、品质化、立体化的共享机制，发挥对文化经济的乘数效应，加速信息资源的高效配置。

7.5 构建智慧化监测评价体系

7.5.1 现有文化产业评价体系综述

《创意时代的欧洲》首先提出了欧洲创意指数的概念，它由该欧洲技术指数、欧洲包容性指数和欧洲人才指数构成。其中，欧洲技术指数包括创新指数、研发指数和高科技创新指数。欧洲包容性指数包括态度指数、价值指数和自我体现指数。欧洲人才指数包括人力资本指数、科技人才指数和创意阶层指数。欧洲创意指数作为静态结果的衡量标准，具有一定的局限性，但是对全球文化产业知识产权创意指标体系的研究有着重要的作用，可以为其提供技术支持和理论模型。

2007年修改后的上海创意指标，充分考虑到文化产业发展的客观环境，具有详细的可评估性，可比性强，更加强调文化与经济、技术的关系。但是，该体系地域性较强,仅适用于上海地区。

中国人大文化产业指标体系包括城市产业的驱动力、影响力和生产力三个方面,该体系能够量化反映文化产业知识产权的发展水平,可以为政府职能部门服务,提高工作效率,见表7-2。但是,该体系需要收集大量的非结构性数据,不容易实现量化考核。

表7-2 国家知识产权优势企业评价指标体系

一级指标及权重	二级指标	考察要点	权重
知识产权创造 (35分)	1.产出导向	1.综合运用知识产权信息,引导研发创新,优化知识产权产出导向。	5
	2.产出数量	2.截至上一年底有效专利拥有量。	5
		3.近三年专利申请总量。	5
		4.截至上一年底商标、版权、计算机软件著作权、植物新品种、集成电路布图设计等其他知识产权拥有量。	5
	3.产出质量	5.近三年专利申请量中发明专利占比。	5
		6.近三年专利授权率。	7
		7.累计向国外申请知识产权数量。	3
知识产权运用 (25分)	4.自行实施专利	8.近三年专利产品收入占企业销售收入比重(近三年的专利产品收入占企业销售收入比例之和除以3)。	18
	5.其他知识产权收益(取三项考核内容的最高分值)	9.近三年知识产权许可、转让收益。	7
		10.近三年知识产权融资额。	
		11.知识产权作价作为注册资本额。	

续表

一级指标及权重	二级指标	考察要点	权重
知识产权管理与保护（40分）	6. 管理体系	12. 通过国家标准《企业知识产权管理规范》GB/T 29490-2013 认证。	10
	7. 管理制度	13. 制定企业知识产权战略和实施情况。	2
		14. 建立企业职务发明人权益保护和奖励机制。	3
	8. 管理投入	15. 设立知识产权管理机构，专职人员至少2人。	5
		16. 近三年研发经费投入占企业销售收入比重的平均值（近三年的研发经费投入比例之和除以3）。	3
		17. 近三年知识产权经费投入占研发经费投入比重的年平均值（知识产权经费指用于知识产权战略制定与实施、申请/注册、维护、诉讼、检索分析、培训和奖励等方面的经费投入）。	5
		18. 近三年核心人员知识产权培训率（"核心人员"包括企业管理人员、知识产权工作人员和研发人员。培训率为被培训核心人员占核心人员总数的比例）。	2
	9. 预警	19. 建立知识产权预警机制及应对方案。	5
	10. 纠纷应对	20. 近三年有效处理国内外知识产权纠纷获得赔偿或避免损失。	5
加分项（50分）	11. 获得奖励	21. 企业获得的国家级和省级知识产权工作奖励。纳入评价范围的包括企业近五年获得的国家级知识产权奖励和近三年获得的省级知识产权奖励。国家级知识产权奖励包括中国专利奖、中国商标金奖、世界知识产权组织版权金奖（中国）和国家技术发明奖；省级知识产权奖励是指省级政府设立的知识产权奖励，不含省级政府下属部门或单位颁发的奖项。	10
	12. 特色加分	22. 具体指标和考察内容由省局根据本省优势企业工作特色进行研究确定。	40

表 7-3　国家知识产权示范企业评价指标体系（A 表）

一级指标及权重	二级指标	考察要点	权重
知识产权创造（35 分）	1. 产出导向	1. 综合运用知识产权信息，引导研发创新，优化知识产权产出导向。	5
	2. 产出数量	2. 截至上一年底有效专利拥有量。	5
		3. 近三年专利申请总量。	5
		4. 截至上一年底商标、版权、计算机软件著作权、植物新品种、集成电路布图设计等其他知识产权拥有量。	5
	3. 产出质量	5. 近三年专利申请量中发明专利占比。	5
		6. 近三年专利授权率。	7
		7. 累计向国外申请知识产权数量。	3
知识产权运用（25 分）	4. 自行实施专利	9. 近三年专利产品收入占企业销售收入比重（近三年的专利产品收入占企业销售收入比例之和除以 3）。	18
	5. 其他知识产权收益（取三项考核内容的最高分值）	10. 近三年知识产权许可、转让收益。	7
		11. 近三年知识产权融资额。	
		12. 知识产权作价作为注册资本额。	
知识产权管理与保护（30 分）	6. 管理制度	13. 制定企业知识产权战略和实施情况。	2
		14. 建立企业职务发明人权益保护和奖励机制。	3
	7. 管理投入	15. 设立知识产权管理机构，专职人员至少 2 人。	5
		16. 近三年研发经费投入占企业销售收入比重的平均值（近三年的研发经费投入比例之和除以 3）。	3
知识产权管理与保护（30 分）	8. 管理投入	17. 近三年知识产权经费投入占研发经费投入比重的年平均值（知识产权经费指用于知识产权战略制定与实施、申请/注册、维护、诉讼、检索分析、培训和奖励等方面的经费投入）。	5
		18. 近三年核心人员知识产权培训率（"核心人员"包括企业管理人员、知识产权工作人员和研发人员。培训率为被培训核心人员占核心人员总数的比例）。	2
	9. 预警	19. 建立知识产权预警机制及应对方案。	5
	10. 纠纷应对	20. 近三年有效处理国内外知识产权纠纷获得赔偿或避免损失。	5

续表

一级指标及权重	二级指标	考察要点	权重
获得奖励（10分）	11. 获得奖励	21. 企业获得的国家级和省级知识产权工作奖励。纳入评价范围的包括企业近五年获得的国家级知识产权奖励和近三年获得的省级知识产权奖励。国家级知识产权奖励包括中国专利奖、中国商标金奖、世界知识产权组织版权金奖（中国）和国家技术发明奖；省级知识产权奖励是指省级政府设立的知识产权奖励，不含省级政府下属部门或单位颁发的奖项。	10

表7-4 国家知识产权示范企业评价指标体系（B表）

一级指标及权重	二级指标	考察要点	权重
知识产权战略管理能力（15分）	1. 战略层面规划知识产权工作	1. 建立与企业整体发展相匹配的知识产权战略规划。	5
		2. 建立专利导航决策机制，引导企业重大决策。	5
	2. 较高的知识产权信息化管理水平	3. 具有企业专利数据库，建立知识产权信息化管理平台，有效管理企业知识产权。	5
知识产权创造能力（15分）	3. 具有行业优势的专利全球布局	4. 建立海外专利布局机制并实施。	5
		5. 在其他国家或地区的有效专利或其他知识产权储备在本行业内名列前茅。	5
	4. 科学的知识产权激励机制	6. 建立知识产权入股、股权和分红权等形式的激励机制。	5
知识产权运营能力（40分）	5. 专利运营机制有效运行	7. 依托专利分析等手段，建立专利运营机制。	10
	6. 知识产权与资本市场的对接	8. 专利产品销售额占企业产品总销售额的比例较大。	5
		9. 通过知识产权转让、许可等各种途径，拓宽企业知识产权价值实现渠道。	5
知识产权运营能力（40分）	7. 知识产权产业协作积极开展	10. 牵头组建或加入专利运用协同体，实现协同发展。	5
		11. 牵头组建或加入专利联盟。	5
	8. 积极参与知识产权标准化	12. 参与国际标准制定。	10

续表

一级指标及权重	二级指标	考察要点	权重
知识产权维权保护能力（30分）	9. 有效管控知识产权风险	13. 建立贯穿生产经营全流程的知识产权侵权预警机制和风险监控机制。	5
		14. 定期开展知识产权风险测评。	5
	10. 尊重他人知识产权	15. 通过开展知识产权尽职调查、获得知识产权许可等方式，避免主观恶意侵犯他人知识产权。	5
	11. 参与行业性专利纠纷处理	16. 推动建立行业知识产权维权协作机制，参与行业专利纠纷处置。	10
	12. 解决国内外知识产权争端	17. 编制并适时调整企业知识产权争端解决预案。	5

从表7-3、表7-4可以看出，指标分为一级和二级这两个等级。国家知识产权优势企业评价指标体系一级指标包括知识产权创造、知识产权运用、知识产权管理与保护和加分项，二级指标包括12项内容，除加分项以外，权重共计100分。国家知识产权示范企业评价指标体系（表7-3）一级指标包括知识产权创造、知识产权运用、知识产权管理与保护和获得奖励，二级指标包括11项内容，权重共计100分。国家知识产权示范企业评价指标体系（表7-4）一级指标包括知识产权战略管理能力、知识产权创造能力、知识产权运营能力和知识产权维权保护能力，二级指标包括12项内容，权重共计100分。该表可以从不同层面反映企业知识产权的状况，但是固定权重比较机械，无法展示现代文化产业内部企业发展和运行的全貌，可以适当改进。二级评价体系较为单薄，可以尝试建立多层次、宽领域的监测评价体系。

7.5.2 智慧化监测评价体系的功能与目标

新时期的现代化文化产业应当建立服务质量和发展水平的监测评价体系，为政府的宏观调控和微观监管提供必要的数据支撑。经过对政府职能官网、企业网站以及社交软件的分析，让越来越多的行业组织、企业和公众通过具体的实例、图片、视频、分析的数据来对文化生产和消费进行评价，这就要求政府部门积极改变工作思路，学会用数据说话，涉及发展理论建构、指标体系、数据采集、清洗、生产和发布等各个环节。众所周知，伴随着信息网络化进程的加快，数据获取的规模和类型都在迅速增长。大数据以万亿或EB为衡量单位，具有种类繁多、来源丰富、高时效性的特点，数据定量化、模态化、精细化分析作为基础的管理决策成为当今世界的主流趋势。

从系统功能看，构建智慧化体系模型，可以推进文化资源的高效流动，实现平台化管理和共享拓展。针对获取的实效数据改进已有的数据挖掘算法，结合现代文化产业发展变革、社会公共管理、基础设施建设、城市信息网络规划等定义服务质量和发展水平的指标体系，并对达标情况进行科学的监测与评价。新冠肺炎疫情发生后，在以经济内循环为主体的新常态下，数字化多元供给模式可以强化政府、企业、中介机构之间的合作，发挥协同治理的高效能，提高消费者、企业对现代文化供给质量的感知与满意度，有助于完善社会公共体系。

从战略目标看，政府机构作为智慧评价体系的管理者和塑造者可以从数据中挖掘出文化消费中存在的优势、劣势、特征和差异，实时监测服务质量和网络口碑，继而推动智慧体系向更高效、更周全、更便捷、更安全的国际化目标迈进。完善监测体系有助于管理者合理控制网络舆情，通过引导、疏解等方式及时提出应对措施，有效转移舆情走向。通过监测—预警—管理—提升的PDCA（指计划、执行、检查、处理四个阶段）循环模式，建立可持续发展的管理对策，提升产品和服务的形象感知，让现代文化产业不仅要"走出去"，更能够"走进去"。

从服务对象看，以国家、各省级知识产权主管部门的智慧平台为基础，更加注重"文化+"融合视角下的全局性建设，更加精准地解决服务质量和发展水平的问题。智慧化运行过程中数据挖掘更加注重彼此的关联性，进而为管理、营销、服务提供数据支撑和量化的基础。智慧化的评价体系包括数据共享、信息发布、舆情监测、应急指挥的评价系统，也是与各利益相关者共建，提供需求帮扶的服务系统。

7.5.3 智慧化监测评价体系的效能设计

依据构建知识产权体系全面反映现代文化产业体系的基本情况，找出既能反映直接效果，又能体现间接效应的内容。基于指标与目标相关性原则，数据的选取便于收集计算、易于掌握，以保证评价的全面性与可信度，在设计指标体系时遵循了以下效能原则：

科学系统性原则。科学性是进行实证分析的基本精神，只有把握事物的客观规律，才能保证指标的可靠和客观性。利用系统的原则对决策整体目标的把控具有完整性、平衡性。因此,在科学系统性的指引下应该将各个分散的特性放到整体的目标系统中去权衡,了解现代文化产业体统中知识产权的界定、范围和制约因素,提出衡量准则,协调各个子目标。

真实有效性原则。真实性是知识产权保护的首要原则,真实性要求文化产业披露的内容是客观有效的,并且必须与事实相一致。知识产权的保护需要有充分的依据,成果的来源应事实清晰,达到预期效果的程度。

可操作性原则。文化产业知识产权的监测评价体系要针对不同行业的特点和发展阶段,对现状有客观的认识,寻求创新中的核心竞争力。价值创造受到技术、资金、管理等多项因素的制约,特别是知识产权对于现代文化产业核心竞争力有着重要的驱动作用。

依据上述效能原则,可以将监测评价体系分为文化产业知识产权综合竞争力评价和文化产业知识产权风险防控两个方面。文化产业知识产权综合竞争力评价,是对现代文化产业特定目标企业运用知识产权占领市场、获取持续盈利能力,采用领先的科学模型和评价方法,进行综合分析。它不仅能够发现目标企业知识产权综合竞争力存在的问题,还可以有针对性地提出对策,同时研判竞争对手,有效提升现代文化企业的知识产权综合竞争力。文化产业知识产权风险防控,是指对现代文化产业目标企业可能遭遇到的违法、违约、侵权、权利丧失或保护不足和其他不当行为等知识产权法律风险,通过制度化体系设计、程序化流程规范、标准化实施手段对知识产权法律风险进行识别、分析和评价,确定风险控制环节,明确降低、避免或转移风险的手段和措施,从而达到防范和控制企业知识产权法律风险的目标。

7.5.4 智慧化监测评价体系的技术路径

首先,确定智慧化监测评价体系的运行机制。产业数字化是现代文化产业的重要特征,建构其知识产权发展水平的监测评价体系应当依据市场运作的资源整合和技术创新。资源整合是优化配置的先决条件,以实现核心竞争力为战略目标,在资源配置与客户需求之间寻求最佳的结合点。技术创新包括新兴技术和媒体技术的运用,新兴技术是利用当今社会主流信息的技术化手段,挖掘文旅市场的监管短板,实现产业有序健康的发展;媒体传播是多元化信息传媒共享下的新型作业模式,通过不同的传播平台输送给受众。

其次，监测评价体系数据来源的获取。监测数据把国家统计局、各地方统计部门已公布的数据作为信息采集的重要来源；文化产业各行业协会发布的各项数据可以作为重要的补充；各个文化企业公开的数据可以从个体层面展现产业的发展状况，作为非结构性数据，需要整理后再作使用；不同的中介组织针对产业发展的趋势也会作出判断，生成可资借鉴的报告数据，也有一定的现实价值。对上述内容进行数据化归纳、判断、分析和决策，最终生成可用的导向数据。

最后，监测指标体系的建构。利用交互矩阵法确认需要测评的领域；参照前期收录的数据确定各项指标；对数据挖掘样本中的关键词对应指标进行整理和归类，对出现频次的多少进行预选；对样本进行校验并进行指标补充，最终形成监测指标体系。该体系包含三级指标：第三级指标采用已挖掘的数据从网络级别与信息的传播性进行评价；第二级指标采用由第三级得分与对应的第二级指标权重的乘积所得，第一级指标采用第二级指标正向内容的得分和负向内容的得分的差值。如表7-5所示。

表7-5 现代文化产业知识产权智慧化监测评价体系

一级指标及权重	二级指标	三级指标
1. 知识产权高价值创造	1.1 专利导航文化产业发展	1.1.1 建立与现代文化企业发展相匹配的专利决策机制；
		1.1.2 专利引导企业自主创新；
		1.1.3 通过知识产权转让、许可等各种途径，拓宽价值实现渠道。
1. 知识产权高价值创造	1.2 文化知识产权流通效率	1.2.1 鼓励跨地区、跨部门的要素流动，形成高效的流转体系；
		1.2.2 畅通现代文化产业的价值创造路径；
		1.2.3 加快流通领域的配套建设。
2. 知识产权高标准保护	2.1 文化产权风险测评与管控	2.1.1 建立贯穿现代文化产业全流程的知识产权风控机制；
		2.1.2 定期开展知识产权风险测评；
		2.1.3 提速新一代信息技术在专利密集型中的应用。
	2.2 知识产权争端的应急保护	2.2.1 编制并适时调整企业知识产权争端解决预案；
		2.2.2 设置知识产权预警联动机制；
		2.2.3 设立常态化知识产权巡查机制。

续表

一级指标及权重	二级指标	三级指标
3. 知识产权高效益运用	3.1 专利技术供需对接	3.1.1 依托专利分析、专利营运,满足文化供给;
		3.1.2 组建专利协作共同体,实现产业供需的可靠对接;
		3.1.3 积极发展新业态,丰富专利的价值空间,满足个性化需求。
	3.2 文化产业知识产权标准化运用	3.2.1 通过国家标准《企业知识产权管理规范》GB/T 29490—2013 认证;
		3.2.2 主导或者参与技术标准的制定;
		3.2.3 细化企业技术标准与国际、国家、行业组织的衔接。
	3.3 完善投融资体系	3.3.1 加强文化产权价值评估的有效进行;
		3.3.2 加大对中小微企业的财政扶持;
		3.3.3 有序开展知识产权质押融资的实施。
4. 知识产权高水平服务	4.1 集成化服务机构	4.1.1 推进现代文化产业知识产权一体化进程;
		4.1.2 开展尽职调查,避免主观侵犯他人知识产权;
		4.1.3 利用中心驱动模式实现有效的综合管理。
	4.2 信息化平台建设	4.2.1 建设现代文化产业数据库,挖掘数据资源;
		4.2.2 建立大数据应用服务系统;
		4.2.3 提升公共智能化水平。
4. 知识产权高水平服务	4.3 行业自律	4.3.1 推动行业知识产权维权协作机制;
		4.3.2 积极参与行业专利纠纷处置;
		4.3.3 加强事前、事中监督,督促事后反馈。
	4.4 融媒体传播媒介	4.4.1 开展网络舆情监控,及时处理;
		4.4.2 建立场景化、移动化、信息化的传播媒介;
		4.4.3 定期编制、发布年度发展报告。

续表

一级指标及权重	二级指标	三级指标
5. 知识产权高素质人才	5.1 产业融合人才发展环境	5.1.1 加强现代文化产业复合型、宽领域人才建设;
		5.1.2 制定融合产业发展的素质培育;
		5.1.3 创建知识产权意识较高的创新氛围。
	5.2 收入分配机制	5.2.1 人才合理配置,保护智力创造成果,保障薪酬待遇;
		5.2.2 制定高瞻战略的人才留任机制;
		5.2.3 建立知识产权入股、股权和分红权等形式的激励机制。
	5.3 国际交流合作	5.3.1 积极海外布局现代文化产业,加强知识产权的国际合作与保护;
		5.3.2 推进国际视域下资源的优势互补;
		5.3.3 建立海外智库,建构高水平的文化互鉴机制。

现代文化产业是多元主体共同参与的综合体系研究,在发展中受到政府、市场、中介、用户等多方因素的综合影响。可以德尔菲法、熵值客观赋权法对系统资源要素进行圈层分析。在内容和行为数据大容量、高密度的趋势下,应重点突破文化产业知识产权中的数字化采集与分类、标识管理、数据迁移等关键问题,从技术层面解决数据的分散和异构,开放共享平台,加快全产业链条信息的双向流通。在解决孤岛数据的方面,可以通过指标分析、热点事件、词频分布、情感交流、机器学习等对处理后的网络信息进行挖掘,汲取有价值的数据。

在智慧平台的测评中需要合理界定政府主导下的公共文化服务、企业主导下的营利性体系,在共性的基础上实现规范性、安全性、便捷性和舒适性的操作。在基础服务、行业应用、集成应用的基础上完成系统融合和信息共享。规划实施数据库,通过已分类整理的应用信息库、企业信息库、政务资源库、语言服务库、地理信息库等深化平台的智能效用。在形成监测报告系统中,将分析获得的情报及时传送政府职能部门和各利益相关者,可以提供专业化、系统化、定制化的信息服务。依据监测评价的结果再次整合现有的资源,获取精准的对象,实时收集信息,实现多元化的拓展,促进政府服务的升级和产业的高质量发展。

7.6 新时代知识产权驱动多层次、多渠道文化供给的对策

7.6.1 坚持现代文化产业体系的守正创新

党的十九届六中全会强调,党的十八大以来,在文化建设上,我国意识形态领域形势发生全局性、根本性转变,全党全国各族人民文化自信明显增强,全社会凝聚力和向心力极大提升,为新时代开创党和国家事业新局面提供了坚强思想保证和强大精神力量。文化产业既有意识形态属性,又有市场属性。文化产业的意识形态属性决定了健全现代文化产业体系要坚持"守正",以马克思主义为指导,始终坚持社会主义先进文化前进方向,坚持正确的价值导向,弘扬中华优秀传统文化、革命文化、社会主义先进文化,把社会效益放在首位、社会效益和经济效益相统一。同时,文化产业是以文化产品和服务的生产、消费为核心的经济活动,具有市场属性,应遵循市场规律,通过知识产权的创新不断满足人们更高层次的文化消费需要。我国已转向高质量发展新阶段,国内大循环为主体、国内国际双循环相互促进的新发展格局加快形成,在实现"文化产业成为国民经济支柱性产业"的关键时期,需要深刻认识发展中知识产权引领创新面临的矛盾和挑战,牢固树立以人民为中心的创作生产,主动适应现代文化产业发展的新趋向、新领域和新态势,遵循社会主义核心价值观的内涵规律,体现社会主义市场经济要求,推动社会的全面进步。

7.6.2 知识产权推动供给侧改革,促进体系繁荣发展

健全现代文化产业体系和市场体系是中国特色社会主义事业的重要组成部分,是引领社会经济前进发展的重要力量,是推动社会主义文化繁荣发展、更好满足人民精神文化生活需求的有效途径,要建构以人为本的产业生态体系,推动经济体系优化升级,实现高质量发展。现代文化产业体系以现代科技要素创新应用为引领,构建与之相适应的高效生产创新组织体系,不断推动产业链和价值链的高端化。现代文化产业体系由文化产业的结构体系、空间体系和赋能体系构成。结构体系是由技术细分产业内各行业间的相关性,延展

并诱发而成的产业体系,反映因技术素质差异导致文化再生产过程中细分业态的相互联系(潘爱玲,等,2021)。空间体系是细分业态在特定地理空间上的结构布局,它反映出异质性资源禀赋在特定时空制约下文化产业集群的空间形态和区域布局(张苏秋,等,2020)。赋能体系以文化创意为战略核心,通过数字信息技术打破原有的产业边界,重构文化产业链,技术迭代诱使产业生产传播方式和供需关系发生改变,加速产业融合,赋能经济社会发展。现代文化市场体系是各类文化产品市场、文化服务市场以及文化生产要素市场在相互联系和作用中形成的有机整体,发挥着高效配置资源、促进文化经济互动和调整各种利益关系等功能。现代市场体系既包括消费品和生产资料等商品市场,也包括资本、劳动力、技术、信息和房地产等生产要素市场,且两者都处于不断丰富和发展的过程,通过商品市场、资本市场和劳动力市场建构现代市场体系的核心,才能有效地配置资源。

随着我国社会主义市场经济体制的逐步完善,市场在文化资源配置中的积极作用越来越凸显。现代文化产业体系和市场体系作为有机统一的整体,二者的协同发展可以丰富文化的供给,满足人民群众多元的文化需求,提升文化的获得感和幸福感,对解决新时代中国社会主要矛盾、推动文化领域供给侧改革、建设文化强国具有重要意义。寻求现代文化产业体系和市场体系的最大公约数,需要以要素匹配为切入点,从现代文化产业的技术结构与空间布局出发把握体系的演进路径,从现代文化要素市场的资源配置、产品和服务市场的供给出发把握体系的运行规律。所以,根据协同发展的理论逻辑,将产业结构调整升级、产业空间优化布局、文化产品市场研发、文化服务市场拓展中有效流动的各要素关联起来,形成多维创新的发展机制,营造健康有序的生态环境,持续释放文化产业潜能,进一步挖掘文化市场活力。

7.6.3 保护知识产权就是保护文化的创新供给

创新是引领发展的第一动力。全面建设社会主义现代化国家,必须从体系建设中推进现代文化产业的知识产权保护工作。首先,它是国家治理体系和治理能力现代化的重要组成部分,只有大力保护知识产权,才能进一步完善现代产权制度、深化文化产业要素的市场化改革,促进市场在资源配置中起决定性作用,更好发挥政府作用。其次,它关系到文化的高质量供给,只有严格保护知识产权,依法对侵权、假冒、违占的市场主体和不法分子予以严厉打击,才能改善供给体系质量,着力实现高质量发展。再次,它与社会稳定、人民生活幸福休戚相关,只有全面保护知识产权,净化文化消费市场,维护广大消费者的权益,才能实现让文化产品和服务真正走入人民群众的日常生活,享受高品质的文化。最后,它是国家对外开放、文化互鉴,讲好中国故事的重要桥梁,只有审慎保护知识产权,才能更好地优化营商环境,建设现代文化产业体系更高水平的开放型体制。

我国政府在现代文化产业的准入及文化市场的管理、文化产品的使用等环节都要有法可依,形成知识产权保护的法制环境。在保护创新方面,政府对文化企业的管理要适度,充分发挥文化主体的自主创新性,形成文化产品与服务体系的价值创造。此外,在现代文化产业各门类的研究、开发、创作、生产、销售、传播的过程中,都要严格进行知识产权的保护,注重专利申请、商标注册、作品和软件登记。同时,加大对盗版盗印、非法出版、非法营销、恶意传播等侵犯知识产权行为的打击力度,禁止未缴纳版权使用费或未经著作权人许可就擅自使用其文化作品,建立书籍版权、音像等有偿使用制度、版权认证制度等。所以,现代文化产业知识产权保护关系到国家安全和人民福祉,只有严格保护知识产权,才能有效进行文化供给体系建设,防范意识形态领域的重大风险。

7.6.4 知识产权赋能"文化+"业态融合

中国特色社会主义建设进入了新时代,现代文化产业多业态融合发展需要设立"创新驱动、区域协同、要素流动,开放合作"的目标定位,形成具有"文化引领、结构优化、产业融合、韧性发展"的特色优势。其中,现代文化引领产业高质量发展是对厚重深沉、源远流长中原文化的血脉延续,更是对其文化基因、精神内核的重要实践。

互联网的快速发展改变了传统文化产业的生产和传播模式,同样也给知识产权保护提出了许多新的课题,主要涉及文化产品和文化服务两个方面。文化产品主要包括网络作品和音频、视频制品的数字化,在移动媒体环境下的传播，网络环境中商业标记保护等；文化服务包括对技术保密措施、权利管理信息的保护和各类数据库的保护等。从上述问题可以看出，文化产业搭乘互联网后，"文化+"成为业态融合的主体，围绕新型供给的体系建设，需要进一步加强知识产权的保护工作，既要保护创新的智力成果权，也要通过全媒体的渠道把新时代优秀的文化作品传播出去，保障人民群众对文化产品与服务的使用权。

第八章
不可模仿性要素(二)：
现代文化产业创意人才培养

现代文化产业属于智慧型创新产业,是知识技术高度密集联的产业,与个人创意、技巧与才华有着重要的关联。现代文化产业所涉及的环节与人才供给密不可分,需要极其依赖人脑和智力相交融的文化创造活动。因此,现代文化产业的核心竞争力是创意人才,而人才资本是其最核心的生产要素。

现代文化产业创意人才对于全方位的文化素养有更高的要求。众所周知,现代文化产品和服务离不开创意人才,要求从业者必须具备较先进的文化理念、较强的文化感知力、较系统的文化知识储备。现代文化产业创意人才需要具备洞悉市场发展规律,熟稔策划、设计、生产、销售、客户维系的全过程,成为懂经济、懂技术、懂管理、懂信息化的复合型人才。

本章将国内外现代文化创意人才培养模式进行对比,找出我国现代文化产业人才要素核心竞争力不足的原因。通过对创意人格、创意能力和创意基础三个维度指标的细化与改进,建构胜任力模型,解决现代文化产业创意人才文化艺术修养和创新能力割裂的问题。在人才培养路径方面,通过深入剖析萌芽期和成长期两个阶段的特点,提出新时代文化创意人才培养的长效机制。

8.1 现代文化创意人才与培养模式

本章论述的核心是文化产业创意人才的培养模式、方法及路径,在探讨这些内容之前,首先要明确文化创意人才与人才培养模式的概念。只有阐明文化创意人才和人才培养模式的内涵,才能为具体的实施方案设置明晰的目标和方向,使其有的放矢。

学术界、文化产业界对于文化创意人才的界定内容多样、标准多元,并未形成统一的概念界定。本章中将有代表性的观点进行梳理,从中找出其共通之处和文化创意人才的核心要素,进而形成本章中对于文化创意人才的工作定义,并由此出发,探讨对于文化创意人才培养的具体路径与方式。见表8-1所示。

表8-1 创意人才的研究概述

代表性研究者	创意人才概念界定
约翰·霍金斯（2006）	创意人才是创造或发明新事物的任何人,创意就是催生某种新事物的能力,这种创意和发明必须是个人的、原创性的,且具有深远意义的。换句话说,它就是才能和智慧。创意无时不在:只要一个人所说所做所造是新颖的,无论是"从无到有"还是赋予某物新的特征,创意就存在。或者说,不管该过程结果如何,创意都因此而产生,它既在思想中呈现出来,又在行动中表现出来。创意过程包括:审视、孵化、幻想、兴奋和现实校验五个步骤。
理查德·佛罗里达（2010）	创意阶层的核心成员包括科技、建筑和设计、教育、艺术、音乐以及娱乐等领域的工作者,他们的经济职能是创造新理念、新技术和(或)新的创意内容。围绕这个核心,创意阶层还包括一个更为广阔的"创造性专业人员"群体,分布在商业和金融、法律、卫生保健等相关领域。这些人员主要负责解决复杂问题,需要作出大量的独立判断,所以要求具备较高的教育背景或者人力资本。另外,创意阶层的所有成员,无论是艺术家还是工程师,音乐家还是电脑工程师,作家还是企业家,都具有共同的创意精神,即重视创造力、个性、差异性和实力。
厉无畏（2006）	文化创意人才是掌握有较高水平的知识,具有很强的创新能力,能够运用自己的创作技能和手段把特有的表达内容和信息转换、复制、浓缩到新的文化创意产品(服务)中去,并且能够推动该产品(服务)的生产、流通和经营的人才集合体。其呈现出敢于想象、勇于创新、流动性强等特质。
花建（2008）	文化创意人才是具备如下特征的从事与文化核心产业及相关产业领域工作的人员:第一,具有强烈的创意冲动,不但善于冲破旧的发展观念,颠覆旧的要素组合方式,而且善于创造新的理念,重新组合各种要素,焕发出比过去大得多的生产力;第二,依赖灵活高效的创业投资,以便迅速地实现科技和文化成果的市场转化,社会和市场对他们的反响越热烈,他们的创意活力就越旺盛;第三,喜欢在汇聚了多元文化、科技和信息业发达、社会秩序良好而宽松和谐、尊重创新而经常有思想碰撞的城市里生活,让这种"头脑风暴"去催动创意的风帆;第四,他们的团队体现了文与理、科学与技术、创意与操作的结合。不但有专业化的分工,而且有文与理、设计与操作、创意与营销等交叉经营的良好氛围。

续表

代表性研究者	创意人才概念界定
向勇(2006)	文化创意人才是在文化产业中创造了新的观念、内容和技术的人才。创意人才运用自己的智力资本在文化产业中赋予产品的精神内涵,给人们带来全新的体验。创意人才甚至可以被认为是整个文化产业中的核心资源,是文化产业向前发展的重要驱动力。其心理特征表现为:实现自我价值的强烈愿望,以及需要成就感和精神鼓励。其能力特征表现为:具有相应的专业特长和较高的个人素质,突出的创新能力、高度工作自主性。

根据上述代表性观点,文化创意人才是在文化产业核心领域和相关领域中,运用自己的智力和创新力,创造新理念、新技术和(或)新的创意内容,能够推动文化产品和服务在生产、创造、复制、流通、营销等各环节中创新发展的人才集合体。文化创意人才一般具备如下特征:敢于突破规则、想象力丰富、专业能力扎实、勇于创新、个性鲜明、具有较强的工作内驱力等。

模式最初的含义是"某种产品或事物的标准形式与规格或者其可以被复制的标准样式",后来在理论中被表述为对于物质事物进行研究,形成的抽象化的可以使用语言、数字、图表等符号信息进行表征的标准形式或样式。模式从本质上而言是对现实世界中事物内在机制和运行原理的直观间接阐述,搭起经验与理论之间的桥梁,是经验的一种理论总结,是理论的一种简明描述。模式是理论的简化形式,能够向人们提供某一现实事物的整体形象和明确信息。

一直以来,高校是培养人才的主阵地,承担了为各行业培养人才的核心任务。因此,最初的人才培养模式指的是高校在一定的教育理念和理论的指导下,按照特定培养目标以相对稳定的课程体系和教学内容等实施人才教育过程的总和(伏振兴,2019)。随着人才培养模式的深入研究,对于文化创意人才的培养,不少学者提出了要重视企业、行业和政府的作用,实现政企高校全方位协同育人的理念。文化创业人才培养模式的内容得以丰富发展,指的是充分发挥政府、行业企业和高校的联动作用,形成较为完善的课程体系、教学内容、教学方法、实习实训、岗位培训、评估方式等,最终完成预定培养目标和人才规格的动态过程。

8.2 国内外现代文化创意人才培养模式的对比

对现代文化创意人才培养模式的研究是学界关注的一个热点问题,国内外很多学者都对此阐述过自己的思考和观点,这些思考进入现代文化产业的实际运营中,也逐步形成了各具特色的文化创意人才培养模式。

8.2.1 国内现代文化产业人才培养模式

目前,我国文化创意人才培养模式的研究拓宽了研究主体,将高校为主要的人才培养者延伸为政府、行业企业和高校协同联动培养,"产学研"三位一体的培养模式被更多的研究者所关注。在人才培养实践中,高校更新重塑人才培养目标,不断完善课程体系与教学内容建设,改革教育理念与教学方法,提升人才满足文化产业发展需求的能力,提高育人质量。高校也不断注重探索与行业企业的深度融合,为学生创建实习实训基地,通过与企业合作为学生提供项目运作和实施的实践机会。同时,政府也给予高校和企业政策支持,为学生的项目实践活动提供孵化政策,创设孵化平台,给予孵化项目智力、资金等支持。对于文化创意人才培养也形成了一定的模式体系。

1. 校企共建工作室模式

德国包豪斯学院最早将"工作室"模型引入艺术设计专业的人才培养中。为了塑造艺术审美理论和技术实践并重的艺术设计人才,该学院实行形式大师和工坊大师共同教学育人的"双轨制"。形式大师主要负责学生基本艺术理念、视觉审美的培养,着重学生理论素养的提升;工坊大师则主要注重制造过程、材料研究、制作工艺等实际操作能力的提高。该种模式为学生创设了与艺术工业化生产紧密结合的教育实践基地(冯聪,2015)。

校企共建工作室模式是一种以工作室为载体的校企合作教学手段,是校企合作人才培养过程中的一个环节,旨在通过企业真实项目制作培养学生的专业技能、技术综合应用能力、项目管理与设计能力、团队合作能力和创新创业能力等(兰小云,2013)。在这种模式下,企业提供真实的文化项目,为学生提供企业导师的生产经验指导;学校从真实项目的需求出发,重构项目教学内容、教学方法、管理方式以及评价方式等,以学生为中心,充分发挥学生的主动性与高校专业教师的理论水平,在完成真实项目的过程中提高教师和学生适应文化产业需求的专业技能。

"工作室"模式的特点在于:(1)实践教学落实于真实的企业项目中,促进了高校智力资源和文化产业的融合,能够带来真正的社会效益和经济效益。该模式以真实企业运营项目为载体,充分发挥行业导师和高校教师的双重叠加作用,引导学生参与到文化企业生产运营的各环节中,企业与高校资源共享、风险共担、利益双赢,实践教学突破了以前高校为主的虚拟实践。(2)能够充分发挥学生的自主性,提高学生的创新能力、项目运营管理能力、专业技术运用能力等,从理论和实践能力两个方面双向提升。"工作室"模式中,学生首先需要选择适合自己的工作室,在这个过程中,可以较为客观地评估自身的优劣势,对于自身的专业水平系统梳理。学生进入选定的工作室之后,高校教师和企业导师会从各自的专业视角出发,对于学生进行项目开发、产品创意、产品生产、技术创新、产品营销与服务等多维度全方位的指导,并且指导学生在实践过程中对于遇到的问题积极主动地自我寻求答案,达到"困而学之,学而知之",真正学会自主研发与项目运营管理。(3)能够激发企业的参与兴趣。"工作室"模式对于企业而言,需要付出的成本主要是企业导师的人工成本,文化企业中常用的生产设备,如专业类软件以及与之匹配的硬件系统等,可以借用高校实验室的装备。高校教师负责工作室的日常管理工作。学生、教师和企业导师共同的智力成果可以成为企业生产利润的来源。同时,企业在生产技术、产品外观设计、产品功能定位、服务能力等方面也可以借助高校优势的智力支持得到提升。企业在市场中以盈利为目标,"工作室"模式以高产出可能性高、试错成本低的优势,能够吸引文化企业真正愿意参与,而不是通过行政化手段督促其参与。

"工作室"模式明显的缺点在于规模有限。该模式下的项目对于学生的容纳程度有限,并不是所有的学生都有机会进入工作室中,在实际操作中,往往是一些专业能力较强的学生才有这种机会。这就需要高校一方面不断寻求扩大与企业的合作,尽可能引进更多的真实文化项目;另一方面,需要不断改革课程体系、课程教学内容、教学方法等,让真实文化项目实操课堂。双管齐下,让更多的甚至是全部学生都有机会参与其中。

2. 项目引导式

项目教学法是通过实施一个完整的项目而进行的教学活动,其目的是在课堂教学中把理论与实践有机融合起来,最大限度地调动学生的学习主观能动性,提高他们发现问题、分析问题和解决问题的综合能力。在项目引导教学法指导思想下,教师不再把掌握的现成知识、技能传授给学生,而是在教师的指导下,让学生去积极探索,自主寻找结果,并进行展示和自我评价(武毅恒,2013)。项目教学法的施行主要在于改变传统教学中以教师为中心、以课本为中心、以课堂为中心,将学生作为教学的主体,将"项目"作为主体,将实际经验的增长作为教学目的(邵长荣,2011)。

项目教学法在实施过程中,以项目为载体,教师引导学生分析项目,明确项目任务和目标,梳理项目任务完成的步骤,形成工作方案和质量监测评估方案。基于工作方案,教师指导学生按照步骤分阶段完成项目任务,在此过程中,教师指导学生搜集相关资料、制订计划、激发创新思想、完善技术设计等,学生遇到的理论和实际操作问题主要以分工合作、小组互助的方式解决,教师给予必要的理论支持和讲解,确保项目任务的顺利完成。在整个项目完成的各阶段中,对于项目组成员的工作进行过程性评价,主要考量各小组成员的贡献度、主动程度、创新程度、理论掌握和实际操作能力等。项目结束后,教师、本组成员和其他组成员对于本组的项目总体完成情况依照具体的评估标准进行终结性评估。

项目引导式人才培养模式有如下特征:(1)以工作过程为导向的教学模式。项目引导式以项目为主要抓手,将传统依据知识体系和学科体系构建的专业课程内容和课程设置进行重组,并且在课程设置上有之前的强调理论知识转变为强调岗位能力、专业能力、创新能力、管理能力,重点优化与完成岗位工作任务相匹配的课程内容,推进书本知识向实际应用能力的转化,提升课程设置与实际文化产业需求之间的联动性。(2)教学过程的互动性。在项目教学过程中,学生主要通过主动学习以及小组合作学习完成自身的知识架构,其学习的内驱力不再是考试,而是源于对于完成项目任务的渴望以及同伴压力。教师与学生之间不再是单纯的知识传授者与倾听者的角色,转变为师生之间的协商与合作,教师为学生完成任务提供必要的理论性知识讲解,对于学生学习过程进行监督管理,为学生解决项目中的实际问题提供信息、资源和方法,但不提供答案和最终的解决方法。学生与学生之间成为学习共同体,以合作方式充分互动,发挥各自的才智,才能共同顺利完成项目任务。(3)创新性思维和扩散性思维的培育。对于文化创意产业而言,在实际工作中,很多问题并不是一成不变的,其解决方案也不是唯一的。学生通过项目任务的完成,产生思想的碰撞,养成对于问题独立思考的能力,形成解决方案多元化的认知,由此才能孕育出创新性思维和扩散性思维。文化创意产业的发展才会有更多创新性元素的迸发。

项目引导式培养模式需要特别注重对项目的选择,因为后续所有的课程内容、技能培养都源于此。在实际的操作过程中,项目引导式教学主要在高校内部发生,有些教师缺乏行业从业经历,在项目的选择过程中容易产生与实际行业发展需求脱节的现象。这就需要高校充分利用企业资源,培养"双师型"教师,提升教师的行业从业能力,同时在项目选择中也可以多征求企业意见,完善项目选择和具体操作方案。

3. 政府牵头的创业孵化园模式

项目引导式模式是以高校为主的人才培养模式,工作室模式则是校企合作育人的模式,创业孵化园模式是目前我国以政府高校为主体的人才培养路径之一。

孵化器的概念最初由曼库索提出,是其运营综合型服务企业多年的经验总结。现代意义上的企业孵化器主要是通过提供系统、完善的基础设施、管理服务、资金渠道等,为新创企业的发展和成长提供帮助的企业运行形式。同时,企业孵化器也是一种为培育和发展新创企业的工作环境,在这种环境中,通过创造一些条件来实现新创企业的快速发展(王宪明,等,2014)。企业孵化器根据其组织形式、投资、收入方式、管理方式、政策支持力度等可以分为不同的种类。目前,我国对于文化创意人才的培养,尤其是对于在校学生的培养,主要采用的是政府主导、政校结合的非营利性模式。

高校创业孵化园是政府给予政策、资金支持,高校提供专业人员、空间场地、基础设施、智力支持,共同扶持学生创业和实践教育的平台,通过构筑宽松的企业运营环境,培养学生创新创业能力和企业运营管理能力,直至能够平稳走向市场。在这种模式下,学生自主选择创业项目,提交创业申请书和详细计划书之后,进入高校审批阶段。审批通过之后,项目可以入驻高校创业孵化园。创业孵化园可以为学生创业者提供政策咨询、法律援助、工商注册、经营管理咨询、企业业绩评估等专业服务。

创业孵化园模式的主要特征包括:(1)培养学生创新创业能力和企业家精神。在这种模式下,课堂、教室不再是育人的主要场所,真实的企业创立将工商部门、税务部门、银行、融资平台等都变为育人的场所。学生通过企业孵化过程,真实地了解到未来企业运营中所有相关部门的规章制度,了解企业管理运营的方式方法,提前接触到真实社会。在企业运营过程中遇到的问题,高校有专业化教师辅助,但最终的解决方案和路径需由创业者决定。学生在此过程中,学习能力、决断能力和企业家精神不断得到培育。同时,为了解决企业运营中的难题,达到较好的市场效果,学生必须将理论知识与实践相结合,不断产生创新创意思路,提高自身的创新能力。(2)创业园区可以为实践教学提供平台。创业园区的待孵化企业可以为其他学生提供实践教学的真实平台。通过现场观摩、企业案例分析、创业讲座、创新创业设计大赛等方式,指导其他学生以企业运营为出发点,进行模拟运营操作,在操作实践各阶段中,教师为学生提供相应的学习资源,学生通过合作学习与交流的方式完成学业,并提出个性化创意化的解决方案。

当前,创业孵化园区主要存在的问题包括:(1)创业扶持政策简单化。对于创业孵化园区的政府扶持主要集中于减免,如税收减免政策、工商注册减免费用等,这种扶持体系并没有从根本上解决问题。为孵化园企业提供的是一个与市场制度和市场规则相差较远的环境,为了激发创业孵化园区企业真正效能,还需要充分模拟市场环境,不断创新扶持政策,为企业创立一个市场化的扶持体系。(2)服务体系不够健全。孵化园区项目的运营其服务大多数由高校教师承担,内容包括项目选择、投标书撰写、项目运营、设备管理、人员管理、成本管理、风险管控、融资、产品设计与生产、法律援助、市场推广等各个维度,主要是高校教师为孵化园区企业提供智力支持和帮助。高校教师在自身精力以及行业实战经验方面参差不齐,同时行业企业层面的指导较少,相关政府部门和金融机构的指导较少,并没有形成完整的服务链条。这就需要政策指导下的多方合作和参与,提供更加全面的服务。

8.2.2 国外现代文化产业人才培养模式

梳理国外文化创意人才培养模式可以为我国人才培养模式的进一步优化提供参考和借鉴,其也是学者关注的焦点之一。文化创意人才培养模式以文化产业学学科建设培养目标、生源结构和就业去向为基础,可以将欧美、日本和韩国的人才培养归纳为"应用型""素养型"和"战略型"三种模式(杭敏,2015)。

1. 应用型模式

应用型模式的典型代表是美国,美国文化产业学学科建设,培养目标是具有创新能力和高技术素养的文化产业人才。学历教育是培养文化产业人才的主要来源,培育周期较长,学历主要以本科生和研究生为主。就业去向主要是文化企业,从事文化理论研究工作的人数较少。无论是从最初培养目标的设置,还是学历教育中的课程体系设置,都以学生的岗位胜任能力、创新能力为核心诉求开展。培养人才的最终走向也是直接参与文化企业的项目运营、内容生产、企业管理等。

美国在文化产业人才培养中,以实用性为其核心特征。首先,美国注重吸引外来文化产业人才。这主要是通过两条路径实现的:一是美国政府采用移民政策吸引创新人才,二是美国的跨国文化企业采用建立海外分支机构的方式吸纳当地的文化产业人才。这些外来人才已经在本国高校以及行业企业受过系统训练,并且很多都是行业的佼佼者,这些外来人才的加入,为美国文化产业的繁荣提供了极大的智力支持。这种"拿来主义"的方式是实用主义在美国文化产业发展中的鲜明体现。其次,美国注重本国文化产业人才的培养。美国文化人才培养主要通过高校、文化企业和社会组织实现。美国高校培养人才有如下特点:一是专业设置对接产业发展(潘陆益,2017),除了一些传统的专业如影视制作、环境艺术等,数字与文化产业的融合也助推美国高校设置了数字艺术专业;二是课程体系包容性强,除了专业课程之外,还设置了文学、艺术、历史等通识性课程,强调通识性课程对于文化专业人才未来创造能力开拓的重要性;三是注重数字技术教育,在数字化文化产业发展的浪潮下,文化产业对于数字技术的依赖性,数字技术推动文化产业发展的巨大能量日益明显,美国高校普遍配置了先进的硬件设备和软件设施,聘请数字技术专家进行授课;四是重视实践教学,美国高校设置了实践平台,为学生发挥创意提供介质,鼓励学生走入文化企业,在文化企业中提升自己的能力。

文化企业也是美国培育文化人才的重要基地。美国文化企业中对于人才的培养主要以"学徒制"方式开展(聂飒,等,2013)。以美国的好莱坞电影业为例,很多年轻人在电影录制棚、实景场地、编辑们的讨论会中学习电影的创作和制作技术,在实践中与已经成熟的电影制片人、导演、编剧、演员等接触并向他们学习,青年学习者通过各种实际的训练机会传承了美国电影创作的核心技巧、制作的数字技术等,这些青年学习者成熟之后为美国电影业的发展提供了源源不断的动力。

社会组织、艺术团体、艺术协会等也是美国文化人才培养的重要方式之一。这些团体和组织会定期开展多元视角融合的文化交流与实践活动,邀请有一定经验的从业者和文化理论研究者参与其中,为文化思想碰撞提供了可能性,这也为青年学习者提供了学习、开阔视野的机会。青年学习者也可以就某一问题发表自己的看法,并且得到其他参与者的点评、讨论,自由的交流平台引导青年学习者发散思维、创新创意能力的提高。

2. 素养型模式

素养型培养人才模式在除了英国以外的欧洲其他国家较为典型。欧洲国家的文化产业学科在培养目标上延续了精英主义教育和高雅文化的传统,其目的是培养具备文化批判性的理论素养人才。高校的学科设置主要倾向于学术型,学生未来的就业主要从事传统艺术领域以及艺术创造与研究等工作。

素养型模式以文化批判精神为核心要素,其培养特征如下:(1)强调文化产品的公共性,而非文化产品生产的实用性、经济性。欧洲大陆对于文化产业的理论来源主要是法兰克福学派对于文化工业的批判,强调文化产品对于人类社会精神的批判和反思力量,优先考虑各个国家文化产品的特殊地域性,并且认为文化多样性应该得到保持。法国提出的"文化例外"和"文化多样性"的文化保护主义是对于欧洲国家对于文化产品属性的明确归纳。(2)强调文化专业教育对于学生批判精神和独立思考精神的培养,而非强调针对文化产业实用型人才的培养。在课程体系设置上,注重文化积淀,以文化、历史、艺术、审美等通识课程,以及文化艺术理论课程为主。对于应用技能课程的开发较少。学科体系明显独立于文化产业体系,偏重于对于文化艺术的学理研究,产业特征弱化,文化特征强化。在学科建设上也呈现出理论素养为主的特色,刻意与文化产业工业化生产保持一定的距离,关注文化创作自身的内容、设计与思想的创新。(3)在教学方式上以理论素养培育为主,淡化纯应用技能的培育。与美国重视实践教学不同,欧洲国家对于文化人才的培养在实践技能方面的强调不多,更多的是内容创作和艺术表现形式上的突破和创新,纯艺术领域的特征较为显化。教学方式上依然延续了"学院派"风格,保持了艺术教育的精英主义态势(梁会青,等,2021;郑军,等,2020)。

素养型模式正如其名称中的含义,文化创意人才独立人格、自由思考的能力是其关注的焦点,文化艺术素养是其人才培养的重心。这种人才培养模式与欧洲文化产业的发展特色有着直接的关系,与美国不同,欧洲有着天然丰富的历史、文化、人文、旅游资源,其文化产业是要素禀赋驱动型。欧洲各国只需要对于这些资源进行地域化特色化开发,形成各自特色,就能促进文化产业的繁荣。再加上欧洲各国对于批判精神的历史传统,对于独立自由思考的推崇,其对于文化人才的要求,就会以批判精神、独立思考能力为主,对于文化产品的要求则是注重其文化精神内涵,以更加深层次而非娱乐的内涵打动潜在的消费者,满足人们对于精神产品更高层次的需求。

3. 战略型模式

战略型培养模式的典型国家是日本。日本将各行业人才培养放在国家战略的高度去考量,进入新的世纪以来,不断颁布政策,推进人才培养的发展,助力实现日本经济、政治、社会的发展。

日本把培养学生的创造能力作为基本教育国策,提出"科学技术创造立国"口号,实行"二十一世纪卓越研究基地计划"。从2002年起,日本文部科学省每年选择资助五十所大学的一百多项重点科研项目,资助金额每年1亿到5亿日元。该计划旨在培养一批世界顶尖科技创新人才(张辉,等,2010)。2003年《科学技术白皮书》提出了日本科技人才"概念图"。其明确指出,为实现"科学技术创造立国"今后要培养和吸引五个方面的科技人才:(1)专业技术人才;(2)经营管理人才;(3)科技成果社会化人才;(4)科技普及人才;

(5)技能型人才(杨书臣,2004)。2005年提出要培养"在各个领域中富有先见性、创造性、独创性的卓越的领导人才"(高益民,2009)。2012年文部省发布了《全球化人才培养战略》,开始培养具备多元化视角和国际竞争力的人才。

战略型人才培养模式的显化特性是政府高度参与和指引,政府在人才培养过程中承担着明确方向、制订方案、给予资助等全方位的责任。这种模式在具体的操作中,呈现如下特征:(1)在课程设置上,通识教育和专业教育并重,理论学习和技能学习并行。将文化、历史、艺术等基础人文学科以及基本的技术学科设置为专门基础课程,各专业学生均需要学习,强调打通不同专业之间的界限和障碍,注重理工文多重学科的交叉渗透。同时,为了培养具备全球竞争力优势的人才,日本强调英语这门通用语言的学习,所有专业学生均需学习该门课程。跨学科通识教育课程的设置是日本人才培养中的一个显著特色。对于各专业的课程体系设置则主要贴近文化产业各行业的实际需求,以行业发展为目标,设置能够提高学生岗位工作能力的课程,包括理论类课程以及实践类课程。(2)在教学方式上,兼顾了课堂教学与传统工坊教学。日本在文化产业人才培养中,理论类专业课程主要以现代班级授课的方式进行,这种授课方式也不再是死记硬背,而是着重培养学生的思辨能力、创新能力、独立思考能力。学生通过论文、考察报告、实践报告等方式完成课堂教学内容的学习。实践类课程则主要采用传统工坊类教学,学生近距离观察和模仿师傅的制作工艺和技巧。这种教学方式也不再局限于传统的工艺工具,学生可以采用现代化数字化机械设备辅助完成工艺和作品。实践类课程的另外一个平台是文化企业,在政府的大力支持下文化企业为学生提供大量的实习实践岗位,同时行业专家也被政府支持参与到高校教学中,高校教师则可以在企业中承担职位并得到报酬。(3)产学政合作,促进知识创造转化为实际的生产力。政府部门设计信息系统平台,为企业和高校搭建信息融通渠道。高校的智力成果、创新思维可以在平台上进行传播,其先进的设备等可以为企业研发提供帮助;企业通过平台搜寻可能转化的智力成果,通过技术转让机构和程序将其转化为实际的生产。同时,政府出台政策,鼓励企业与高校之间的人才互动,行业从业人员和教师均可在对方领域兼职,实施兼业许可证政策。

战略性培养模式是与日本国情紧密相关的。首先,日本的文化产业发展,尤其是日本的动漫产业是文化产业中最为引人注目的行业,其资源禀赋要素不足,主要依赖于创新要素,人才就是创新的原动力;其次,日本老龄化和少子化倾向严重,社会劳动力的匮乏导致其必须提高青年个体能力,以确保生产力总体不下降;最后,日本文化企业的全球化经营策略,也需要与之相匹配的具有全球视野和竞争力的人才。文化产业是日本的支柱性产业,人才是其发展的内在驱动力,提高个人能力也是日本当下真实国情的需求,因此,日本将人才培养上升到国家战略的层面,以政府强有力的行政干预实现人才培养目标,满足产业发展需求。

8.3 现代文化产业人才胜任力模型建构

8.3.1 胜任力的概念界定与分类

胜任力的研究在管理学的领域一直存在,学界普遍认为的胜任力开创性研究源于哈佛大学教授麦克米兰博士帮助美国外交部甄选外交官的实际任务中。麦克米兰(1973)在其"Testing for Competence Rather Than for 'intelligence'"一文中,首次提出了对于人才的选拔从智力测试向能力测试的转变,由此引发了学界对于胜任力研究的兴趣。

学者们对于胜任力的研究各有侧重点,其方法归纳起来有三种:教育标准、行为规范和组织能力。与之相对应发展为三个学派:教育学派、心理学派和商业学派(Markus,等,2005)。

教育学派对于胜任力的界定基于职能角色分析,描述了角色表现所需的角色结果或知识、技能和态度,或两者兼而有之,并通过标准(通常是行为标准)进行评估。在英国,行业机构,尤其是那些需要贸易和技术技能的行业机构,根据预期的工作成果制定了职业能力标准(Fletcher,2000)。胜任力被狭义地定义为可测量的行为、行动与结果,或是最低标准,即通过知识、技能、态度、绩效等方面来构建岗位胜任力素养,并用于实际的人才培养以及选拔中。

心理学派则以麦克米兰和他的团队为代表,最初他将胜任力定义为个体的动机和性格特征,认为这些因素与工作绩效之间存在着高度相关性,批判了以智力测试和能力倾向测试为主的传统心理测量方式作为衡量和预测未来职业成功度标准的实际操作以及其背后的运行机制。麦克米兰(1980)一直强调从实际的从业人员入手,分析并挖掘能够真正影响其工作绩效的动机、个性特征、行为特征等要素,开发了工作能力评估方法(Job Competency Assessment Method),并且将胜任力的定义进一步丰富为"知识、动机、特质、自我形象、社会角色和技能的总称,它们与工作中卓越或有效的表现有因果关系"。

商业学派对于胜任力的研究主要与企业战略、核心竞争力等概念相关,他们将"核心竞争力"和"核心能力"引入胜任力分析中,并将胜任力定义为团队的共同知识。胜任力是员工潜在的、与卓越工作绩效相关的行为模式和工作风格,能够提升个人和团队工作效能发挥作用并为企业未来发展提供持续竞争优势,并且促使企业产生核心竞争力(Hamel,等,1990)。

虽然上述观点中对于胜任力的定义各有不同,但其中蕴含的一些共同特征也显而易见:(1)胜任力与岗位绩效高度相关,甚至可以用于预测大多数从业者未来的工作前景和效度。(2)胜任力与岗位的高度相关性,也决定了其具备动态变化性,不同岗位人员的胜任力是不同的。(3)胜任力中包含了知识、技能等表层特征,也包含了社会角色、自我形象、性格特征、动机等多种心理因素。

胜任力可以分为门槛类胜任力和区分类胜任力(黄勋敬,2007)。门槛类胜任力是所有从业者均需要具备的基本知识、技能和素质的外在显性化要求,并不能区分卓越从业者与一般从业者,主要是满足岗位的基本需求。门槛类胜任力的思想基础在于:胜任不能以卓越为起点,一般情况称职就应该算为胜任,胜任力研究就是找出称职所需的基本能力和行为表现。英国国家职业资格体系以及新西兰国家资格证书体系都是建立在门槛类胜任力基础之上的。区分类胜任力是将优秀与普通绩效区分的胜任力,关注识别导致优秀从业人员与普通从业人员区分的技能、个性特征、行为方式等外在与内在因素,将其析取出来应用于后续人才培养与人力资源培训,促使普通从业者向卓越从业者的转变,进而提升整体胜任力。

8.3.2 理论基础

胜任力模型是指担任某一特定职位所应具备的胜任素质要素的总和,即针对该职位表现优异者要求具备的胜任素质结构。一般说来,一个胜任力模型包括四项内容:胜任力的名称、对胜任力的关键性要素界定、胜任力的等级以及等级描述(通过对一些行为指标的描述来反映胜任力行为表现的差异)(宋培林,2011)。

胜任力模型的基础是冰山模型和洋葱模型。如图8-1所示,冰山模型将胜任力特征比喻为一座漂浮在海上的冰山,露出水面的部分是显性的可以被简单量化考核的表层能力,包括知识和技能,其中知识指的是个体掌握的所有信息的综合,技能则是对于所掌握信息的运用方式与技巧等。在海平面以下的部分是非显性化的,包括社会角色、自我概念、特质与动机,这些素质是隐性素质,较难测评。社会角色是个体展示或者预期展示给社会的个人形象;自我概念则是个体对自己的评价与看法;特质指的是个体表现出的持续性的行为与心理特征;动机则是个体内在的想法,其是外在表现与行为的驱动力。显性素质和隐形素质相比,后者对于工作绩效的决定性更强,卓越的从业者与普通从业者的差异性往往体现于后者。

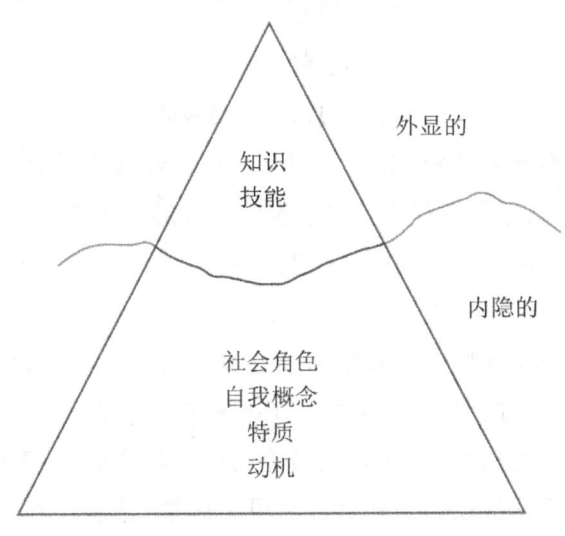

图8-1 胜任力冰山模型

洋葱模型是对冰山模型的另外一种阐述,其核心要素与冰山模型相同,但认为胜任力中的各要素是一个由内到外、层层包裹的结构。如图 8-2 所示，洋葱模型将胜任力素养分为三个圈层，分别是外显层胜任力、内隐性胜任力及核心层胜任力。外显层胜任力包括知识与技能，其明显的特征是表现在外部，可以被测评与衡量，其培训也较为容易；内隐性胜任力包括社会形象、自我认知、态度与价值观等，这些因素较为隐蔽，但是依然可以被观察，也可以经过后天培养进行优化与改善；核心层胜任力包括特质与动机，这些要素具有稳定、不易改变的特点，很难观察、测量与评价，同时通过培训进行优化的可能性小，是最不容易变化和发展，最为稳固的要素。

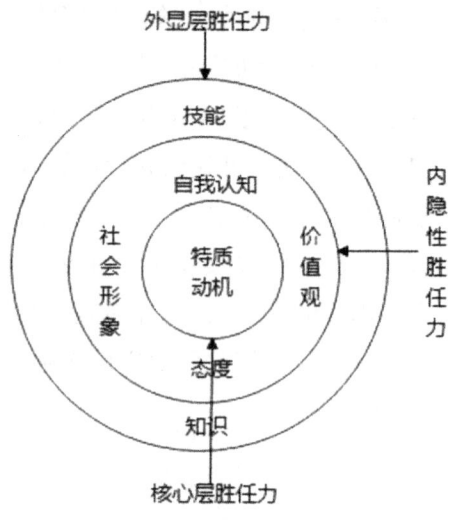

图 8-2　胜任力洋葱模型

以上述两种模型为基础，学者、行业企业、行业协会等针对不同岗位职业能力的需求，制定出通用胜任力模型以及专业性胜任力模型，建构这些模型的过程就是胜任力建模。目前，胜任力建模的主要方法有三种：战略导向法、行为事件访谈法与标杆研究法。

战略导向法是在分解公司战略和核心竞争力形成的基础上，通过头脑风暴、专家分析以及研讨会等方式建立工作绩效评估标准，分析岗位应该具备的基本能力、技巧、技能和素养，形成各岗位的门槛类胜任力清单。这种方式对于岗位能力的分析具备较强的针对性和可实施性，其缺点在于没有数据等客观支撑材料，其受到建模参与人员主观影响的可能性较大。

行为事件访谈法是通过对从业者进行问卷调查、个案研究、实地访谈等方式,观察并收集大量从业者的行为数据,区别卓越从业者和普通从业者的关键影响因素,形成胜任力模型。这种方法的优势在于其客观性,结论主要来源于数据分析,而非研究者的主观判定。其劣势在于,要考虑受访人员的范围,过小的数据量会导致结果的不准确,同时该种方法需要较高的时间成本和人力成本的投入。

标杆研究法,顾名思义,以同行业中竞争力比较强的企业胜任力模型为基准,分析其胜任力素养中对于本企业的适用性,对于胜任力素养进行选择和调整,进而形成自己的胜任力模型。这种方法的优点在于所有的胜任力素养都建立在比较成熟的基础上,后续的可操作性很强。其缺点在于对于其他公司的模仿,对于产生自身核心竞争力而言缺少了个性化特征和考量,很难超越被模仿的公司,一般只能得到平均的竞争力优势,较难形成自身的核心优势。

上述三种胜任力建模方法中,被较多学者和从业者运用的方式是行为事件访谈法,这种方法以海量数据为基础,其建构的模型信度和效度均较强。

8.3.3 胜任力模型建构

我国学者对于文化创意人才胜任力模型的构建一直是研究的重点之一,向勇(2009)提取问卷中的胜任力要素,采用词频分析和因子分析的方式构建双素质叠合模型,最终模型分为基础胜任力和专业胜任力两大模块,前者包括20项基本素养,后者包括7项素质。张燕、王晖、蔡娟娟(2009)则将文化创意人才胜任力分解为知识、意识、性格、能力、绩效五个一级指标,针对每一个一级指标,进一步细化形成具体的二级指标,通过层次分析方法确定各个指标权重,最终形成胜任力模型。刘长燕、丁月华与孙长春(2014)将文化创意人才胜任力的指标按照基准性胜任力、区辨类胜任力、转化类胜任力三个层级进行细分研究,将其细化为11个二级指标,运用AHP(层次分析法)确定了各指标的权重,并且提出三个核心胜任力要素是创意能力、基础知识、文化底蕴。

上述研究丰富了我国文化创意人才胜任力研究的理论成果,对于实践也有较强的指导意义。王刚(2016)等学者在总结上述研究的基础上,采用行为事件访谈法,调查了涵盖文化产业所有细分行业、分布在11个城市的文化创意产业从业者,采用SPSS 18.0和AMOS 21.0对于调查数据进行探索性因子分析,并且对其进行了克隆巴赫系数、分半系数的信度分析与因子相关系数的效度分析,最终形成的胜任力模型如图8-3所示。

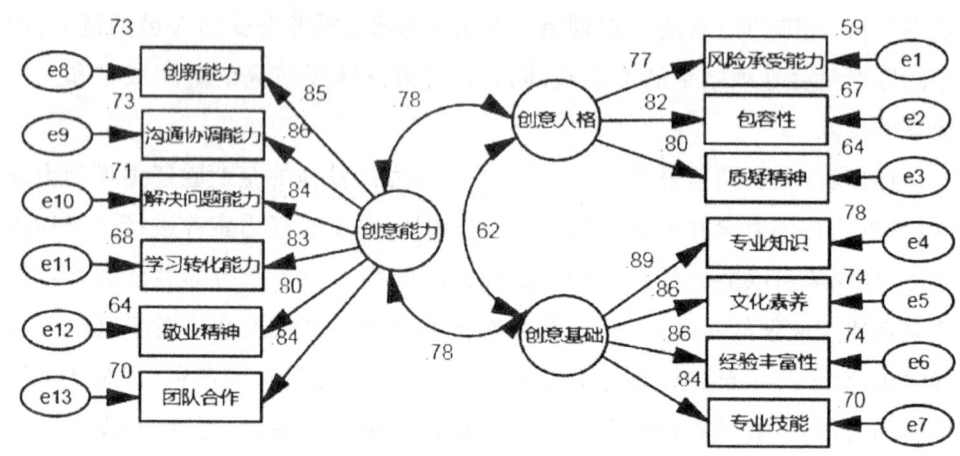

图8-3 现代文化产业创意人才胜任力模型

(转引自王刚,牛维麟,杨伟国,2016)

　　该模型中将现代文化产业人才胜任力分解为创意基础、创意能力和创意人格,这与洋葱模型中的外显层胜任力、内隐性胜任力及核心层胜任力是分别对应的,体现了学术的传承性;本模型的研究对象是对于产业从业者,其研究对象的范围决定了其研究成果的针对性和本土化适应性较强;同时,本模型的建构主要采用了访谈、问卷调查等工具,在数据分析中采用了SPSS(社会科学统计软件)和AMOS(结构方程模型的分析软件)工具,实证性研究工具的运用使得其研究结果客观性较强,对于人才培养实践的指导性较强。基于上述三点原因,本书主要借鉴了该模型对于文化创业人才胜任力素养的建构。

　　结合洋葱模型、国内外文化创意人才培养实践模式的运作以及其他学者对于文化创意人才培养模式的探讨,在上述模型中还有一些可以优化之处:首先,在洋葱模型中,创意人格是核心层胜任力,而在上述的模型中对于创意人格的表述较为薄弱,只提到了三个二级指标,并不能较为全面地涵盖创意人才的特质与动机;其次,根据国内外创意人才的实际运作情况,文化创意人才对于现代技术尤其是数字化技术的应用应该作为一个显性的指标列出,这也体现了文科与工科学科层面上的融合;最后,结合其他学者对于文化创意人才培养模式中的属性表达,该模型中的二级指标在一些表述上精准度还可以进一步提升,更加准确地表达各二级指标的含义,尽量避免其范围过于宽泛。

根据上述分析,将模型的二级指标进一步优化:(1)创意人格维度的优化。一个人的风险承受能力不仅与自身的心理素质相关,而且还与其个人资产情况、工作情况、家庭情况等息息相关。将风险承受能力作为创意人格中表述个性特征要素,其表达范围过于宽泛。从个性角度而言,将其调整为心理承受能力,表述更为确切。除了包容性与质疑精神以外,大多数的同类研究中认为好奇心、探索精神这两种个性特征,以及追求卓越的动机也都是胜任力的显性要素。好奇心、质疑精神和探索精神是一切创意创新的开端,追求卓越的动机形成创新创意的内在驱动力。(2)创意能力维度的调整。创意能力中敬业精神是文化创意人才的个性特质,属于内在层面的要素,较难通过技能式的培训获得,往往是内在驱动力的一种表现,对比洋葱模型,应该是创意人格维度中的要素。团队合作从字面意思上看,既不属于能力范畴也不属于精神范畴,它指的是团队工作的一种执行方式。将其改为合作精神能够表述创意人才的个性特征,可以将其调整为创意人格维度。创意能力中与市场接轨的能力没有体现出来,对于市场的把控能力是文化创意人才在创新创意设计、研发之初就需要具备的能力,对于市场的把控和理解会直接影响到创意活动的成败。(3)创意基础维度的调整。数字技术赋能未来文化产业的发展,已经成为推动文化产业发展的强劲动力。很多国家在实际的文化创意人才培养过程中,都将数字技术、软件运用、多媒体技术的应用等作为必备基础知识。因此,在创意基础维度的二级指标中,除了专业知识和专业技能以外,还需要突出表述数字技术的指标,以适应文化产业发展的现实和未来需求。

通过对上述创意人格、创意能力和创意基础三个维度中细化指标的改进,文化创意人才的胜任力模型如表8-2所示。

表 8-2　文化创意人才的胜任力指标建构

	一级指标	二级指标
文化创意人才胜任力	创意人格	包容性
		好奇心
		质疑精神
		探索精神
		合作精神
		敬业精神
		心理承受能力
		追求卓越
	创意能力	创新能力
		沟通协调能力
		解决问题能力
		学习转化能力
		市场把控能力
文化创意人才胜任力	创意基础	专业知识
		专业技能
		数字技术
		文化素养
		经验丰富性

8.4　现代文化创意人才"分段式树形培养模式"

8.4.1　理论依据

目前对于文化创意人才的研究分别从不同的培养主体切入,培养主体可以分为高校、企业、政府或三者联动。研究者有的单独分析了某一培养主体的责任与培养方式;有些研究以三螺旋理论为基础探讨了高校、企业与政府三方联动共同培育文化创意人才的模式。

以高校为主体的研究,郭强(2017)、李利军(2018)主要从培养目标优化、专业设置、学科分类、课程体系建设、课程内容设置、教学方法改革、评价机制转变、师资力量培训、实习实训课程建设、资格证书认证体系等方面提出提升人才培养模式的具体路径,其主要目的是提升高校在现代文化创意人才培养中的作用,切实提高人才培育质量。

以企业为主体的研究,张生太、逄淑涛(2005),尤峰(2013)等主要聚焦于营造创意工作所需要的探索性、宽松型氛围,建构容错、自主、平等的组织文化,自治和参与决策管理的权利,企业细化调研关注创意人才的个体需求,有吸引力的职业生涯发展规划,创立能够激发个人创造性和潜能的奖惩制度,创意开发沟通策略等。

以政府为主体的研究,张勇(2021)主要关注政府引进创意人才的政策与实施方案、文化创意人才服务平台的搭建、文化科技成果转化平台的建设、知识产权保护、人才培训机制等。近年来创意阶层集聚与城市空间多尺度互动成为新的研究热点,余文涛、吴士炜(2019)从经济环境、生活环境、生态环境、人文环境等探讨创意阶层空间聚集的影响因素和机制,同时也关注创意阶层集聚对于城市文化创意产业发展、城市创新度、城市社会文化空间改革的助推作用。

产学研结合以及政产学研结合的研究则主要关注协同育人的育人目标、组织架构、育人体系、平台建构、各方利益分配机制、各方效能提升路径、协同合作模式优化路径等(张静静,2022;林溪,2022)。

对于文化创意人才培养模式的研究,研究者多以高校研究人员为主,因此对于高校人才培养模式中课程设置、教学方法以及实践教学等方面的探讨居多,同时高校与企业、政府三方合力协同培育文化创意人才模式的研究也较多。

上述研究或从单一主体或从协同育人入手,丰富了我国文化创意人才培养理论,同时也为育人实践活动提供了借鉴与参考。但是,我国文化创意人才培养质量还有优化的空间,并不能满足我国文化产业快速高质量发展的现实需求。

首先,对比文化创意人才胜任力模型可知,上述这些研究的主要发力点在于培养潜在人才的创意基础,主要是高校、政府和企业分别或者协同合作对于创意人才在专业知识、专业技能、实践技能、数字技术、文化素养、实践经验等方面的培养。创意基础能力的提升是外在显性指标的提高,而对于创意能力和创意人格的培养的关注较少,这是因为,这些指标被认为是不证自明,文化创意人才应该是与生俱来的,同时这些指标是涉及人的个性特征、动机等深层次的心理要素,其培养难度较大、费时较长,短时间内无法看到显性可量化的提高。但根据胜任力冰山模型,创意能力与创意人格才是创意人才的底层要求,只有在现有冰山以上部分得到充分研究的基础上,进一步关注冰山以下的部分,才能更好地提高我国文化创意人才培养的质量。赵朝峰(2020)以文化创意人才为核心,将其置于人才培养生态系统中的根部,高校、企业、政府为其提供能量,建构了注重文化创意人才创意能力和创意人格发展的"树形培养模式"。

其次,对于文化创意人才培养的研究主要集中于大学阶段,研究者们一般将培养对象锁定为文化产业相关领域专业的高校在校学生,以此为基础展开各种研究。然而很多国家在文化创意人才培养实践中的经验也值得我们借鉴,很多国家近年来非常重视青少年艺术教育和创意能力培养,将文化创意人才培养的时间触角延伸到了青少年,不再只关注文化产业相关领域专业的大学生,这种做法将创意能力的培养贯穿到了人才萌芽、发展以及成熟的全过程,覆盖了潜在文化创意人才产生的全阶段。

最后,上述研究关注的对象是大学生,这也导致了其涉及的培养主体为高校、企业和政府,如果将文化创意人才培养的时间跨度加大,从青少年开始,贯穿整个成长阶段,那么家庭就应该成为一个重要的参与主体,特别是针对青少年阶段的艺术教育、创意能力和创意人格的培养。

根据上述对于已有研究成果的分析与借鉴,本章尝试以现代文化创意人才胜任力模型为理论基础,以培养创意能力和创意人格为出发点,以"树形培养模式"为借鉴,将文化创意人才作为人才培养模式的核心,以家庭、学校、政府、企业为参与主体,建构跨越整个教育阶段的"分段式树形培养模式"。

8.4.2 阶段养成

"分段式树形培养模式"由萌芽期和成长期两个阶段构成,萌芽期的培育对象主要是指处于青少年阶段的潜在文化创意人才,而成长期的培育对象则是现代文化产业相关领域专业的高校学生。在两个时期中,创意者都是整个人才培养树形结构中的树干,自我培养都是大树根部生长的核心方式。在萌芽期为大树提供养料的外在要素包括家庭、中小学和政府,在成长期的外在促进因素为高校、政府和企业。最终结出的果实是文化创意人才创意基础、创意能力和创意人格的融合提升。

"分段式树形培养模式"中包含了如下几个核心理念：(1)以培养创意能力和创意人格为主要培养目标,该模式主要强调文化创意人才胜任力模型中位于冰山以下部分素质与能力的培养；(2)创意者的自我培养和整个社会文化艺术氛围的熏陶是创意人才发展创意能力和生成创意人格的核心要素,是人才之树的根；(3)家庭、学校、企业、政府合力为创意人才的成长提供必要的支持；(4)创意人才的培养应该贯穿人才的整个成长过程,强调青少年时期文化创意人才潜能的培育。

具体而言,根据文化创意人才胜任力模型,创意基础是外在的可量化的创意人才能力指标,对于创意基础培养的研究已经非常深入细致,但是创意基础只是创意人才胜任力中一部分因素。创意能力和创意人格的培养就像创意人才之树的根部,对于根部的施肥浇水在短时间内无法看到显性的结果与变化,但这是文化创意人才后期爆发出创新创意成果的必要基础与铺垫。只有根部深入泥土,树苗才能厚积薄发,在日后成长为参天大树。因此,"分段式树形培养模式"选择创意能力和创意人格作为核心培养目标,在成熟期所结出的果实就是创意能力和创意人格的结合体。该培养模式未来的培养路径也会紧密围绕创意能力和创意人格的培育展开。

在以往的文化创意人才培养模式中,人才是被培养被培训的对象,其内在的主观能动性是被忽略的。研究者以高校、企业和政府的角色入手,强调各方在培育人才中应该采用的途径,但较少关注到如何提升人才的主动性和创造性,潜在的人才特别是高校学生一般是被动地接受课程设置、课程内容、培训计划等,其平等参与的空间有限。在"分段式树形培养模式"(见图8-4)中,创意者本身被设置为大树的主干,所有外在因素的合力都需要通过树干传输养分,才能真正地结出果实。创意者自身主观能动性的激发是人才培养得以顺利进行,切实提高人才培养质量的必经之路。创意能力和创意人格不能通过直接简单的技能培训获得,更多的是需要整个社会艺术文化氛围的构建,潜在人才在社会大环境下耳濡目染,才能逐步形成创意能力,不断完善创意人格。

创意人才的培养并不是在大学阶段就能如期完成的一项任务,现代文化创意人才与其他行业人才最大的不同之处就在于其精神活动以及思维的活跃性、质疑性、开创性等。这些创意能力的培养和创意人格的塑造并不是通过开设文化艺术类课程、设置与企业联合的实习实训项目、政府主导的孵化平台就可以完全实现的。对于现代文化创意人才的培养应该从小抓起,从根本上抓起,在青少年阶段主要是创意能力和创意人格的培育,在大学阶段则主要是创意基础技能的培训,两者相结合,才能促使我国文化创意人才形成核心优势,提高其国际竞争力。

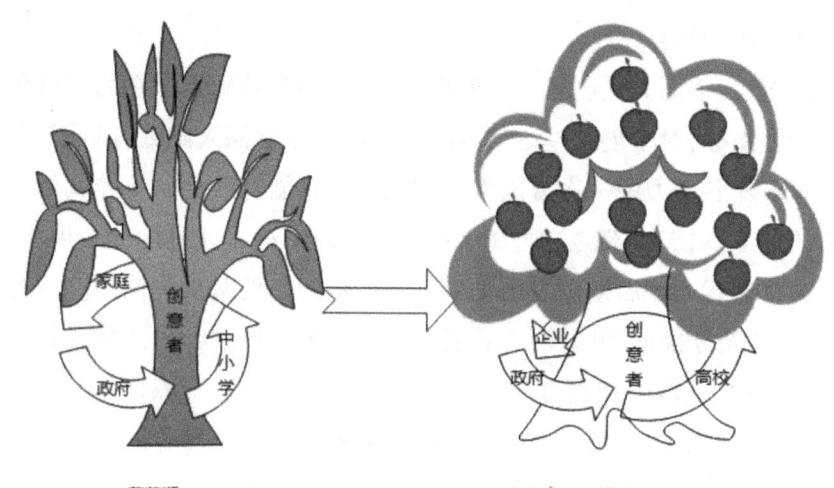

图8-4 分段式树形培养模式

以往的研究主要是以大学阶段的培育为主,因此高校、企业和政府往往是研究者关注的焦点。在"分段式树形培养模式"中,面对人才成长全阶段培育的方案,家庭也应该成为文化创意人才培养的重要外在因素之一。家庭教育与家庭环境对于人格的培育是至关重要的。同时,全阶段培育方案也将高校这一外在因素的范围拓宽至学校,包含各级各类学校,尤其是中小学校。中小学校也是培育文化创意人才的主要阵地之一,尤其是在青少年阶段的培育过程中发挥着重要作用。文化创意人才的培育要充分调动创意者自身的主观能动性,但同时就像树木的成长需要阳光、雨露、肥料一样,人才的成长也离不开家庭、学校、企业、政府的协同合作。最终的高质量文化创意人才产出是创意者、家庭、学校、企业、政府五位一体、久久为功的结果。

8.4.3 现代文化创意人才萌芽期的培养路径

萌芽期主要的培育对象是青少年,他们是未来潜在的文化产创意人才,在英国、美国、日本等很多国家的文化创意人才培养实践中,对于青少年的关注开始呈现上升趋势。英国更是明确将艺术教育作为必修课纳入中小学教育的均衡课程中,保障所有学生都拥有艺术陶冶的机会。萌芽期的培育并不培养青少年在某一个文化产业相关领域专业知识和技能,只是为青少年提供艺术熏陶的机会,让青少年的审美观、沟通协调能力、解决问题能力、创新能力以及健全的人格等在长时间的塑造过程中得到逐步发展。针对我国实际,在这个阶段中家庭、中小学以及政府是潜在文化创意人才培养的主要参与者,青少年自身是核心参与者。

创意能力和创意人格均为心理学的研究范畴,与积极心理学的关系最为紧密。积极心理学把自己的研究重点放在人自身的积极因素方面,主张心理学以人固有的实际的潜在的具有建设性的力量、美德和善端为出发点,提倡用一种积极的心态来对人的许多心理现象作出新的解读,从而激发人自身内在的积极力量和优秀品质,并利用这些积极力量和优秀品质来帮助有问题的人。普通人或具有一定天赋的人最大限度地挖掘自己的潜力并获得良好生活(任俊,2006)。本节以积极心理学为理论基础,探讨家庭、中小学以及政府怎么与青少年互动才能产生积极的心理情感体验,塑造青少年的积极人格。积极心理学认为创意能力和创意人格来源于积极的情感体验、积极的人格和积极的社会组织系统(Csikszentmihalyi,1996)。三者合力,才能生发出最终的创造力。

1. 家庭与青少年的互动:积极人格的塑造

人格是个体在先天生物遗传素质的基础上,通过与后天社会环境的相互作用而形成的相对稳定而独特的心理行为模式(郑雪,2017:67)。心理行为模式由人的心理特征和行为方式两部分构成,并且是两者错综复杂地相互联系、彼此交互作用而形成的区别于他人、独特的内在与外在组合统一体。人格形成具有一定的先天遗传因素,但后天的社会教育环境对于人格的发展与形成也起着至关重要的作用。

人格形成属于心理学的范畴,受弗洛伊德思想的影响,心理学的研究对象在很长一段时间内都是人的精神或心理疾病,心理学发展成为具有医学性质的一门学科。直至积极心理学研究范式的出现,才打开了心理学研究的另外一扇大门,即关注如何帮助普通人生活得更加充实幸福,注重如何发现并培养具有潜力的人才。积极心理学是一门关于人类心理繁荣和获得最佳体验的条件及实现过程的科学(盖笑松,2020:21)。

现代心理学研究发现:一个人的性格和行为,个性化特征都可以在其早年的成长经历中找到对应的原因(陆艳清,等,2021)。家庭是生命的摇篮,也是人接受教育的启蒙之处,父母对于孩子性格的形成与塑造起着至关重要的作用。家庭教育是孩子健全人格发展的启动器和加速器,奠定了青少年未来的人格基础。

家庭教育中除了青少年的生活、卫生习惯等属于习惯养成类问题的教育,对于青少年健全人格的关注应该是高于对于学科知识的关注。家庭教育的核心不是提高青少年在学科知识中的成绩,而是促进健全人格的发育,这对于青少年、家庭、社会以及国家而言其重要性都是不言而喻的。

家庭教育对于人格的塑造并不是虚无缥缈、难以把握的事情,注重以下几点心理素质的培养,青少年就较为容易发展出健全的人格:(1)认清青少年的解释风格。当面临失败或成功时,所有人都会去寻找能够解释的原因,有些人从自身内部找原因,有些人则从外部找原因,这种归因控制点的不同导致了两种不同的解释风格:乐观型解释风格和悲观型解释风格。乐观型解释风格的人倾向于将失败归为外部原因导致,成功归为个人能力原因;悲观型解释风格的人则恰巧相反。相比较而言,悲观型解释风格的人存在更多的抑郁等心理问题发生的潜在可能性。解释风格的形成有着先天性因素,但是还受到个体自身生活经历、父母解释风格等的影响,即解释风格除了一定程度上受到基因因素的影响以外,很大程度上依靠后天习得。认清青少年的解释风格,才能有针对性地加强或改变。(2)鼓励与赞扬,提高孩子的自信与乐观。乐观型解释风格更有利于健康心理和人格的产生,青少年的归因控制点是放在外部还是放在自身,会受到外部评价的影响。家长在教育过程中积极客观具体的评价有利于乐观型解释风格的形成。这就要求家长,首先要以积极的心态看待孩子,多发现孩子身上的闪光点,而不是揪着孩子的错误不放;其次,鼓励与赞扬应该是客观的,家长对于孩子的评价不应该是敷衍的,需要真实的积极评价,只有真实的积极评价孩子才会有认同感;最后,家长对于孩子的鼓励与赞扬应该是具体的,笼统的评价并不会给孩子留下深刻的印象,孩子也不知道自己什么样的行为获得了肯定,其心理满足感较低。具体的评价会给孩子带来正向刺激,促使孩子相同行为的多次发生,直至成为习惯。有效的鼓励与赞扬,会使得孩子能够接纳自己,悦纳自我,可以促使青少年自信与乐观心态的发展。(3)加强挫折教育,培养独立性。逆商是青少年面对逆境和困境能够坚持成长的能力和商数。逆商越高,其对于挫折和苦难的承受力越强。对于孩子的鼓励与赞扬并不是越多越好,在通过鼓励与赞扬帮助孩子树立自信心的同时,还需要学会让孩子接受挫折教育,避免孩子盲目自大。在孩子的成长过程中遇到困难与问题的时候,家长应该让孩子自己去体会,去承担,而不是代替孩子去解决问题。同时,家长要有意识地设置一些中等难度的困难与障碍情境,让孩子去切身体验,让孩子知道生活中有除了有鲜花与掌声以外,还有很多艰难坎坷,让孩子自己去面对,自己去处理,激励孩子在艰难困苦中奋斗,证明自己的能力,认识到自己的不足。当孩子在困难中依然能够努力向前,调用自己的智慧、经验、体力等克服困难,孩子会有比顺境中更加强烈的获得感,在未来的成长中也会有更好的表现。(4)呵护孩子的好奇心,保护孩子的想象力和天赋。探索是人类的本能,孩子在相当长一段时间内都处于探索游戏期,对于所有的东西都持有很强的好奇心,尤其是对于被禁止探索的东西,孩子的好奇心更强烈。正是通过探索的方式,孩子才能逐步建立外部世界的认知,才能不断学习和成长。孩子在不同阶段的探索形式也是不同的,探索并不是孩子淘气的一种表现,在保证安全的基础上,家长需要给予孩子更大更宽松的活动空间和探索环境,允许孩子自由行动,充分探索,满足其好奇心与探索欲望。因为尚未接触到过多的社会秩序要求,孩子的想象力和创造性思维是最为活跃的,这是孩子宝贵的财富。对于孩子发挥想象力创造的绘画、故事、玩具等,家长需要启发孩子进一步发挥并表达出他们的想象力,而不是以现实生活中的知识和秩序去规范。对于孩子提出的天马行空的问题,要引导孩子进一步思考,在问题的启迪下,孩子才能深入思考,才能发挥出其创造性思维。

总体而言,家庭教育的核心是以孩子积极人格塑造为基本出发点,充分尊重、理解孩子,培养孩子的积极情绪、自信心,保护孩子的好奇心和想象力。

2. 中小学与青少年的互动:积极情感体验认知

中小学是青少年创意能力和创意人格培养中的另外一个重要参与者,其主要作用是为青少年创设积极情感体验认知。积极情感体验是健全人格发展的心理驱动力。积极情感体验可以分为两种:感官愉悦和心理愉悦。感官愉悦对于幼儿而言是重要的体验,孩子喜欢儿歌、古诗中朗朗上口的节奏感,水中嬉戏的清凉感等,都可以带来感官享受,对于孩子而言这就是一种积极的情感体验。随着年龄的增长,心理愉悦成为青少年追求的一种重要情感体验,主要是在某一项活动中,青少年能够全身心投入,在其中充分发挥自身能力,取得某种成就或实现某种成果时的心理享受。文化艺术的积极情感体验有助于青少年更好地发展审美能力、积极人格、独立思考精神以及创新创意能力等。中小学在潜在文化创意人才培养过程中,可以从如下两点促进青少年积极情感体验的产生:课程设置的优化;教学方法的改革。

第一点是在中小学阶段设置涵盖范围广、分阶段、系统性的文化艺术基础类以及鉴赏类课程,课程设置要遵循有趣性、参与性的原则,让青少年有获得感。课程设置需要具备如下特征:范围广、分阶段、系统性、有趣性、参与性、获得感。

首先,范围广主要有两点内涵:一是能够覆盖到所有义务教育阶段的学生,课程内容的设置不局限于音乐与美术两门课程。将文化艺术纳入中小学课程设置中能够保障来自不同家庭背景或不同地域的孩子都能够有机会接受艺术熏陶与艺术培养。我国现行的课程体系中,美术和音乐是明确纳入课程体系中的。但除此以外,课程内容还有可扩充的空间,如在英国的文化艺术课程中,艺术教育包括艺术与设计、绘画、音乐、舞蹈、戏剧、媒体艺术、烹饪艺术、陶瓷艺术等。二是多元化覆盖范围广的课程内容让青少年能够接触到更多文化艺术元素,能够开拓青少年对于文化艺术的眼界,同时这些元素彼此之间的联系很有可能成为青少年未来创新创意能力的源泉。

其次,课程内容的设置应该遵循青少年随着年龄发展而产生的不同心理需求特点,针对不同年龄阶段的孩子,同一门课程难度应该循序渐进,多元化涉及文化艺术不同侧面的课程内容按照孩子的心理接受能力放置到不同的年级去完成。同时，课程的设置应该体现系统性，包含两个方面，对于同一门课程的设置，应该是阶梯式的，体现同门课程内部的系统性。所有不同门类课程的设置也需要形成一个完整的体系结构。

最后，课程内容与课程设置最终的落脚点是激发青少年的文化艺术兴趣，因此青少年应该是课程体系设置首要考虑的因素。课程内容与课程体系的设置应该突出青少年的参与性，让青少年在参与的过程中，发挥主观能动性，能够感知到自身在课程中的收获与提升，提高青少年获得感，让青少年在整个学习与体验的过程中产生并享受积极情感认知。

第二点是进行教学方法改革，促进学生内在学习动机的形成。内在动机是指个体完成活动的出发点是由个体自身兴趣引发的，没有明显外在性奖励去满足个体心理需求。内在动机是人类本性中一些积极的潜能与个体心理需求的融合体，内在动机支配的行为往往容易成为健全人格的组成部分，同时也能提升个体在活动中的幸福感、满足感、自信、掌控感等积极情感体验。内在动机的形成涉及两种基本需求：胜任和自主。个体在行为上被评价为胜任的，才能增强个体行为者的内在动机；同时，这种胜任能力应该是个体行为者自主发生的，如果是在外界因素影响和帮助下产生的，则即使行为是胜任的，也很难激发个体行为者的内在动机。因此，在教学方法上，为了使青少年产生艺术文化教育学习的内在动机，避免严格规定学习内容、学习流程、学习方法等控制性支持条件，相反需要给予学生充分的自主性支持条件，教师只是课堂的辅助者，为学生提供必要的脚手架作用，其他的内容让学生以自主或小组合作的方式去探索，去应对挑战，去发挥学生潜在的创造性、创新性和创意能力。

3. 政府：积极社会组织系统

政府在文化创意人才萌芽阶段的主要作用是创造积极社会组织系统。青少年积极人格的塑造，创新创意能力的培养都离不开积极的社会环境。现代心理学认为的积极社会环境并不是良好的祝愿、自说自话的欺骗或虚无的评价，而是政府挖掘并调配社会或社会成员中存在的外显或内涵的积极力量与元素，并通过社会实践活动对这些积极力量和元素进行培育，使其成长扩大。政府通过行政手段、法律法规、奖惩制度的设定等手段有意识地引导社会全体成员主动创造良好的社会环境和积极的社会氛围,促使每一种正能量都能够在社会中得到认可,得到充分表现和发挥,也能够收获其应有的物质和文化奖励,这样才能培养社会全体成员在个体层面和集体层面积极向上。

针对青少年文化创意潜能的培养,政府需要注重符合青少年心理需求和兴趣倾向的公共文化服务,为其打造浓郁的艺术文化氛围,包括:(1)不断升级优化国有青少年公共文化服务设施、场馆的服务功能。图书馆、博物馆、文化馆、艺术馆、剧场、美术馆、展览馆、非物质文化遗产馆与遗址、考古遗址公园等公共文化服务场馆不断提高面向青少年的服务产品数量和质量。第一,依靠上述场馆建设青少年文化活动基地,定期展开活动。第二,各场馆根据自身特性,结合青少年心理,充分利用数字技术,研发设计高质量的文化艺术活动,提升活动吸引力。传统的文化艺术服务往往以表演、宣讲、解说导览、专题讲座等方式进行,这些活动的优点在于组织便利,同一时间内的受众群体数量较大,但同时其缺点也较为明显,缺乏参与性和互动性。尤其是对于一些传统文化艺术活动,单纯的讲解对于青少年的吸引力有限,可以尝试突破传统的服务方式,打造趣味性、富有创意性的体验活动,让青少年参与其中。还可以采用增加数字技术在文化艺术活动中的应用,建立数字文化艺术资源库,建设数字公共文化服务云平台,促使传统场馆服务向智能化转变等措施,用以提高文化艺术服务和活动的质量。(2)统筹整合,挖掘社会资源潜力。为青少年打造积极的文化艺术氛围,除了公共文化服务机构以外,市场化运作的企业、团体等也可以参与到这项事业中。政府主导深入挖掘和整合社会资源,充分发挥具备资质的艺术院校、文艺社团、文化企业、民间文化组织、旅游企业等在文化产品设计、运营、服务等各方面的优势和资源,开展艺术精品进校园、校外艺术辅导、红色研学旅游、考古旅游、非物质文化遗产体验等多元化、多样式活动。社会资源的参与能够为青少年提供更多数量、更优质量的文化艺术服务和产品,提升整个社会的文化艺术氛围。(3)发挥政府监管作用,丰富积极精神文化产品供给。针对青少年的文化艺术产品,需要加强选题、制作、台词、画面等各方面的监管,逐步形成像我国动漫行业一样的审核机制和规范,以此保证文化产品的思想性,促使文化企业不断推出能够提升青少年精神素养的文艺精品。

在积极的社会文化氛围中,青少年的创新创意能力在不知不觉中开始,并持续地浸润青少年的意识,锻炼青少年的思维,形成青少年的习惯,唤醒青少年的审美,完善青少年的人格。通过这种润物细无声的方式,青少年便渐渐参与和分享了社会所积累的文化艺术财富,从而成为继承者,继而成为开拓者,推动整个社会的精神文化活动不断向前发展。

8.4.4 现代文化创意人才成长期的培养路径

文化创意人才成长期培育的参与主体是政府、高校和企业,关于这三方参与者的作用在已有的研究中已经得到较为充分的研究和阐述,产生了大量研究成果。根据"分段式树形培养模式",结合三螺旋理论,政府、高校和企业应该发挥各自的优势,优化各自的职责,为文化创意人才的培养提供外在能量,打造适宜文化创意人才成长的生态环境。

1. 以战略的高度,建立文化创意人才培养长效机制

文化产业有助于我国产业优化升级、转型跨越式发展,有助于满足人民群众精神文化需求,社会和精神的双重属性决定其在我国社会以及经济领域的重要价值。我国文化产业从事业型向产业型的转变时间较短,文化产业的发展还有很大的可拓展空间,文化产业发展中最为核心的要素是人才,这就需要尽快提升我国文化创意人才质量。文化创意人才培养模式分类中,各国根据自己的国情实施了不同的培养模式,其中亚洲国家一般以"战略培养模式"为主。亚洲国家在第二次世界大战之后,社会经济发展水平与西方国家有差距,为了在短时间内迅速发展文化产业,提升文化产业的国内与国际两个市场上的竞争力,亚洲国家基本上以全国之力推动文化创意人才培养,将文化创意人才培养置于国家人才发展战略的高度执行。我国现有的国情与亚洲其他国家较为接近,日本和韩国文化产业的飞速发展主要得力于其文化创意人才战略式培养。我国需要在短时间内提升文化创意人才质量,也可以借鉴"战略式培养模式"的方法,以全党全国的力量去推进文化创意人才培养。这不仅仅是我国文化主管部门、文化行业、文化企业的事情,还是全党的工作,需要给予文化创意人才培养以战略的高度,建立健全统一领导、党政齐抓共管、社会力量积极参与的工作格局(赵朝峰,2020)。

以战略的高度看待文化创意人才的培养,就需要建设文化创意人才培养

的长效机制。人才培养的长效机制包括两个方面的基本内容：本地化人才的培养和外来人才的引进。人才培养长效机制需要制定人才发展总体规划以及人才引进相关法律法规，两方面共同发力，才能实现文化创意人才的凸显与聚集。

政府主导，社会力量全面参与制定我国文化创意人才发展总体培养规划。培养规划需要进一步明确和优化文化产业人才培养目标，将其与全民教育、终身教育的理念相融合，将文化创意人才的时间维度由单纯的高校阶段延长为整个教育阶段，搭建文化艺术基础教育、学术教育与职业教育相结合的教育网络系统，完善基础教育、学术教育和实践教育的教学体系，构筑实践教育教学平台，最终形成行业、企业、学校多方参与的系统化人才培养体系。人才发展总体培养规划，是在政府强有力的引导下，汇集学校、行业、企业、文化艺术团体等各方智慧和力量，延长人才培养的时间维度，在空间维度上形成基础、学术与技能的交融，在教学中不断完善课程内容设置、课程体系建构、教学方法、实习实训平台建设等，多方合力共同实现人才培养的提质增效。

政府制定人才引进的相关法律法规，对于人才引进工作形成制度性保障。可以探索实施积分制和专才评级人才引进机制，设定人才引进条件，规范人才引进工作流程，完善人才引进待遇，优化人才引进环境，形成具有本土化特色的人才引进政策。人才引进要制定能够招揽人才，能够留住人才的政策措施，优化包括人才自身的创业、就业和职业发展环境以及人才就医、子女入学、住房补助等相关生活保障措施。

本地化人才培养与人才引进双管齐下，能够较好地解决我国文化产业发展中的人才问题。

2. 打造适合文化创意人才发展的创意生态环境

随着老龄化和少子化时代的来临，我国人口红利将逐步消失，未富先老给我国可持续发展带来巨大压力。缓解人口问题带来的危机，其路径是将"人口红利"转向"人才红利"，注重创意人才和人才创意能力在我国未来经济发展中的重要作用。创意人才的空间聚集是近年来研究者们关注的热点话题之一，崇尚自由带来的不稳定性和流动性是文化创意人才的特质之一，在全球化时代文化创意人才的这一特质进一步加剧，创意人才会跨越国界和地域的物理限制,聚集到适宜发展的地方,从而形成空间集聚。文化创意人才集聚能够促进该区域、该国家经济的发展。

密歇根大学的政治学教授罗纳德·英格哈尔特(2000)研究了"后匮乏时代"价值观的转变,价值观念转变其背后深层生成机制是物质财富匮乏状况的转变,经济上的高度安全感导致"后物质主义"价值观的形成,创意人才是这种价值观的典型代表。创意阶层不再是物质财富的追逐者,他们开启了从"谋求生存"到"表达自我"的转变。创意阶层有鲜明的个性化、强烈的表达自我、自我掌控的需求,呈现精英化特质,尊重多样性,欣赏开放性,包容性极强。对于这样的创意人才,吸引他们的不再仅仅是物质生活条件,更多的是合适的创意生态环境,因此创意生态环境的构筑成为政府需要思考并付诸努力的目标。

佛罗里达(2010)认为创意人才生态环境,是指对新人和新观念持开放态度的地区;在这样的地方,人们可以轻松结成社交网络,另类的观念不仅不会受到压制,还会得到扶持,形成新项目、新公司以及经济增长的来源。拥有了这种人才生态体系的地区和国家就非常易于成功地开发大多数人的各种创意才能,进而赢得竞争优势。创意人才环境的主要指标是城市和区域的宽容度和开放度,在其著名的3T理论中,将技术、人才和宽容作为三项推动经济增长的重要因素,三者的关系为宽容吸引人才,人才创造科技。佛罗里达和凯文·斯托拉瑞克合作开发了"宽容度指数",用以衡量全球各国家、各地区的社会开放度和宽容度,其指标包括:同性恋指数、波希米亚指数、文化熔炉指数以及一个衡量种族融合的指标。这些指标并不意味着增加上述这些之前被看作另类人群的存在数量就可以提升文化创意能力,而是这些人群数量越多,社会对于人群的包容性就越好,越有利于创造力的发挥。

对于创意人才空间集聚的研究发现,之前人们在空间上的集聚主要受到工作的影响,很多人将工作的地方和娱乐休闲的地方区别开来,但是随着创意人才对于城市环境的要求越来越高,社区环境成为吸引创意人才集聚的重要因素。创意人才更加青睐于真实感、参与感、社区友好、差异感的城市和社区氛围,因此同质化倾向严重的大剧院、大型购物中心、体育场、文化艺术公园等大型场馆和基础设施对于创意人才的吸引程度逐步降低。创意人才聚集之处其共性特征包括:生活环境便利,公共交通设施完备,有真实参与感、独特性的剧场、咖啡馆、酒吧等文化艺术场所,具有社区交流的愉悦感,社区文化多元等。适宜创意人才的人文生态环境应该是自由的、宽容的、独特的、真实的、便利的、多元的。

政府对于城市环境的建设除了大型基础建设以外,应该更加细化工作,从人文生态环境入手,首先在人才引进和培育过程中,就需要突出对于创意人才的宽容性,给予他们较高的自由度,对于在创意过程中的失误和失败都要有较高的包容度,减少创意人才承担的试错成本。这就是尝试为创意人才打造自由与宽容的人文环境。其次,在城市文化建设中,没有任何特色的连锁的文化艺术场馆、休闲娱乐场所等不应该成为城市文化的主流。政府应该积极支持深入挖掘城市特色,吸纳不同的文化艺术人才,特别是处于萌芽状态的文化艺术团体、文化企业等,创立有鲜明城市印记的音乐节、展览、戏剧、舞蹈等,这种做法是在营造吸引创意人才的独特且真实的环境,让创意人才感受到整个城市是活生生的,是充满蓬勃朝气,有个性、有自己想法的空间区域。最后,政府从多方面入手提升城市多业态文化生活的质量,让现代文化创意人才填充城市的文化角落,提升城市文化魅力,丰富艺术交流的形态。

第九章
组织要素(一):现代文化产业政策

现代文化产业不断推动国民经济发展,经济结构转型优化升级,逐步满足人民精神文化生活需求,在GDP中所占比例呈上升趋势。然而,国家统计局最新数据显示,2020年全国文化及相关产业增加值为44 945亿元人民币,比上年增长1.3%,占GDP比重为4.43%,比上年下降0.07个百分点。"十三五"以来,我国文化产业存在增速放缓的现象,2020年首次出现增加值增速比上年降低的情况。文化产业增速放缓背后有着多元化的制约和影响因素。现代文化产业政策对于文化产业的发展起着指导方向、促进、引导、扶持和保障等作用,文化产业政策适应并回应外部环境变化,优化调整,才能真正发挥政策效能与政策对于产业发展的深刻影响力,促进文化产业的深化发展。

在文化产业发展中,政府支持要素是文化产业竞争力生成的组织因素之一。知名经济学家约瑟夫·熊彼特(1996:92)曾言,"如果一个人不掌握历史事实,不具备适当的历史感或所谓历史经验,他就不可能指望理解任何时代(包括当前)的经济现象"。本章采用纵向的历史回溯和横向的国际比较两种研究视野,收集国内外文化产业政策文本和具体实施策略,建构文化产业政策变迁模型客观描述我国文化产业政策的演进路径,提出优化路径,提高政策效率,促进政策干预效果的充分实现,进而提升文化产业的整体竞争力。

9.1 文化产业政策及政策变迁

9.1.1 文化产业政策的概念、作用和功能

产业政策概念界定视角的多元化导致其概念侧重点的差异性,从现有产业政策研究文献中,对于其界定主要有如下几个视角:宏观视角、经济学视角、供给管理者视角、政府与市场关系的视角、国际竞争力视角等。虽然各种视角各有其关注维度与政策工具,但政策制定主体、政策作用对象以及政策目的是一致的。因此,按照一般的观点,产业政策其实就是一国政府为实现特定的经济、社会目标,对社会经济活动进行管理与规制的政策和措施的总和,其实质是政府对产业活动的一种干预,即政府通过对特定产业或者特定企业所推行的一系列的政策、措施,影响社会资源在产业间和产业内的配置,并使资源配置向不同于市场机制引导下的配置方向变动。产业政策作为一个国家解决经济、社会问题的综合性政策,是政府宏观调控的重要手段,也是政府在现代市场经济中发挥作用的重要方式(姜达洋,2016)。

文化产业政策是我国各级政府部门,以"文化产业"作为政策对象,为达到一定的经济、文化、政治、社会目的,针对文化产业发展状况和战略目标而制定的旨在鼓励、推动和调控其资源配置、市场运作、产业机构、产业组织形式,规范文化产业运营等实施的各种宏观经济干预、法律手段和必要的行政手段等一系列政策的总和(李思屈,2012)。其中包含了文化产业发展的总体性政策,如文化产业发展政策、文化产业结构政策、文化产业组织政策等,又包含具体文化产业相关支持与服务行业政策,如文化产业金融政策、文化产业外贸政策、文化产业知识产权政策、文化产业市场监管政策等。

文化产业政策对于文化产业的功能,主要有以下几个层面:(1)引导文化产业发展的方向,保障文化产业社会属性功能的实现。文化产业不同于其他产业的明显特征是其社会属性,文化产业的发展对于建构民族文化自信、确保国家文化安全有着至关重要的作用。文化产业政策的制定能够保证文化产业发展的正确方向。(2)引导文化产业结构调整和优化。文化产业政策通过对于中小企业的扶持,调整文化产业各企业间资源配置方式、文化企业组织运营

方式、科学技术转化率等,促进文化产业结构向协调化方向发展。(3)规范文化市场竞争秩序,建构良好的文化产业运营外部环境。文化产业政策通过融资、土地、市场监管等具体政策的运用,净化市场环境,给予文化企业公平的竞争环境,建立规范化、法制化的文化市场秩序。(4)帮助本国文化企业提升国际竞争力,充分利用国内、国外两个市场。

9.1.2 文化产业政策的变迁

逻辑经验主义将政策过程线性化:问题建构、政策设定、政策合法化、政策执行、政策评估、政策终结。公共政策的变迁则被认为是对已有政策的小幅度修补,即渐进主义变迁(Howlett,等,2009)。然而,现实世界中公共政策的制定并非线性连续关系,会出现跳跃或循环往复,公共政策的变迁也存在着突发性变迁。为了更好地解释和理解现实中的公共政策变迁,间断-平衡模型、倡导联盟框架和多源流理论应运而生,成为打破完全理性主义理念的公共政策过程与变迁的经典理论。

"间断-平衡"来源于生物进化理论,最开始是指物种在进化过程中会存在较长时期的相对稳定时期,随后会有短期的跃迁期。美国学者鲍姆(Frank R. Baumgarther)和琼斯(Bryan D. Jones)将其引入公共政策变迁分析。该理论模型中的核心概念包括:政策图景、政策议定场所与政策垄断。政策图景是公众和媒体对于特定政策的讨论、理解和支持程度,可以分为正面政策图景和负面政策图景,并且正负两种政策图景不是一成不变的,而是受到多种因素的影响。政策议定场所是政策过程中所结成的各个政策行动者之间的关系结构及其特有的行为逻辑模式生产或发挥作用的抽象意义的空间场所,是政策场域内的子系统或个人为了政策平衡或者促成政策间断而进行的斗争的竞技场(李松林,2015)。利益集团或政策制定者尽其所能阻止其他政治子系统或个人参与政策讨论,形成政策议定场所的封闭,就形成了政策垄断。

如图9-1所示,间断-平衡模型认为触发事件、舆论传媒、政策企业家的推动以及公众注意力转变导致政策子系统之间力量的变化,由此导致公共政策变迁,力量对比的变化幅度决定了公共政策变迁的幅度,使得公共政策渐进性变化或突变。公共政策突变的内在逻辑是政策范式、政策目标以及政策工具的大幅变化(Baumgartner,等,1991)。政策的平衡期是政策处于垄断渐进稳定状态,对于子系统或个人的负反馈,政策制定者会采取渐进式的调整以应对。一旦子系统对政策问题产生负面的政策图景,并将该图景与现有政策图景相抗衡,对政策问题重新定义,并推动政策问题进入政策议定场所,旧有的政策垄断就会被打破,产生政策的间断期。

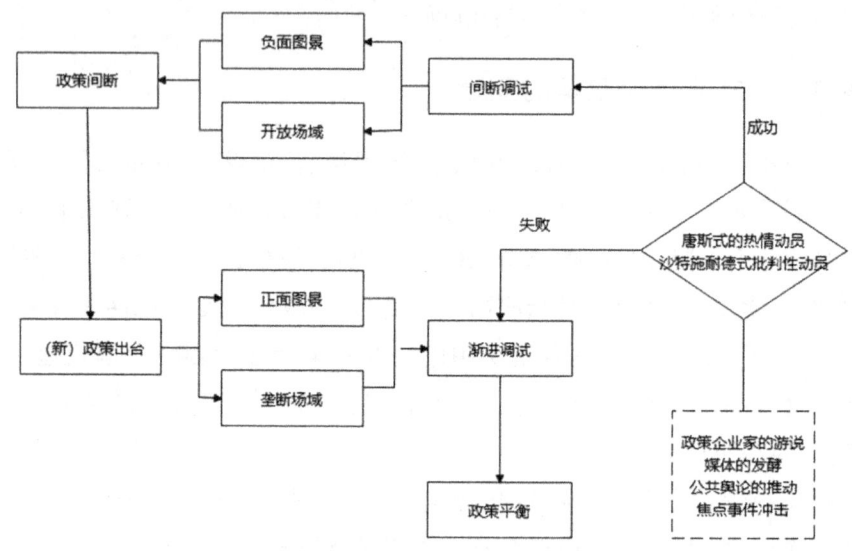

图 9-1　间断-平衡理论框架(转引自卜方宇,2018)

保罗·萨巴蒂尔(2011:23)提出的倡导联盟理论中最为核心的概念就是"倡导联盟",指的是来自不同职位(当选官员、行政官员、利益集团领袖、研究者等)的人们,共享一个特定的信念体系——一套基本价值观、因果假设和问题感知,并在较长时间内显示出具有较强协调程度的活动。

其他核心概念包括:(1)政策信念系统。政策信念系统包含深层次核心信念、政策核心信念和次要方面信念,它是整个理论框架的逻辑起点和支撑性概念。政策信念是倡导联盟得以构建,并且在较长时间内保持其团结性的紧密型核心驱动力。单纯的利益性、经济性驱动是比较容易被挖掘的,而建立在信念、价值观上的倡导联盟是稳固的。同时,政策信念的差异性也是各个不同联盟之间对立与竞争的根本诱因。(2)外部事件。外部事件是指不断变化的社会经济条件、舆论方向的转变、新思维方式的产生、新的执政理念等,这些外部事件通过增强或减弱联盟可以使用的资源,促使联盟地位的改变,进而影响和改变政策子系统的实力对比与构成,最终引发政策的变迁。(3)联盟资源。联盟资源是政策参与者在他们试图影响公共政策时使用的各种政策相关资源以及运用资源的策略。公共舆论、信息、物质财富、可动员的队伍、领导者能力等都被归属为联盟资源。(4)政策学习。各个联盟为了增加其提出的政策的说服力,需要开展大量的调研、实证、分析等工作,对于其政策不断调试,这些就是联盟内学习。同时,各个联盟在争论与竞争的过程中,在次要信念方面相互借鉴对方的合理性、恰当性,这就是跨联盟学习。政策学习使得各联盟提出的政策产生小幅度的振荡和修正。

如图9-2所示,倡导联盟框架以内核信念体系、政策核心信念体系以及次要方面信念体系为核心组成的政策行动者群体或政策共同体,受到相对稳定参数与外部系统事件的影响,各联盟间基于自身信念体系对问题进行分析,在此过程中,关注技术信息应用以及政策学习机制,其政策经纪人采用各种手段影响政策产出或变迁(Sabatier,1988;Baumgartner,等,2010)。政策网络被引入了多元主义的视角,打破了传统上以国家为中心的、层级式的政策分析方式,突出强调了各个联盟产生的政策子系统对于政策变迁的推动作用。

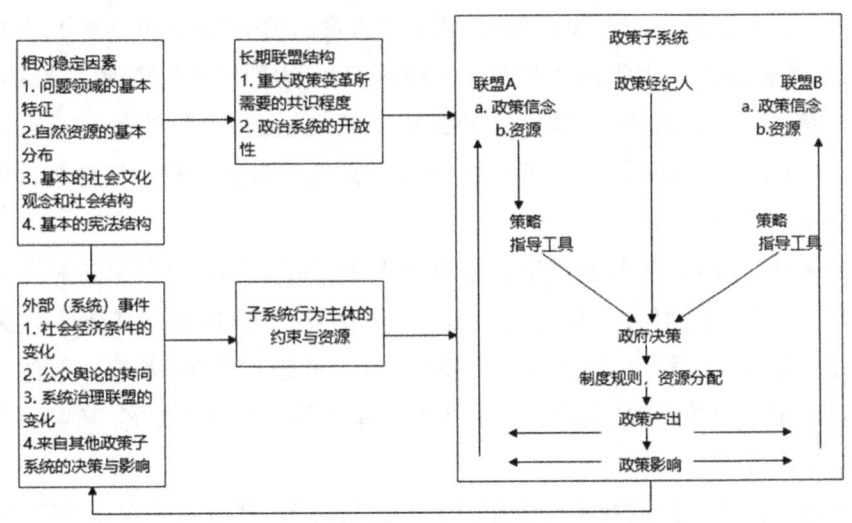

图9-2 2005年倡导联盟框架

美国公共政策学家约翰·W.金登提出了多源流理论,认为影响政策过程的是问题流、政策流和政治流,只有三种因素全部具备,才能打开政策之窗(Sabatier,等,2014)。其核心概念包括:(1)三种源流:问题源流、政策源流、政治源流。问题源流主要是指问题是如何被认知、被定义的。认知问题的方法主要包括系统指标的变化、焦点事件、现行政策的评估反馈等,当事件引发大众关注,让大众意识到需要采取行动以应对该种状况,这些状况就可以被界定为问题(金登,2017)。政策源流包含的是专家、官僚、规划评估专业人员、部门人员、学者、压力集团人员以及研究人员等提出的不同的政策建议、政策主张和政策方案。政策主张与问题源流之间并不一定存在必然联系,很多政策主张并不是针对某一个具体的问题提出的,其背后更为深刻的诱发机制是主张提出者的利益和核心诉求。政策主张与问题源流之间也不存在序化关系(柏必成,2016);政治流是指国民情绪、公众舆论、压力集团的政权行动、利益集团势力对比、选举政治、政府变更等对于政策问题、方案以及政策议程产生影响的因素集合。三种源流之间是独立的,具备各自独特的运作和发生机制。(2)政策之窗。政策之窗是三种独立源流呈现完全耦合状态,促使问题进入政策议程的时间节点。政策之窗的打开为政策变迁提供了时机,使得政策变迁成为可能。(3)政策企业家。三条源流的耦合促使政策之窗打开,但在其耦合过程中需要有中介将这三条源流结合在一起,承担中介任务的就是政策企业家。政策企业家是倡议者和行动者,愿意投入自己的资源(时间、精力、声誉以及金钱)来促进某一主张以换取表现为物质利益、达到目的或实现团结的预期未来收获(阮蓁蓁,2010)。政策企业家投入资源,促进其偏好的政策得以实施,不一定是为了最求私人经济利益,更多的是实现自己的核心信念和价值观在社会实践中的应用。

如图9-3所示,多源流理论的主要观点是:问题源流、政策源流和政策源流在政策企业家的努力下耦合在一起,打开政策之窗,促使问题进入政策议程。在政策议程过程中,各种备选方案被提出,并进行竞争,备选方案的选择受到政策子系统的影响,无论最终的结果选择了哪一个备选方案,从实质而言都是政策的变迁。

上述理论从不同的视角出发研究公共政策过程,分析政策变迁原因,然而究其实质,它们有一些核心概念是相似的,比如都关注到了影响政策过程的子系统、外部影响和制约因素、政策工具、政策经纪人或政策企业家等。它们都为文化产业政策变迁提供了可能的分析框架,以及阐释文化产业政策变迁机制的内在逻辑。

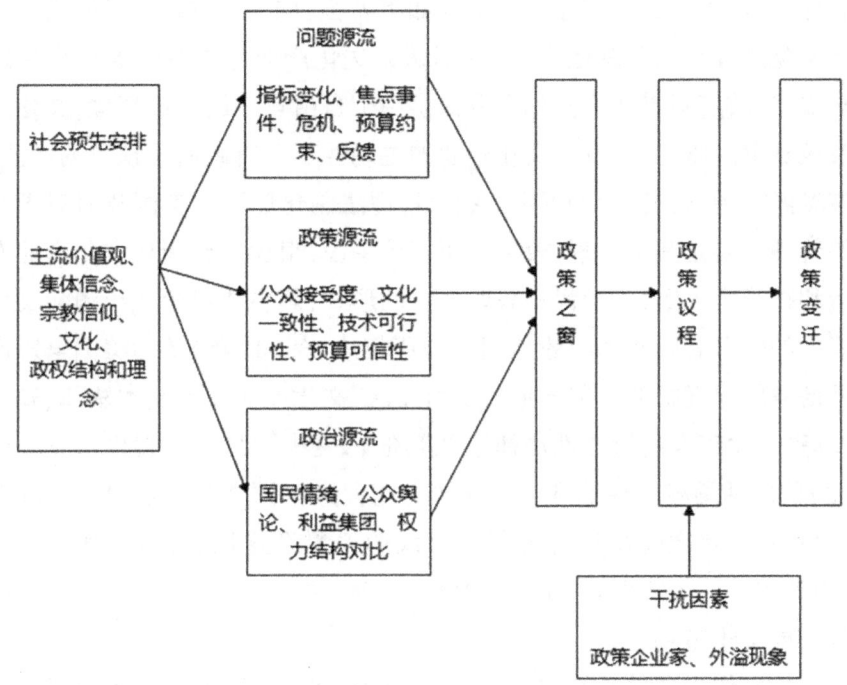

图 9-3 多源流分析模型

9.2 国外文化产业政策模式分析

各国的文化产业政策都从自身国情以及文化产业发展目标与现状出发,有着各自不同的特征,但总体而言,可以将其大致分为三类:"提供便利性"模式、"庇护者"模式及"建筑师"模式。这三种模式依次表明政府对于文化产业的干预性不断增强(马骋,2016)。

9.2.1 美国文化产业政策

美国的文化产业政策是典型的"提供便利性"模式,其并未设置主管文化事务的文化部,完全按照市场化运作和经营文化产业,文化产业的商业化倾向十分明显和突出。同时,美国文化产业也注重公益性文化发展,但与我国不同的是,非营利性文化团队和机构也强调市场化,按照文化产业运营。政府设置国家艺术基金、国家人文基金对公益性文化进行扶持与资助。

总体而言,美国文化产业政策呈现如下特征:(1)"有限干预"原则。美国政府将文化产业等同于其他产业,并不认为文化产业需要更多地更为特殊的保护与支持,政府只需要为文化企业提供一个自由竞争的外部环境,文化企业遵循市场竞争规则,充分发挥文化企业的主动性。只有政府干预少的产业,才能在市场经济中得到充分的发挥。(2)管理法制化原则。美国政府对于文化产业的管理主要是间接管理,较少采用行政手段,很少出台指导文化产业发展的政策和指导意见等,一般都是采取立法的形式,其主要目标在于消除文化产业发展中的壁垒和障碍,如《家庭娱乐与版权法》(2005年)等为美国电影产业打击网络盗版保驾护航。美国形成了由宪法、文化产业发展基本法律、知识产权法、珍贵文化产业的行业性法律以及其他相关法律组成的文化产业法律体系。(3)国际话语权掌控原则。美国政府在促进本国文化产业参与国际竞争中不遗余力,主要通过掌握各种国际会议的议程设置权利,实现其国际话语权,推销其政治和经济理念,在多边贸易中,以自由贸易为口号,要求其他国家进一步开放文化市场。

美国政府作为文化政策的制定者,更多地扮演的是提供服务、消除障碍、维护公平、疏通关系、推动国际文化贸易规则制定这一服务者的角色,对于文化产业的管理主要采取的是间接管理的方式。美国的文化政策属于指导性、辅助性的,而非规定性、规制性的,完善的市场经济体制、宽松自由的文化政策,充分体现了自由化思潮在经济领域中的影响。

9.2.2 英国文化产业政策

英国文化产业政策的突出特点是坚持"一臂之距"原则,即具有隶属关系的组织,在策划和实施自己的管理方案、处理纠纷、纳税、承担责任等方面都具有平等的地位,一方不能取代或者支配另一方,其实质为分权式的管理体系。

英国文化产业政策的原则包括:(1)遵循"适当分权、专宽兼备"原则,通过二级准政府机构连接英国文化管理部门与非官方文化机构,实现"三级共同管理"。英国政府从提出"创意创业发展计划"以来,设置了"创意产业特别工作小组",由文化产业相关的财政部、贸易和工业部、科学和技术部、教育和就业部等多部门的首长组成。后又创立文化、媒体和体育部,下设创意出口小组、表演艺术国际发展小组等分支机构,具体负责各个方面的事宜。非官方文化机构主要是各种文化产业基金会、博物馆和美术馆委员会、工艺美术委员会等。在两者之间是英国文化产业独有的"官歌"准政府机构。"准政府"的性质避免了政府对文化事业拿得过紧、管得过严,同时规避了市场松散性而造成的良莠不齐等相关问题,同时国家的文化拨款方式转变为间接管理,通过纵向垂直的中央与地方分权和水平横向的各级政府与文化专门机构的分权找到政府与市场间微妙的平衡。(2)文化产业与教育的深度融合。英国政府文化产业政策的另外一个突出原则认为创意产业的发展期核心是创新型人才的培养,因此该国注重大力促进政府与社会组织合作以培养创意人才,尤其是关注青少年的艺术教育和创造力的培养,启迪人才的创意思维。英国的政府机构与非政府机构合作为年轻人提供接受创意教育的机会。(3)健全的文化产业法律法规体系。英国政府对于文化产业的调控主要抓手是法律,特别是一系列版权法律的制定为文化产业发展提供了良好的制度和市场环境。(4)以制度奖励政策推动文化融资。英国针对文化产业融资,以政策的方式形成了由政府、准政府组织、基金会三方参与的融资体系,同时以发行彩票的形式筹集资金,还鼓励企业及公民个人对于文化产业的支持。这种融资方式背后是英国文化产业政策和制度的支持与规制。

英国文化产业政策中政府在融资、法律制度建设、文化产品对外贸易等各方面都有强有力的支持,但是其突出特色是通过准政府机构,保持政府机构与非政府机构之间的分权而治,弱化了对于文化产业的行政干预,寻找政府与市场之间的制衡。政府对于文化产业而言,起到的作用相较于美国而言,有所增强,但是尚未达到政府主导的程度,因此属于"庇护者"模式。

9.2.3 法国文化产业政策

法国文化产业发展的进程中,法国政府强有力的干预表现在文化产业的融资、外贸、补助、风险基金、税收等各个方面。总体而言,法国文化产业政策属于"建筑师"模式,即政府从宏观层面设计文化产业和文化事业的发展方向,并且给予财政、金融、市场建设等全方位的保护和资助。

法国文化产业政策的特征包括:(1)坚持"文化例外"和"文化多样性"的文化保护主义。法国文化产业政策中最响亮的口号是"文化例外"和"文化多样性",两者都强调对于本国文化保护不受其他文化侵袭。法国在对外贸易协定与投资协定中坚持将文化产业排除在外,认为文化产品并非普通商品,不应单纯被市场这只"看不见的手"束缚,需要公权力介入和支持。(2)中央集权特征较为明显下的文化分权制度。法国文化产业的全国性政府管理机构是法国文化部,下辖直属部长办公厅的行政总检察署、新闻通讯处和历史委员会,同时还设有总秘书处、遗产和建筑总局、艺术创作总局、媒体和电视总局等部门。文化部通过建立地方文化事务局和向地方派遣文化代表的方式,将职责和经费分散到地方,加强文化部与地方政府之间合作,激发地方政府和文化机构的积极性和主动性。这种形式下的文化分权依然带有较为明显的中央集权特征。(3)大力度的文化产业资助。法国政府认为文化产业能够带动经济的快速发展,其对于文化产业投资的预算不断上涨,其经费主要用于公益文化事业的发展、文化民主化、文化艺术院校以及青年的文化艺术教育等。(4)行政手段与法律法规建设的二元化管理。法国在实施行政手段的同时,也建制了较为完善的文化产业法律法规体系,用以改善和规范文化产业发展市场环境。

法国文化产业政策与上述两个国家明显的差异就在于政府对于文化产业采取中央机构与地方机构相结合、行政手段与法律法规相结合的二元管理模式,对文化产业从内部市场和外部竞争多维度全方位地进行保护、资助与扶持,促进文化产业和文化事业的共同发展。

国外现代文化产业政策模式见表9-1所示。

表9-1 国外现代文化产业政策模式

产业政策模式	产业政策特点	典型国家
提供"便利性"模式	政府不直接提供资助,也不直接介入管理,只是通过间接的手段(如法律手段)来促进文化产业市场的公平竞争,进而促进文化产业发展	美国
"庇护者"模式	政府选择准政府机构或者行业协会来实行对文化产业的平行管理和资助,寻找政府和市场之间的平衡	英国
"建筑师"模式	政府积极、全面地介入文化产业发展过程,对文化产业的发展进行规划,并大规模提供资助	法国和荷兰

9.3 基于 KH Coder 的我国文化产业政策变迁量化研究

9.3.1 文化产业政策变迁研究现状

国内对于政策变迁的研究主要从 2001 年开始，呈现螺旋式增长趋势，到 2015 年研究文献数量较多，其后开始下降，2018 年以后又出现上涨态势。我国学者一般基于多源流理论、倡导联盟框架以及间断-平衡模型等经典政策变迁理论研究政策演变。对于文化产业政策变迁的研究，一些研究从国别或者区域对比的角度出发，为我国文化产业政策的制定提出相关借鉴和参考（强月新，许欢欢，2020；吴丹，张书田，2021），一些研究则主要分析某一具体省份或者行业的政策（徐文燕，2013；章旭清，付少武，2016），上述这些研究主要基于定性分析方法。近年来，也出现了一些采用面板数据模型、文本计量分析、词云统计等定量研究方法对文化产业政策变迁进行研究（王凤荣，2016；邵坚宁，2021）。上述研究都丰富了文化产业政策变迁研究的理论成果，但整体而言，相关研究数量不足，时间维度上则主要关注我国文化产业政策的整体变迁，量化研究还有待提升。

本研究在时间上聚焦于 2003 年我国文化产业体制转制以后至今的政策，这个阶段的政策对于"十四五"时期我国文化产业的发展有着更加直接的影响作用；在研究方法上，以文本挖掘的方式，可视化展示多维度的政策变迁，客观描述 2003—2021 年文化产业政策的变迁特征，分析其变迁的内在逻辑，以期为未来的政策制定和文化产业在"十四五"时期的发展方向和路径提供有意义的参考。

9.3.2 文化产业政策变迁分析框架

1. 政策变迁量化研究原则

（1）文化产业政策统计资料选择的口径统一。我国的文化产业政策按照产业发展内容，可以分为综合性文化产业政策和行业产业政策。文化产业各行业之间发展的历史阶段以及行业自身特色都会导致其政策的差异性，在内容分析和文本挖掘中较难保证政策文本分析的效度和信度。本章中所选择的文化产业政策统计资料为了保证其文本内容的可比性,均选择综合性文化产业政策为统计对象。

(2)政策变迁表征要素的提取与分析框架的建构。政策变迁三种经典理论中对于政策变迁的诱导因素都有各自的阐释视角,同时这三种经典理论是针对公共政策的,并没有涉及文化产业的特性。因此,结合文化产业自身特色,抽取能够表征政策变迁的要素是对于文化产业政策量化研究顺利进行的保障。分析框架的有效性取决于它是否能清楚地表达各表征要素之间的逻辑关系,能否全面覆盖文化产业政策的生成逻辑和运行机制。

(3)政策变迁分析路径的选取。针对政策变迁表征要素的不同侧面,其与内容分析方法以及文本挖掘工具的深度融合路径的选取直接决定了后续可视化分析与研究的可信度。

2. 分析框架建构

本文融合多源流理论、倡导联盟框架以及间断-平衡模型三种政策变迁经典理论与文本挖掘技术,从政策范式、政策目标、政策工具、政策行为机构、政策行业布局、政策主题三层级六个维度对我国文化产业政策进行分析。

(1)政策范式是政策制定者固有的知识框架和认知体系,支配政策目标和工具的选择与配置,决定决策者对于其想要解决问题的认识(金登,2017)。政策范式涵盖了剩余五个维度的内容,处于政策变迁分析框架的顶层。文化产业兼具经济和意识形态两种属性,文化产业政策一直存在社会效益与经济效益之间的冲突,政府主导与市场主导之间的冲突。以社会效益为主的文化产业政策呈现文化事业政策范式;以经济效益为主的文化产业政策,为文化产业范式,该范式又可以根据政府与市场的关系分为政府主导文化产业范式和市场主导文化产业范式。纵观各国的文化产业政策,主流的范式为文化事业政策范式、政府主导文化产业范式以及市场主导文化产业范式。

(2)政策目标是政府为了解决文化产业发展相关政策问题而采取的行动所要达到的目的、指标标的和效果(Hall,1993)。文化产业经济和意识形态的双重属性决定了其目标可以分为经济效益导向、社会效益导向及两者兼容的类型。政策目标变迁处于政策变迁的中间层。

(3)政策工具是为了实现政策目标而采用的各种措施、方法、技术以及配置资源的手段。对于政策工具的类型学研究,其成果是十分丰富的。结合文化产业政策范式与政策目标,本文借鉴加拿大公共政策学者霍莱特和拉梅什的"政策工具光谱"法,将文化产业政策工具根据政府介入的程度划分为:强制性工具、混合型工具和自愿性工具(宁骚,2018)。同时,与我国文化产业政策相结合,提出更详细的本土化政策工具,如表9-2所示。政策工具变迁也是政策变迁中间层内容。

表 9-2 中国文化产业政策工具

政府介入强度	工具类型	工具内容	本土化政策工具
高	强制性工具	直接提供	政府促进文化产业发展健全相关公共服务、基础设施与公共数字文化建设,以及国家文化安全保障能力建设
		公共企业	非营利公共文化事业与服务体系的扶持资助体系,示范文化产业园区、文物、非物质文化遗产和古籍保护等扶助与保护措施,对外贸易平台的建构
		管制	政府制定的文化产业发展指导思想,对于文化资源和知识产权的保护,政府对于文化市场的监管
中	混合型工具	征税与使用者付费	减免文化企业税收或消费税收
			建立文化产业专项基金,加大对文化产业的金融支持
		财政补助	文化市场监管与服务
		信息与规劝	推动和支持企业文化对外贸易
低	自愿性工具	市场	尊重企业主体地位,充分发挥市场调控、融资、准入与退出机制作用
		志愿者组织	鼓励优化文化产业人才培养体系建设
			支持企业或行业协会等开展民间交流与国际交流
		家庭与社区	引导公共文化非营利性单位、社区或民间组织开展惠民演出、普及艺术知识、宣传文明新风,提高人民群众文明素养和审美水平

(4)政策行为机构、政策行业领域、政策主题处于政策变迁的底层,它们共同构成了处于中间层的政策内容,如图9-4所示。

文化产业政策在制定和实施过程中由具体的职能部门完成,职能部门并非一成不变的,我国对于文化产业政策职能部门的调整与重构,也是政策变迁中的重要内容之一,可以梳理出政策发展的脉络和方向。本研究以文化产业政策文本中提及的职能部门以及发布政策文本的职能部门为主题词汇,描述其演变过程。

文化产业政策包含了多个细分行业领域。在不同时期,我国文化产业所关注的行业领域会有差异性,这种差异性在时间轴上展示,就形成了我国文化产业行业布局的整体发展思路。为了统一文化产业统计口径，国家统计局2018年颁发《文化及相关产业分类》，该分类是目前我国最为权威的文化产业行业分类，因此本研究采用该分类方式，将文化产业细化为：新闻信息服务、内容创作生产、创意设计服务、文化传播、文化投资运营、文化娱乐休闲服务、文化辅助生产和中介服务、文化装备生产、与文化消费终端生产。每一个行业领域中又包含了多个子行业。

政策主题是每份文化产业政策文件的主旨思想，提取政策文本中的主题词，可以形成政策文本的概括性词汇发展演进图谱，从中可以客观描述我国文化产业政策的演变路径，分析其潜在的发展方向和趋势。

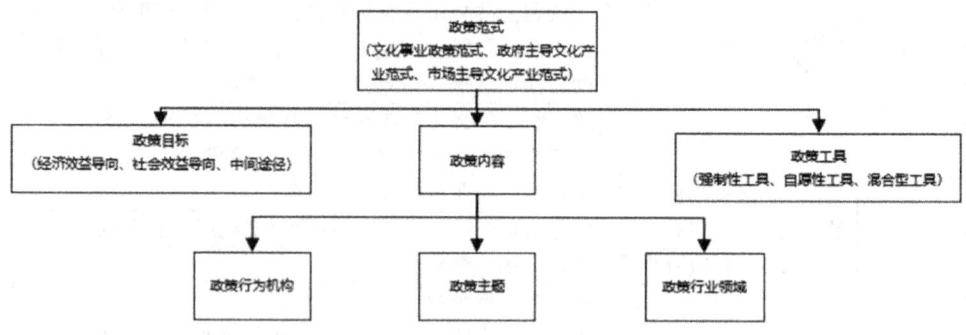

图9-4　我国文化产业政策变迁分析框架

9.3.3　文化产业政策变迁研究设计

1. 研究数据

文化产业政策涵盖的范围广泛，包括综合政策、金融政策、产业园区发展政策、税收政策、产业扶持政策，还有涉及某一个行业领域的政策，如动漫企业认定管理政策、旅游市场管理规定、互联网文化管理等。其中，综合政策主要包括发展规划、规划纲要、指导意见等。综合政策引导其他细化政策的制定，为细化政策提供方向保障，综合政策能够集中全面地反映文化产业政策在某一时期的主要范式特征、目标导向和工具手段。本文以2003年我国提出文化体制转变以后的文化产业综合性政策为数据来源，通过政府网站、文化和旅游部官方网站中的政策数据库、学术数据库及中国文化产业网政策区等收集每一时期的综合性政策文本，共收集25万字原始数据。

2. 研究工具

文本挖掘是基于智能算法和统计学原理,从庞大的非结构化文本数据中抽取有效、有价值知识和信息的过程。文本挖掘涵盖了政策文本变迁研究的定性研究方法,为其提供了量化研究的实证方法和工具。

选择 KH Coder 为研究工具,该软件为针对非数据结构性文本进行文本挖掘的开源工具,可以处理英语、日语、中文、法语、德语、葡萄牙语、韩语、意大利语等多语种数据,支持 Windows 或 Linux 系统运行。该软件融合信息检索技术、统计学、数据库技术、数据可视化、模式识别、自然语言处理以及数据挖掘等技术,通过研究者自主编码,将散布在分布式数据库中的非结构化信息进行聚类、分类和抽取,并将最终结果可视化呈现。将上述文献中能够高度概括主题内容的题目、年份、摘要、关键词等作为核心变量,以 HTML 语言进行标记,形成 KH Coder 检索变量系统。通过词频分析、共现分析、多维尺度构成、对应分析、集群分析、朴素贝叶斯学习模型等,可视化展示我国文化产业政策范式、目标及内容的变迁。

9.4　文化产业政策变迁的特征分析

9.4.1　文化产业政策范式变迁特征

文化产业政策范式的变迁主要受到社会效益、经济效益、政府作用和市场作用间的博弈。我国文化产业政策中社会效益和经济效益的转变,主要体现在文化事业体制向文化产业体制的变革上及对于价值体系的阐述中。因此,本研究将体制改革、市场作用、政府作用以及价值体系作为编码主题词,根据 KH Coder 编码规则,每一个主题词下均包含能够紧密契合的具体文件中的表述性词汇,如"体制改革、文化事业、转制、试点、事业编制、政企分开、非公有制、国有、公有制、体制机制"词汇的运用都表达了体制改革的核心思想。对于编码与年份进行交叉汇总,可以看出 2003—2021 年文化产业政策范式的变迁历程,如图 9-5 所示。

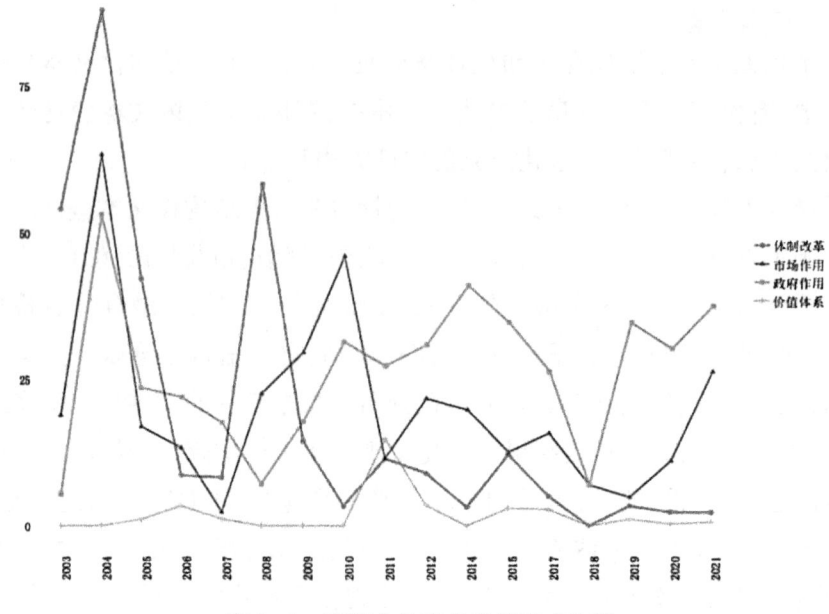

图9-5 我国文化产业政策范式变迁

在整个发展区间内,价值体系是我国文化产业政策始终秉承的理念,贯穿了整个文化产业政策的全过程。我国的文化产业发展的目标始终是坚持中国特色的社会主义,不断提高文化产品质量,满足广大人民群众的精神需求,这个基本点从未改变。文化产业的社会和精神属性在我国文化产业发展中是必须坚持的。文化事业向文化产业范式的转变主要体现在体制改革的曲线演化中,2003—2010年间我国文化产业政策经历了范式的重大变革,其中2003、2008年均出现了峰值。2010年以后,体制改革大幅下降,政府作用和市场作用的能力开始发挥。2018年之前的政策文本中对于政府作用的阐述多于对于市场作用的阐述,而此后市场作用开始收到更多的政策关注。

根据政策范式的变迁具体可以分为如下三个阶段:(1)文化事业政策范式向文化产业政策范式转变阶段(2003—2010年):该阶段中最为突出的就是文化体制的改革。我国文化产业政策在此之前,以文化事业单位为核心进行文化产品的创作,而这个阶段的文化产业政策倾向于对文化事业单位进行体制改革,将其改制为企业。因此,本阶段的政策文本主要关注非公有制经济的准入机制,国有文化事业单位改制中的国有文化资产处置、收入分配制度改革、人员分流安置以及社会保障制度等。(2)政府主导文化产业政策范式阶段

(2011—2018年):文化体制改革初步完成,很多文化事业单位转制成功,转制之后文化企业的生存和发展成为这一阶段的核心问题。该阶段中,政府在政策调节、市场监管、社会管理、公共服务职能、产业投融资、财政、税收、金融、用地等方面加大对文化产业的政策扶持力度,鼓励文化企业和社会资本对接。在文化内容创意生产、非物质文化遗产项目经营实行税收优惠,设立国家文化发展基金,建立对外文化交流和贸易机制,培育文化市场主体等多个方面发挥着重要的作用。我国文化企业作为市场主体尚不成熟,市场体系尚不完善,投融资与信用体系尚未建构完整。因此,这个阶段的文化产业政策呈现以政府为主且积极培育文化市场和市场主体的态势,即政府主导的文化产业政策范式。(3)政府监管、市场主导文化产业政策范式阶段(2019—2021年):随着我国文化市场和企业的不断发展壮大,从2019年开始市场作用在政策文本中的频次开始呈直线上升状态,政府作用则基本与前期持平。该阶段在市场作用下,各类市场主体公平竞争,完善准入和退出机制,形成了大中小微文化企业共同发展的产业格局,文化产业与其他产业融合发展,数字文化产业成为新型业态,现代文化产业体系进一步完善。民间资本、风险资本和众筹平台等社会资本投融资活力进一步增加,增强了文化产业的资金支持能力。文化产业链全生产要素的资源配置在市场主导下进一步趋向完善。这一阶段中市场对于文化产业的发展起了支配作用。而政府的主要作用从上一阶段中的既要培育市场又要提供服务转变为对文化市场进行监管与服务,包括健全文化市场监管体系,深化文化市场执法改革,加强知识产权保护,搭建文化产品和服务走出去的平台和渠道等。这一阶段的政策范式可以概括为政府监管与市场主导相结合的范式。

9.4.2 文化产业政策目标变迁特征

文化产业的精神和经济的双重属性决定了发展文化产业的目标包含社会效益和经济效益。与上述文化产业政策范式的三个阶段相匹配,在KH Coder中,通过每一阶段政策文本高频词汇和外部变量的对应网络分析,如图9-6所示,从中可以分析出政策目标在每一个政策范式阶段的变化特征。

2003—2010年阶段中析取到"中国、传统文化、价值观、社会保障"等高频词汇,这些表述的是社会效益,同时,该阶段中的高频词汇"体制改革、信贷、资本、保险、资产"等则表述的是文化产业发展的经济效益。2011—2018年阶段中,"社会主义、文化、群众、文化服务、社会效益、传承、思想、中国特色社会主义"等高频词汇背后的核心为社会价值,"科技、装备、文化贸易、出口"表述的即为文化产业发展的经济效益要求。2019—2021年阶段中,"未成年人、公共服务、体育"等核心词汇阐述的是社会效益,而"市场主体、产业链、信息化、综合执法、监管"等描述的是经济效益。由此可见,在每一阶段,我国文化产业政策都兼顾社会效益和经济效益。

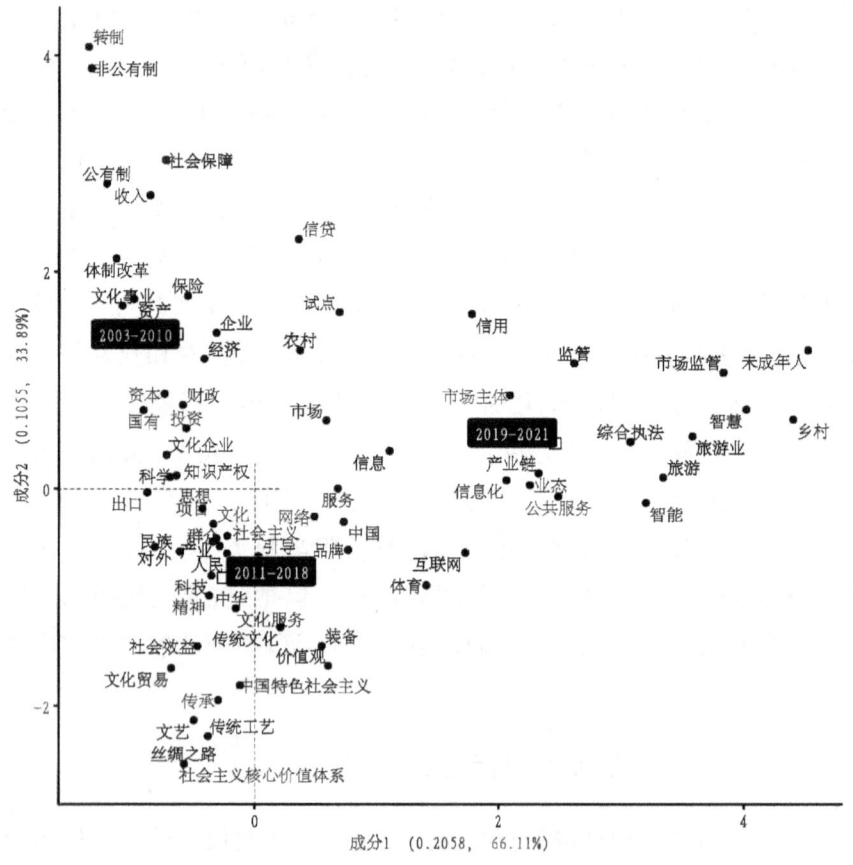

图 9-6　我国文化产业政策目标变迁

同时,每个阶段政策文本对于社会效益和经济效益的偏好也有一定的区别。2011—2018年度的政策文本中挖掘到三个阶段中最多的有关文化产业社会效益的高频词汇。该阶段是在文化事业范式向文化产业范式转变之后的阶段,文化事业范式更强调对于社会效益的坚持,而转向文化产业范式之后的第一阶段,我国文化产业政策特别强调转制之后,文化产业的社会效益依然是我国发展文化产业必须坚持的原则。

2003—2010年以及2019—2021年阶段,挖掘的高频词汇更多是围绕经济效益展开的,政策文本更偏好于经济效益的表达。2003—2010年阶段是我国文化产业改制的关键时期,因此大量词汇涉及改制过程中的资本、收入分配等经济因素。2019—2021年阶段我国文化产业已经经历过了改制以及改制后一定时期的发展,其发展的重点在于进一步完善文化市场体系,促进市场主体的壮大,对于社会效益的关注点则从单纯的社会主义核心价值观、思想道德建设以及中国传统文化的传承等方面,纵深化发展到提升文化公共服务效能以及对于文化产品内容的细化要求,如文化产品内容对于未成年人的影响等。

9.4.3 文化产业政策工具变迁特征

本研究对于政策工具的挖掘,采用了KH Coder中的朴素贝叶斯学习模型,以国家四个五年计划期间发布的文化产业发展规划为学习文本,对于这些政策进行工具分类标注,分类标注作为外部变量存储,根据概率计算结果,学习文本的结果可以为文化产业政策整个文本的自动分类、识别与提取提供参数的先验分布,进而得到总体分布结果。本次朴素贝叶斯模型的分类结果如图9-7所示,其正确值为86.0%,Kappa值为0.788,Kappa值越接近1,其结果的效度和信度就越高。Kappa=0.788说明本次的学习结果可以作为整体文本分析的模型。将政策文本项目使用学习结果自动分类,并将其结果自动保存为变量,计算完成后,政策文本中工具分类结果会以.csv格式自动保存。该结果显示每一个H5标签中内容的工具分类。每个政策范式阶段中的政策文本数量不一致,其所含H5标签的个数不一致,工具数量的统计意义不大,因此将其统计为各个工具的百分比,结果如图9-8所示。

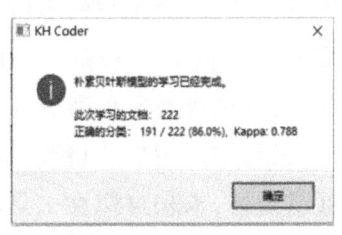

图9-7 朴素贝叶斯模型学习结果

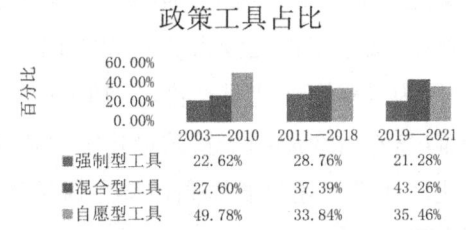

图9-8 政策范式变迁各阶段政策工具占比分布

从时间坐标看，2003—2010 年阶段是我国文化产业政策范式从事业化向产业化转变的关键时期，也是我国文化产业向市场化迈进的第一个时期。该阶段我国文化产业化薄弱，文化公共服务、知识产权保护、非物质文化遗产保护等工作尚未成为我国文化产业发展的重点工作，强制性工具的使用较少。这一阶段改制的中心工作使得市场化运用、培育市场主体、文化产业人才培养等自愿性工具的使用频率最高。混合型工具的使用则主要集中于对于转制中税收、社会保障的措施的政策。

2011—2018 年阶段，我国文化产业转制取得了很大的成绩，该阶段中文化产业的发展成为核心主题，转制之后我国的文化产业需要政府更多的资金、政策、税收等支持与扶持，因此混合型工具的使用占据了最高的比例，这也表示政府在该过程中清楚地认识到当时我国文化产业发展的现实情况，采用了积极的政府干预式的文化产业政策，保障了我国文化产业的持续发展。同时，在这个阶段的后半期，我国文化产业有了较大的发展，文化公共服务开始逐步走进政府关注的视野，文化产业发展中如何保证意识形态问题也成为焦点，强制新工具的使用达到了三个阶段中的最高峰。

2019—2021 年阶段，我国文化产业在前两个阶段发展基础上，政府进一步深化扶持中小文化企业发展措施，提出金融服务、投融资体制机制、税收等多方面的扶持政策，混合型工具占比最高。市场的作用比上个阶段也有所增加，自愿性工具的占比相应比上阶段有所提升。我国文化产业发展范式是逐渐加大市场的作用，随着文化产业的发展，自愿性工具的占比会逐渐加大。我国公共文化服务、非物质文化资源保护等工作有了长足的发展，对于这些内容的表述有所细化和减少，同时，政府对于文化市场的作用开始转向法制化、制度化的监管服务，这造成该阶段中强制性工具的使用呈现细化和数量减少两个特征。

政策工具的选择依赖产业实际情况和政策范式下不同的产业发展目标。我国文化产业未来发展中，强制性工具会更加细化，从政府监管工作的多位侧面为抓手，促进工作的深入。我国文化企业尤其是中小企业在较长的一段时间内，因为其轻资产占比重过高，以知识产权及知识产品未来权益质押融资与信贷的难度较大，政府的扶持政策还需要持续，混合型工具的使用也会持续。我国文化产业最终还是要提高市场主体效能，因此可以预见，未来自愿性工具的采用会逐步加大。

9.4.4 文化产业政策内容变迁特征

1. 文化产业管理部门调整

管理部门是政策文本的制定或参与机构,对于文化产业政策以及文化产业的发展起着规划导向的作用。管理部门的设置、职责与权限随着文化产业在我国的新形势和新情况,进行了调整优化,具体职能调整与分配情况如图9-9所示。管理部门的重组调整是为了解决机构设置和职责划分不明确,存在交叉现象,权责脱节等导致已有的国家文化产业机构设置不能完全适应国家治理体系和治理能力现代化的需求。为了保证我国文化产业发展的社会效益目标,保障以人民为中心的创作内容,加强党对新闻舆论工作的领导,更好发挥电影在宣传思想上的特殊重要作用,由中央宣传部统一管理我国新闻出版以及电影的审查和监督工作,具体工作仍由对口职能部门完成,进一步明确了各部门之间的职责。为了适应现代知识产权管理实际,将之前的原产地地理标志管理以及商标管理职责都归为国家知识产权局,实现了职能的合并优化。文化部和旅游部的合并,可以进一步深化文化产业和旅游业的深度融合与跨越式发展。现行的国家文化管理机构已经形成了思想引领、具体业务实操以及配合服务的体系化职能分配,提升了国家对于文化产业的管理效能。

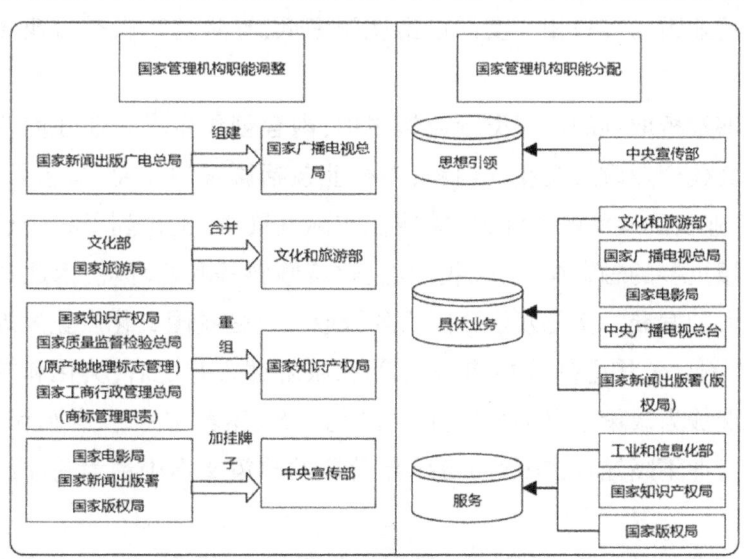

图9-9 国家文化管理机构职能调整与分配

2. 文化产业行业领域变迁

我国文化产业分类标准(2018)中将文化行业领域分为九大类,每一大类下设置中类和小类。本研究按照此标准,在政策文本中进行信息的提取和挖掘,并与文化产业发展阶段进行对应分析,其结果如图 9-10 所示。

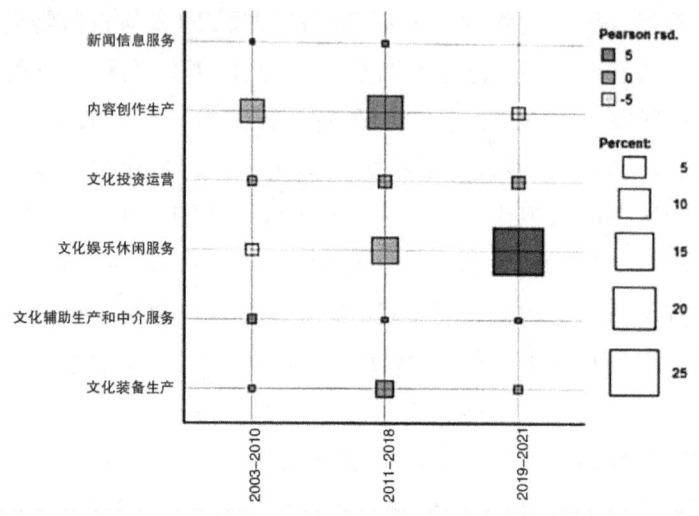

图 9-10　文化行业领域变迁

文本挖掘只析取到六大类行业领域,创意设计服务、文化传播与文化消费终端生产行业因为其高相关度词汇出现频率低,导致这三大类行业无法进行可视化显示。

在能够被析取到的六大类行业领域中,内容创作生产行业在前两个阶段都是我国文化产业政策关注的内容,该行业包括影视制作业、演艺业、动漫业等,这些产业受到政策的关注,相应地在实际发展中,也得到了相较于其他文化行业领域更多的融资扶持、税收优惠、政策倾斜等利好环境,因此这些行业得到了较大的发展。文化娱乐休闲服务行业一直是我国文化产业发展的另外一个重点行业,尤其是在 2018 年文化部和旅游部合并之后,文化和旅游的深度融合发展成为政策重点助力的行业,红色旅游、康养旅游、文化旅游、休闲旅游等细分行业不断涌现,2018—2021 年阶段的政策文本中最为关注的行业即为该行业。

新闻信息服务主要包括新闻、报刊行业等,这些行业在我国主要用于完成文化产业的社会效益目标,因此在我国文化产业政策中经常以保证思想性内容出现,其经济效益价值占比相比于其他行业较小。而我国关注的文化产业重点行业发展则主要是从经济效益角度出发,因此新闻信息服务行业在其中所占据比例较小。

文化投资运营与文化装备生产,包括产业园区、文化会展业、文化设备与装备制造等行业,这些行业目前还未成为我国文化产业发展的重点领域,涉及这些领域的政策还较少。

总体而言,我国文化产业发展的重点行业是与文化产品创作以及文化旅游休闲服务相关的行业领域,而其他行业领域还有更大的发展潜力和空间。

3. 文化产业主题变迁

本研究以政策文本的出现频度高于 60 次的高频名词词汇与停用词表相结合,用于表征文本的主题词。然后,将挖掘出的主题词与外部变量构建共现网络,形成文化产业发展各阶段的主题词聚类,其结果如图 9-11 所示。

从 2003 年文化体制改革至今,文化产业的发展所有阶段都呈现的主题词位于图中心地位,包括企业、服务、市场、技术等。这表明我国的文化产业政策始终围绕增加文化企业活力和创造力,提升文化市场动能,以技术创新为主要助力推动文化产业发展,不断加强公共文化建设,提高文化为人民服务的能力。这些主题词在未来较长时间内依然会是我国文化产业政策的高频核心词汇。

每个阶段各自的主题词可以反映该阶段内我国文化产业发展的核心工作。例如,2003—2010 年阶段挖掘出的主题词为"体制改革、转制、文化事业、国有、非公有制"等。这些词汇都说明该阶段主要任务是我国文化产业从事业向产业的制度改革。2011—2018 年阶段的主题词为"社会主义、文化服务、民族、思想、中华、精神、群众"等。这些被提取的关键词貌似与文化产业无关,但其实表明了我国文化产业在上阶段的体制改革之后,市场化有了一定程度的发展,该阶段我国文化产业重点关注了其社会效益目标的实现,强调文化转向产业化之后,思想意识形态领域的原则依然需要坚持。2019—2021 年阶段析取的主题词为"业态、监管、未成年人、网络、信息、乡村、农村、旅游"等。文化产业发展的着力点为对文化市场的监管,监管工作更加细化,针对未成年人文化产品的监管被明确提出;对新兴业态的培育,新业态主要以 5G、大数据、云计算、区块链、人工智能等为依托,大力发展数字文化产业;促进文化和旅游深度融合,以及发挥旅游促进乡村振兴。

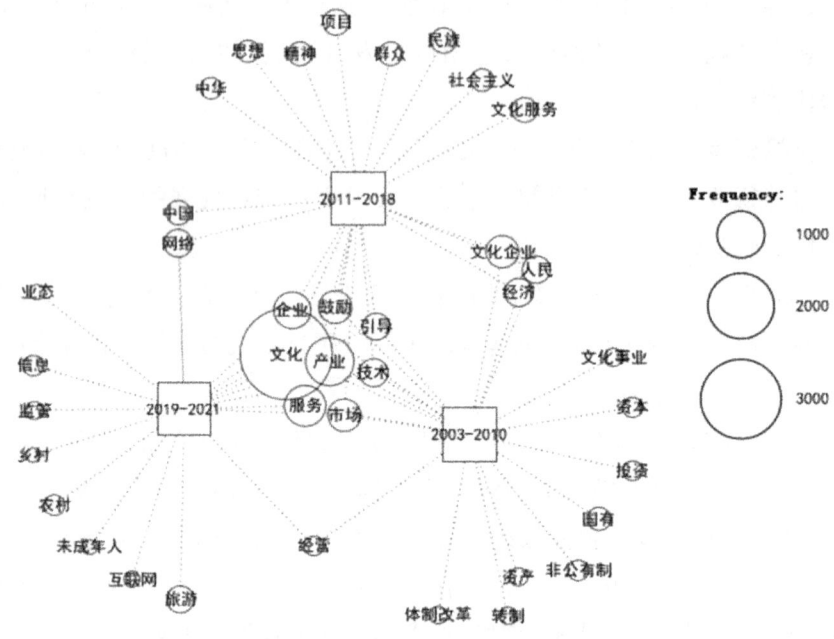

图 9-11　文化产业政策主题变迁网络共现图

9.5　现代文化产业政策的提升路径

1. 推进政府监管服务法制化、规范化、智能化协同发展

以市场为主导的政府监管的文化产业政策范式是未来我国文化产业政策的发展方向。政府监管效能的提升将是未来我国文化产业政策中的重点之一。我国文化产业监管正在向法制化方向迈出关键一步，这在《文化产业促进法（草案征求意见稿）》的发布中得到体现。这意味着我国对于文化产业的监管正逐渐建立起独立而系统的法律框架。过去，文化产业政策主要是由相关部门发布的指导意见、发展规划和措施等文件构成，而如今这些政策逐渐走上法律化的道路，构筑起更为完善的制度规范体系。在这一演进过程中，《文化市场综合执法管理条例（征求意见稿）》等法规扮演着关键角色，为建立明晰的权责关系和高效监管体系提供了基础，提高了执法队伍的专业水平和规范水平。同时，我国文化市场监管体系还以技术手段为支撑，通过建立文化企业信用信息数据库并依托行业协会进行信用评价，建构了政府、行业以及协会共同监管的机制。

首先,在"十四五"时期,政府将深化对文化市场的监管服务,积极推动相关法律法规的出台,以更全面、更完善的法律体系支持文化产业的发展。这旨在确保文化产业的监管不仅具备法制基础,而且能够实现法制化和规范化的有效管理。其次,监管行为的实施主体目前主要由相关政府职能部门负责,但需要加强对多元化监管主体的探索。除了行业协会,第三方专业评价结构和大众评价之外,还应该审慎考虑其他可能的主体,例如独立的文化监管机构、学术界专家团队以及公民社会组织等。通过引入更多的监管主体,能够建立更加全面和透明的文化产业监管体系,推动其更好地适应快速发展的文化市场。最后,要强调科技的积极作用。通过技术的应用,构建监管服务的新型平台,建设数字化信息系统、数据分析平台以及实时反馈机制等工具。这将更好地发挥数字化信息的优势,提高监管服务的效能和深度。

2. 细化可操作性措施,助力社会效益目标实现

我国发展文化产业,其核心要义之一是为广大人民群众提供丰富的精神文化产品。在文化产业发展过程中,要始终坚持马克思主义的中国化、时代化,坚持社会主义核心价值观,传承中华优秀传统文化中的思想观念、道德情操、人文理念等。我国文化产业政策文本都在开篇明确阐述了上述意识形态领域的原则和目标,但是对于完成和保障意识形态领域的措施还有进一步提升的空间。"十四五"时期我国文化产业政策应该进一步细化具体措施,从更加具备可操作性的角度保证文化产业社会效益目标的达成。

我国目前保障文化产品思想性的主要措施是文化产品尤其是内容创造生产类产品的审查制度,对于图书出版、图书引进、影视制作、动漫游戏等都有具体的审查方法。除了针对特定行业的审查制度以外,也有针对特定人群的文化产品审查制度,如对于未成年人的节目管理规定等。我国对于文化产品的审查已经形成了较为完善的体系,尤其是传统文化行业的审查制度较为完备。"十四五"时期工作的重点应该放在新兴文化行业审查工作和方式的细化上。随着文化产业和科技的发展,文化产业领域涌现了一批新兴的业态,如数字游戏、立体影像、互动娱乐、云表演等,这些新业态内容思想性的保证是未来文化产业发展中需要考虑的问题。同时,对于内容审查工作要更加细化,以大数据和信息技术为依托,建制数字化评价指标体系、审核流程和服务平台。2021

年发布的《游戏审查评分细则》就是审查工作细化的体现,对于游戏的审核设置五个维度的评价指标,由专家进行评分。"十四五"时期对于新兴业态文化产品内容创作的审核朝着技术化、数字化、信息化、体系化方向发展,能够助力我国文化企业创作出更多高质量的文化精品。

3. 技术推动全产业链发展,发挥文化相关行业潜力

我国文化产业政策行业领域的变迁特征显示,我国比较注重文化核心行业的发展,主要集中于文化创意的生产与制作行业、文化投资运营行业以及文化娱乐休闲行业。创新创意是文化产业发展内生原始动力,上述三个行业并未完全覆盖文化产品的生产、制作、宣传、销售、二次开发全过程,对于文化产业的上下游行业涉及也较少。

文化产业全产业链协同发展是我国文化产业未来发展还可以开拓的空间。除了文化产业最为核心的行业领域以外,文化装备生产、文化消费终端生产等非核心行业也有很大的潜能。文化消费终端生产则主要与文化产品的二次开发相关,文化产品衍生品开发是文化产业的下游行业,这些行业的发展增加了文化产业所产生的附加值。科技创新推动了文化产品生产方式、传播方式、消费与流通方式的颠覆性变化,推动了传统文化产业结构升级,引发了新型文化业态的产生,为文化产业各行业领域的发展提供了强大的内驱力。科技创新融入文化产业全产业链,能切实提升各环节的高质量发展。

打通文化全产业链上下游行业,让产业链中的每个环节都发挥其价值,才能更好地促进文化产业的发展。同时,无论是文化产业核心行业还是相关行业,其发展都离不开科技的加持,数字赋能文化产业是助力文化产业发展的强大动力。

4. 加强市场主体分类管理,推进政策落地有效实施

充分激发市场机制在文化产业中的引导效应,成为文化产业发展中的核心议题之一。政府主要通过监管与服务手段以支持市场运作,致力于培育市场主体,推动文化企业实现规模经营。文化企业作为市场主体的细致分类,制定涵盖激励机制、投融资政策、知识产权保护等多方位的切实可行的政策方案,以更为精准的方式引导并推动文化企业在创意、生产、营销等方面的全面增长。这种系统性的政策设计有助于实现文化企业在市场中的可持续竞争力,促使其在不同发展阶段都能够获得更为有力的支持,进而取得更加显著的

业务成果。

初创阶段的文化企业通常面临着资金短缺、市场认知度低、管理经验不足等问题。为解决资金短缺问题,政府可以通过设立初创文化企业专项基金,提供低息贷款或直接资助,以支持其初期的运营和发展。同时,政府可以推动建立创业孵化器,为初创文化企业提供场地、导师支持,给予市场推广指导,加速其成长。在发展阶段,文化企业可能面临着业务扩张的挑战、管理体系升级的需求以及融资渠道拓展的压力。政府可以鼓励企业进行战略合作,提供专业培训和咨询服务,帮助企业优化管理结构。此外,政府还可以支持中型文化企业走向资本市场,推动其通过发行债券、上市融资等方式获取更多资金,促使企业在市场中更有竞争力。成熟期的文化企业可能面临国内市场饱和、创新能力减弱和国际市场扩张的挑战。这时,政府可以加强对文化产业的研发资助,推动企业不断创新,提高其国内市场份额。同时,政府可以提供对跨国并购的政策支持,确保企业能够更顺利地拓展国际市场,推动文化企业在全球范围内的可持续发展。

第十章
组织要素（二）：现代文化产业"走进去"

党的十五届五中全会首次提出文化产业"走出去"的战略，时至今日，该战略一直是我国文化产业利用国内、国际两个市场，推动我国文化产品和服务出口，扩大中国文化影响力，提升我国"软实力"的重要着力点。现代文化产业不仅要"走出去"更要"走进去"。本章梳理了我国现代文化产业"走出去"战略实施的内涵，对比了"走出去"与"走进去"的异同，以留学生为调查对象，对文化项目的跨境运营进行了个案分析，在此基础上提供了我国现代文化产业项目跨境运营可能的"走进去"参考路径。

10.1 "一带一路"背景下文化产业"走出去"的战略布局

文化产业"走出去"，是指我国文化产业产品和服务以对外文化合作与交流、对外文化贸易、对外文化宣传、对外直接投资等方式，突破国界进入国际市场，推动优秀文化走出国门，深入参与国际对话与切磋，向世界其他国家、其他民族传播中华优秀文化的理念和精髓，传递中国文化符号和价值观念（赵晓红，等，2018）。具体而言，我国文化产业"走出去"布局明确规定了战略目标、战略主体、战略方针和基本思路等内容。战略目标是加强文化产业利用国内国际市场发展能力，提升文化产业国际竞争力，提高中国传统文化的影响力、吸引力和创新能力，加强中国国家形象与国际话语权建设。战略方针是以人类命运共同体为基础，以中华文化为根本，尊重文化的多样性与差异性，求同存异。基本原则是以政府主导，以企业行业为主体，社会参与，合作共赢。"走出去"基本思路是充分调动政府、企业行业和社会各方力量,发挥其各自优势和主观能动性,统筹国内国外两个市场、两种资源,国家搭建文化交流服务平台和机会,提供必要政策支持,继续深化孔子学院等人文交流机制作用,外向型企业深入挖掘自身特色与优势,推进文化产品和服务的对外文化贸易发展,着力培育知名文化品牌,加强主流媒体国际传播能力与国际新闻议程设置能力建设,充分发挥民间文化交流的作用,鼓励民间艺术组织和艺术社团的文化交流活动。我国文化产业"走出去"战略与西方文化输出的不同之处在于,其强调文化的和而不同,承认并尊重各国民族文化的多元性与差异性,其最终的目的是促进各国文化的发展,而不是单方面的以某种文化尝试去替代、取代其他文化(刘丽英,2020)。

持续推动文化产业跨境运营,从"走出去"到"走进去"的转变,对创新我国现代文化产业体系,实现高质量发展具有重要作用。长期以来,我国文化产业走的是一条内循环的发展道路,"走出去"在文化产业发展中的占比并不高,其对产业带动的效能也未得到有效发挥。近年来,在"一带一路"倡议的带动下,我国文化产业"走出去"也进入了全新范式的调整期,在政策支持、市场培育、产业创新、结构调整和运营模式等方面取得了新的突破。从实施路径看,文化产业对外增量的实现既需要形而下政策、资金、平台和人才的系统支撑,也需要对形而上的意识形态、法律、道德和价值取向层面的精准把握。我国文化产业"走出去"战略在实施过程中,取得了很多成绩,如我国的对外文化贸易额整体呈现上涨趋势,一些文化精品栏目项目、电视剧、纪录片等也走向了国际,并且获得较好的票房效果和口碑。但也应该清楚地认识到其还存在一些问题与不足之处,直面这些缺陷,我国文化产业国际竞争力才有进一步增强的空间。

首先,文化产品出口结构单一。我国目前跨境运营的文化产品和服务主要集中于体育、文教娱乐用品、工艺美术品等与文化制造相关的行业领域,真正意义上的文化产品和服务,如影视作品、动漫、儿童绘本、图书、戏曲等文化产品,以及咨询、设计等文化服务出口的数量还较少。其次,文化出口区域狭窄。我国文化产品和服务的目标市场以"一带一路"沿线国家为主,取得了良好的经济效益,但是对文化产业相对发达的欧美国家输出量不足,区域市场开发和商业运作能力有限。再次,文化出海盈利模式有限。我国文化交流活动和机制在文化产品"走出去"中占据较大的比例,"送文化"成为促进交流,推进贸易的重要手段之一,但是缺少以盈利为目的市场化运作。最后,文化产业缺乏国际核心竞争力。在数字贸易频繁的时代,我国文化产业存在国际化人才欠缺、文化产品和服务创新能力不足、目标国市场拓展能力和成本控制能力表现不佳、文化项目跨境运营经验匮乏等情况,导致我国缺少一批具备世界影响力的大型外向型文化企业,缺少世界知名的文化企业品牌和文化产品品牌。

10.2 现代文化产业"走进去"的价值内涵

随着我国"一带一路"倡议的推进,中国文化"走出去"的数量不断增加,范围不断扩大,成果贸易量也在大幅增长。从发展趋势上看,中国文化"走出去",是指让具有特色的中国文化迈出国门,世界各国的受众了解并熟悉中国文化,体会文化之美。例如:我国在世界各地创办了孔子学院,通过讲授课程的方式学习语言文化;我国将多部优秀的著作、戏剧、影视进行译制,在各国媒体进行传播;派遣我国各地各类的文化团体、文化人士交流访问等。这种意义上的中国文化"走出去"直接的目的就是文化共赏,属于跨文化传播的初级阶段。全国政协委员、浙江省文化厅副厅长高云在采访时曾提出,"我们走出去的武术、舞蹈、杂技、工艺都是技艺文化,作为文化的传播者应该思考如何走出去内容文化"。

文化产业跨境运营"走出去"仅是物理空间的拓展,处于新区域的抵达,而"走进去"却意味着受众的认可和心理空间的延伸。抵达新区域可以提高文化传播人群的覆盖面,而抵达受众的内心却有更加浓烈的情感意义。文化交往中的价值共识包括两种基本形式:价值认同和价值认异。前者是身处一种文化中的人们认可、赞同另一种文化的价值观念,并把它接受为自己的价值观念;后者是在认识并熟悉一种文化后,尽管在认可、赞同和接受度上不同,但是基于相互之间的历史条件和现实情势的差异能够理解价值观念产生和存在的理由,承认它的合理性并去尊重它。文化"走进去"是文化"走出去"的进一步升华,只有通过不断实践,真正实现了"走进去",中国文化才能更充分、更全面地接受世界各国民众认可和尊重,这也是中华民族伟大复兴的文化战略之一。

随着世界各国开放度、融合度的日益增强,对于国外文化的探索和认知已成为各主流国家民众逐步习惯的生活方式。中国文化因其独特魅力"走进"当地民众,能够激发其认知兴趣和消费欲望,这种理性的认知并不是完全的迎合,而是在已有"走出去"基础上的深层次的积淀,如果一味地迎合认知、习惯与文化,反而会消弭中国文化的独特吸引力。我们应探索区域和国别问题研究的新模式,在知己知彼的基础上,制定和细化中国文化走出去的本土化、大众化策略,使这项工作更具差异性、针对性和融通性,进而提升其效度和可持续性。

技艺文化"走出去"实质上是展示了中华民族的原生技艺和传统手法,承载的文化内涵不足,形式大于内容,热闹过后无法激发观赏者的内在共鸣。这种表现形式上"走出去",实质上是没有"走进去"。文化"走进去"应该突破地理概念,挖掘更深层次的内容,让世界各国人民理解和体会中国文化,形成文化互鉴。我国的历史文化博大精深,遗产遗迹、历史典故都为文学、戏剧、电影、电视、原创漫画等提供了极大的养分。众所周知,文化的核心是价值观念,交往的实质是不同价值观念的交往,理解和接纳一种文化的目的就在于它的价值观念,实现不同文化的价值共识。也就是说,中国文化"走进去"是要让受众在接受的方式和场景下,讲述具有深厚底蕴和丰富内涵的中国文化,蕴含着几千年来人民生生不息、绵绵不已的民族精神和品格的故事,增强中国优秀传统文化的亲和力、吸引力和感染力。作为新时代的中国,如何更好地用现代科技的手段讲好中国新故事,传播文化的好声音,使中国传统文化的"根"与"魂"能够实现"走进去"的质性飞跃,才是文化产业跨境运营项目的核心。

无论是"走出去"还是"走进去",它们的主体内容都是中华传统文化,具体到我国而言,就是中国传统文化。我国文化产业跨境运营项目为了达到"走进"当地民众,实现让当地民众"愿意看,看得懂"的目标,可以在文化产品创造形式、技术运用、推广平台等各方面推陈出新,但是其承载的内容一定是厚重的中国特色文化。

10.3 现代文化产业的跨境运营

10.3.1 技术特征

现代文化产业运营是在相对开放和不确定的条件下,融合了文化创意、项目管理、专业技术的具有独特性、集成性、创新性的管理活动,需要具备项目规划、产业管理以及专业领域的知识储备。文化产业跨境运营,是项目管理者根据运营的客观规律对输出国外的文化项目进行计划组织、综合控制、沟通协作、激励评价的活动的总称。可以从以下几个方面来理解其技术特征:

(1) 文化产品的知识性和原创性是对跨境项目质量进行评判的标准。精神要素是文化产业开发与生产的核心,除了资金、实物资源,更重要的是创意、版权、人力资本等无形价值。

(2) 文化产品针对不同国度的受众具有不可重复性、不可替代性和不可再生性,跨境文化产品必须具有相当的开放性和包容度。人类世界的精神文明千差万别,各地风俗、历史文明也不尽相同,雷同的产品无法吸引消费者的兴趣,更不能在市场立足。

(3) 文化项目跨境运营的综合性与复杂性。文化产品要实现从纯精神层面到准精神的价值转化是一个复杂的动态过程,不仅需要对项目运行中的成本、进度、风险进行管理,还要建立高效的内容信息管理、开发系统与版权管理。

(4) 文化项目跨境运营的地域风险性和实施结果的不可预测性。跨境运营需要创意和技术密集的团队通力配合,还会牵涉不同国家和地区的人力资源,当地政治局势、宗教信仰、经济水平都对文化产业项目的跨境运营提出了挑战。只有合理评估风险,减少不必要的冲突,才能在传播的过程中具备风险控制能力。

10.3.2 实施流程

1. 项目前期调研

文化产业跨境项目从最初的构思,到文化企业根据宏观背景和自身的微观条件进行市场的细化,再到市场目标确定和项目定位,拟进行的文化项目逐渐清晰,最后撰写出项目策划案和项目建议书,在此过程中都离不开项目的前期调研。前期调研能保证文化产业跨境项目的可行性。文化产业跨境项目的可行性是项目投资决策之前通过对方案进行研究分析、讨论评价得出的,需要对项目方案在详细调查、周密研究的基础上进行的关于社会经济、环境技术、财务法律等方面的可行性论证。

通常情况下,根据现代文化产业市场调查的不同目的,可以把市场调查分为描述性调查、探索性调查、因果性调查和预测性调查等。描述性调查是指对已经找出的问题作出如实反映和具体回答的一种调查,比较精细、严密,是使用最多的一种调查方式。描述性调查的目的明确,研究的问题更加具体,能够说明两个变量之间的相互关系,但无法判断因果关系。简而言之,描述性调查要解决的是"是什么"的问题。探索性调查是指对市场情况很不清楚或对调查的问题不知从何处着手时,为了理解和掌握问题特征而进行的市场调查。通过探索性调查,收集并分析有关资料,可以弄清企业或市场的实际情况,找出问题的实质和关键,再针对这些主要因素展开详细的调查研究,为描述性调查和因果性调查做好准备。它要解决的是"做什么"的问题。因果性调查是在描述性调查的基础上,进一步分析问题发生的原因,弄清因果之间的逻辑关系而进行的市场调查。它需要判断关联现象或变量中,哪些因素是原因,哪些因素是结果。因果性调查能够确定是哪些因素导致了当前结果的出现,用来解决"为什么"的问题。预测性调查是在收集整理资料的基础上,运用定性和定量的分析方法,分析未来一段时间内海外市场的需求状况及其发展变化趋势,根据市场机遇,作出及时有效的决策。预测性调查是企业制定项目营销方案的前提和基础,可帮助估计未来的需求状况,用来解决"未来怎么样"的问题。

现代文化企业经营者必须清醒地认识到所有的文化产业跨境项目的运营都受到微观环境和宏观环境的影响,要充分注意各种因素之间的相互作用,全面地分析项目的环境因素,特别要分析未来可能发生变化的外部因素以确定项目的可行性。

2. 产品的设计与制作

在前期调研的基础上,确定文化产业跨境项目运营的可行性之后,就要设计项目的具体制作方案,并形成终端产品。文化产业的跨境项目具体制作方案会受到输入国政治经济、社会法律和文化技术的制约,需要在合理的预算范围内完成预期目标。文化产业的跨境运营是在社会制度、经济发展、文化环境不同的国家之间进行贸易交流,因此在跨文化的传播中会产生"文化折扣"现象。荷兰心理学家吉尔特·霍夫斯泰德认为:"文化是一个环境中人们共同的心理程序,它因地域不同所造成文化不一的现象,这不是一种个体特征,而是具有相同教育和生活经验的许多人所共有的心理程序,不同的群体、区域或国家程序互有差异。"(马兴祥,等,2018)不同的文化语境会造成差异文化,从而降低了文化产品的双重价值。我国现代文化产业亟须从传播的广度转向深度,不仅要"走出去"更要"走进去"。

现代文化产业跨境运营项目方案制定具体可以分为如下五个步骤:(1)首先要说明和描述文化产业项目或项目阶段的具体工作范围,将项目目标分解,将一个项目分解为多个较小的可实现和易管理的活动。(2)在项目任务分解的基础上,确定完成各个项目阶段所需要开展的具体工作任务和活动,明确活动之间的先后关系。(3)进行项目各项工作持续时间的估算与计划安排,并分析各项具体工作的先后关系,在持续时间和所需资源的基础上确定实施计划。(4)进行项目资源的安排与项目费用估算,包括人员、资金、设备、原料等有形资源,还包括知识产权转让或使用的费用等。(5)根据以上各项计划内容,制定项目费用预算和项目集成计划。

在方案设计时需要转换文化传播视角,尊重输入国"核心受众"的习惯与消费特点,实行有针对性、多维度的传播策略。文化是相对于经济、政治而言的人类全部精神活动及其产品,它是传承、创造与发展的总和。我国跨境运营的文化产品,类型丰富,体裁广泛,从最初的影视、戏剧、出版物到现今的数字音乐、网络动漫、IP 小说等都积极布局海外。中国地域广袤,文化博大精深,但在文化产品的跨境运营中存在着交流壁垒,如何说得清楚、讲得明白、容易理解、产生共鸣是其首要考虑。各国对于文化价值标准的判断不同,多元背景下主流与小众并存。主流文化是引导社会前行和价值取向的基石,影响形成"文化折扣"。因此,可以从文化产品的融入性、代入感和亲和力着手,与输入国一起整合生产要素,共同开发,克服单一输出模式的弊端。由于不同文化间的碰撞会产生吸引作用,好奇欲、审美情趣、文明崇拜又以独特的方式影响输入国受众的态度,从而形成"文化增值"。"文化折扣"与"文化增值"是基于文化产业跨境运营特殊性的流变,"文化折扣"是顺应主流的趋势,而"文化增值"则是谋求不同群体小众需求的获利手段。

3. 市场营销与推广

文化产业跨境项目的市场营销是各类文化企业从自身的利益出发,根据变化的市场环境将潜在的交换变为现实交易,在与国外商家或受众的交易中实现与市场有关目标的一系列营销管理和业务活动。它在实物上是文化传递满足消费需要的过程,在内核层面则是文化价值的传递和对结果满意度的评判。市场营销的宗旨在于促进目标的达成、成功营销产品并创建知名的产品品牌。因此,媒介传播、市场推广、营销策略都要围绕消费市场展开,通过提供项目、产品或服务树立品牌意识,增强知名度,塑造文化产品的独特性和认同感。

文化产业跨境项目市场推广与营销活动,通过项目品质或项目产品丰富的个性,吸引消费者的兴趣,提升市场对项目产品的预期,点燃消费者购买项目产品的欲望。是否满足国外顾客的文化需求是评判跨境项目运营成败的重要指标,客户需求的变动是促进产品更迭、新项目开发的源泉。对竞争对手的研判直接关系到跨境项目的经济效益,品牌资产、行业壁垒、竞争战略、产品差异、产业风险与退出机制等都是需要重点关注的对象。文化产业跨境项目和项目产品前期的调研方案设定等内容是否成功,最终需要通过项目市场推广与营销的过程和效果来进行检验。

4. 基于 SWOT 的态势分析

文化产业跨境运营首先应该进行环境扫描,从市场环境中辨别出对企业经营有影响的、反映环境因素变化的事件组合。通过环境扫描找出各种环境中对企业发展有影响的因素,对这些因素的影响程度与方式进行评价。SWOT 分析法又称态势分析法,四个英文字母分别代表 strength(优势)、weakness(劣势)、opportunity(机会)、threat(危险)。从整体上看,SWOT 的第一部分为 SW 分析内部条件,第二部分 OT 用来分析外部条件,如表 10-1 所示。

表 10-1　SWOT 分析矩阵

	项目优势 S	项目劣势 W
项目存在的机会 O	发挥优势,利用机会的增长型战略	利用机会,克服劣势的扭转型战略
项目存在的威胁 T	利用优势,回避危险的多种经营战略	减少劣势,回避威胁的防御性战略

10.4 国外现代文化产业跨境运营的分析

在现代文化产业跨境项目运营中,美国的好莱坞电影、NBA 球赛等,韩国的影视剧等项目都取得了不俗的成绩。本章以美国、韩国这两个国家的文化产品的国际输出为案例,总结并分析其运营模式。

10.4.1 美国现代文化产业的跨境运营分析

1. 政策维度

美国的文化资源禀赋相对稀缺,却成了全球第一大文化贸易国,其政策层面的支持是不可忽略的一个重要因素。美国文化产业发展的政策可以概括为市场化显著。市场机制在文化产业和文化贸易中占据主导位置。文化产业政策立足于开放性和全球化市场理念。美国文化产业"自由"但是并不"放任",其成熟的市场机制可以发挥出自动稳定器的作用。并且在多年的市场竞争中,出现了一批文化产业巨头公司,如 NBC(美国全国广播公司)、时代华纳、迪士尼等。这些大型传媒娱乐集团基本上代表了美国整个文化产业和市场的规则,主导着美国文化产业的发展。当然,美国文化产业明显的市场化趋势,并不意味着美国联邦政府和地方政府毫无作为,它们往往通过对文化市场中非政府民间组织的规范管理来参与文化产业和文化市场的宏观调控。

美国在文化产业管理方面强调文化产品和文化服务的高度市场化,是基于自身在文化产业和文化贸易方面的高度化发展水平。联邦政府没有主管文化的部门,其具体管理是以州政府为核心协调单位而展开,管理方式灵活多变,但战略性极强。

2. 人才维度

在人才维度上,美国注重人才引进。美国文化产业市场前景广阔,为文化产业人才的发展提供了良好的平台,因此很多优秀人才从世界各地源源不断地通过各种媒介、多样化的方式为美国文化产业发展服务,进一步提升美国文化产业的质量。

引进文化人才的同时,美国通过高等学校培养了大量的本土文化产业人才,如今美国有 30 多所高等院校开设了文化产业以及与其相关的学科专业。

这些高等学校的毕业生为美国文化产业的发展带来了源源不断的新鲜血液和充足的后备力量。除了注重高等院校对于人才的培养之外,美国还重视高校与文化企业联合培养人才,即让文化产业人才在文化产业项目运作实践中提升自己的能力。

3. 作品维度

在作品维度上,美国文化产业的终端产品注重科技创新与文化创意并重。科学技术在美国文化产业的发展中功不可没,是其突出特点之一。科技创新在美国文化产业中作用的实现主要体现在文化产品和服务的创新上。如20世纪90年代美国开始将网络技术应用于图书出版和音像出版,加速了文化产品的流通,推动了数字图书和数字音像出版业的发展。在好莱坞影片中,科技应用让影片中呈现出各种电影特效,带给观众巨大的视觉冲击力,因此美国好莱坞大片可以出口到多个国家,为文化传媒企业带来了巨大的商业利润。

美国在其文化产业中增加更多科技投入的同时,又辅之以较为新颖的文化创意,从而让文化产品更加引人入胜。文化产业的核心价值是文化创意,只有当文化终端产品不同于已有的其他文化产品,给消费者带来耳目一新的文化享受,才有市场发展前景。

4. 资本维度

美国的资本市场种类繁多,适合不同类型与发展层次的企业融资,这为文化产业的融资提供了很好的平台。首先,美国文化产业同其他产业一样,其基本的融资方式是股权融资,即通过发行股票的方式进行融资;其次,债券融资为美国文化产业发展提供支持,美国很多文化项目和文化产业就是通过发行债券融资的;最后,美国文化产业资本市场另外一种模式是风险投资。文化产业产品依靠创意、创新,其不确定性要高于其他产业。风险投资将不同风格和类型的文化产业项目组合进行投资,分散投资的风险,平衡收益。

10.4.2 韩国现代文化产业跨境运营的分析

统计数据显示,2008年以来,韩国的文化产品出口每年增长率在22.5%左右,文化产业以及其上下链产业总值达到了1 000亿美元以上。同时,文化产业项目的跨境运营带动了大量的人口就业,以百万美元为单位,文化产品出口值增加1个单位(1个单位=100万美元),需要吸纳14~15个就业人口,然而传统产业,同等出口值条件下,只能吸纳7~8人。韩国的文化产业跨境运营态势良好,尤其是其电视剧的对外出口,更是一大亮点。

1. 政策维度

韩国现代文化产业跨境运营的发展离不开韩国政府对于文化产业的大力扶持。首先,政府每年将文化产业事业直接纳入国家预算,其预算资金占国家总预算的1.1%左右。其次,在政府的主导下,设置了大量的与文化产业不同分类相关的基金,这些基金主要是公益性质的,用于支持文化产业新生力量的发展。这些新生力量往往基础薄弱,其制作团队名不见经传,很难获得以市场盈利为目标的基金会支持,政府主导的基金可以培育这些新生力量,直到他们有足够的实力,可以走向市场。最后,韩国政府要求银行给予文化产业信贷以优惠政策,加大金融资本对于文化产业的支持。其中,很重要的一个措施就是,银行对于中小文化企业的信贷总额会直接影响国家对于该银行的优惠政策。因此,很多银行愿意为文化产业的创业者提供低息贷款。

2. 人才维度

韩国政府重视文化产业人才的培养,建立了一批专门的与文化产业相关高等院校,并且在其他一些高等院校中设置了文化产业相关的专业,如动漫、电视剧、游戏等,加大文化产业人才培养的力度和数量。这些高等院校是韩国文化产业新生力量的主要来源地。同时,韩国还有很多其他教育机构通过线下或者网络教学的方式培养文化产业人才。政府加强对于高等院校和教育机构的管理,设置"CT产业人才培养委员会",专门负责根据文化产业的实时发展协调和修改人才培养计划和方案。成立了"教育机构认证委员会",专门负责审核和评估教育机构的资质,确保教育机构的培养质量。

同时,采用产学研结合的方式,提高文化产业人才的实际应用能力。要求高等院校、教育机构与文化产业相结合,扩大学生与文化产业从业人员的交流,在实际的合作和文化产业项目运作中,提高学生的技术、创意、营销等与文化产业实际运营相关的能力。

3. 作品维度

韩国的影视剧特别注重区域传播,主要的输出区域为亚洲文化区域。韩国文化属于亚洲文化,被引入同属于一个文化区域的其他国家时,与其他国家的文化冲突并不明显,更多的是文化一致性。这种文化一致性主要体现在儒家文化。儒家文化对于亚洲文化圈有着深刻的影响,代表了东方人的基本价值观念和伦理观念。韩国影视作品中往往反映儒家文化,如对于家庭的责任感、对于长辈的尊重、友情等,这些主题能够很好地引起亚洲文化圈受众的共鸣。

而面向其他区域受众群体时,韩国影视作品主要选取的是全人类对于人性积极一面的普遍认同主题,如讲人性的善恶,描述亲情、友情、爱情等。不分国界的、属于全人类的共同认知,成为韩国影视作品成功输出的关键。

除了主题以外,韩国影视作品对外输出成功的另一个关键是影视作品制作有明确的受众群体——年轻化的受众。以中国的受众群体为例,中国社会经济高速发展,对外开放程度日益提高,民众尤其是青年人对于文化消费的需求不断提高。当经过精致加工又比较新颖的韩国文化走进青年人视野时,青年人的反应是最迅速,并且是最强烈的。韩国影视剧打造了众多的俊男靓女,年轻人在现实生活中无法得到满足的爱情理想、浪漫情调等,在影视剧中都得到了充分实现。年轻人具有较强的消费能力,他们的选择和喜好甚至会带动整个经济的走向,随着韩国影视作品的热播,韩国饮食、服饰、化妆品、整形等,都悄然在中国流行起来,形成了一个庞大的文化产业链条。

4. 资本维度

韩国文化产业的资本运作已经形成了一套较为完善的资金投入和资本形成机制,即"多渠道筹资",其融资主体包含了政府、企业、市场化的基金会以及专业的投资公司等。

韩国设立了多种基金会,并且在韩国文化体育观光部的推动下,每年都还有新的基金会成立。基金会资金实力不容小觑,以文化账户内容基金为例,其基本规模达到8.17亿美元,威风堂堂基金旗下的资本约为1.67亿美元。这些基金会都采用政府和民间资金相融合的方式,在这种方式下政府可以直接参与文化市场的调控。

同时,专门投资公司也是文化产业获取资本支持的一个重要途径。专门投资公司以赢得市场效益为最终目标,因此,只要文化项目团队或者文化产品质量得到投资公司的认可,即便是中长期的文化产业项目,投资公司也会投入较多的资本。

美国和韩国的文化产业对外输出成绩是有目共睹的,这两个国家的历史文化资源禀赋不足,主要是依靠政策、人才、作品和资本的共同助力,推动了文化产业的市场化运作,在文化产业国际市场上占据了较大的市场份额。其发展的路径和方法对于我国文化产业外向型发展有一定的启示和借鉴意义。

10.5 现代文化产业"走进去"的个案研究

纪录片以纪实为基本美学特征,是一种非虚构的、叙事的影片样式。它兼有认知和娱乐的功能,并以之区别于以认知为主的文献档案影评和以娱乐为主的艺术、剧情影片(姜自立,2014)。中国广播电影电视节目交易中心海外市场数据显示,中国纪录片最受海外市场欢迎的依然是传统题材——传统文化、美食美景和经济发展(张同道,等,2019)。其中,以美食为题材的纪录片被称为美食纪录片。

美食纪录片的主题在全球跨文化传播中具有普适性,文化的互动,其实就是人与人之间的互动。食物在任何国家民众的生活中都是一个不可忽略的存在,异域美食的传播介绍则是经久不衰的跨文化传播主题之一。美食成了一种特色鲜明的文化符号。纪录片《舌尖上的中国》已经销售到了海外 20 多个国家和地区,海外发行额达到了 226 万美元,创下了 4 万美元一集的记录。并且在销售范围上也不局限于东南亚等传统市场,成功打入了日本、德国、法国、比利时等市场。

本节以美食纪录片项目跨境运营为例,分析文化产业跨境项目在前期调研、制作以及营销三个环节中如何保证美食纪录片能够真正"走进去",实现市场利润与中国文化传播的双赢。

10.5.1 美食纪录片项目前期调研

美食纪录片作为文化产业跨境运营项目,针对目标市场的政策环境和微观环境的前期调研,并结合文化企业自身的优劣势,形成 SWOT 分析报告,这些前期工作能够为美食纪录片后期制作以及营销环节明确方向,扬长避短,为真正实现"走进去",获得良好的市场经济效益和企业声誉奠定良好的基础。本课题以美食纪录片在"一带一路"沿线国家的传播为研究个案,分析在这些国家的美食纪录片应如何运营,如何实现真正的"走进去"。

1. 目的国政策分析

《"一带一路"贸易合作大数据报告2018》中显示,2017年,"一带一路"沿线国家对外贸易总额为9.3万亿美元,占全球贸易总额的27.8%。我国是"一带一路"主要贸易国家的重要进出口市场。

这些数据表明,在"一带一路"倡议下,沿线国家与我国的贸易往来不断增强。同时,这也从侧面说明,"一带一路"沿线国家对于与我国的经济合作给予了政策上的支持。我国也与"一带一路"沿线国家签订了一些协议,如自贸协定、双边和区域运输协定、投资协定、政府间合作协议等,这些文件的签署保证了双方贸易的自由往来与合作,为文化产业的跨境运营提供了良好的国内环境和国际环境。

2. 目的国经济发展水平分析

美食纪录片的跨境运营并非面向"一带一路"沿线所有国家,要有所选择。目标市场的准确选择关系着文化产业跨境运营项目未来的市场表现。目的国的选择主要依据其国内的经济发展水平和居民消费支出。

"一带一路"沿线国家的经济发展水平差异性较大,但大多数国家属于发展中国家。而选择美食纪录片跨境发行的目的国时,该国的第一、二、三产业总值、占国民经济总量比重这些数据就有很直观的意义。这些简单的数据很容易在各国的主流媒体以及政府门户网站上收集到。一般而言,第一产业总值在国民经济中占比越高,往往说明目的国处于刚刚解决温饱的状态,对于文化产品的需求较低;第三产业总值在国民经济中占比较高,这说明该国的文化产业以及文化服务业较为发达,文化产业的竞争力较强,会对我国文化产业跨境运营项目形成较大压力;第二产业总值在国民经济中占比较高,则说明该国工业化水平较高,已经解决基本的生存问题,国民需要更多的精神享受,文化需求较为旺盛,是比较合适的文化产业跨境运营项目的目的国。

另外一个衡量指标是居民消费支出,可以由恩格尔系数来衡量。恩格尔系数降低,表明该国民众对于文化产品需求量增加。恩格系数介于40%~50%的国家,其民众对于文化产品的需求是最为旺盛的,也是较为适合的文化产业跨境项目运营的目的国。

3. 互联网普及率分析

美食纪录片在目的国的发行出版,可以采用电视台播放、影院上映以及互联网播放等方式,而这些方式的运作效率会直接影响到美食纪录片在目的国的传播效度。这些运作方式都与互联网普及率密切相关。互联网普及率有一级指标,在一级指标下又进行细化,分别列出二级指标,并且对于每一个二级指标给出权重。如表 10-2 所示。

表 10-2 互联网普及指标体系及权重

一级指标	二级指标	权重
互联网基础	人均 GDP	10
	成人识字率	10
	宽带速度	10
	宽带资费	10
互联网应用	固定电话普及率	12
	移动电话普及率	12
	电脑普及率	12
	固定宽带普及率	12
	移动宽带普及率	12

互联网普及率所需要的数据可以在国际电信联盟数据库中进行搜索。按照指标体系及权重进行计算后,80 分以上,说明该国拥有较好的信息技术基础,基础设施建设较为完善,互联网普及率相当高;60~80 分,则说明该国信息技术基础较好,基础设施基本完善,互联网普及率较高;40~60 分,则说明该国信息技术基础一般,基础设施建设正在不断完善中;40 分以下,则说明该国信息技术基础薄弱,基础设施建设薄弱。

互联网普及率越高,该国的信息化水平越高,居民就越容易通过互联网、移动网络等数字媒体平台,欣赏跨境运营的美食纪录片。但同时,互联网普及率越高往往也意味着该国的经济实力较强,文化产业的实力也较强,该国内同类文化产品会对跨境运营的文化产品形成较强的竞争和阻力。

4. 产业及其潜在竞争对手分析

在纪录片领域,我国纪录片的海外传播一直处于较为低迷的状态,《舌尖上的中国》在海外媒体平台上的热播才使得中国纪录片在全球化营销中的窘境有些改变。然而,国际上以 Discovery 和 BBC 为代表的企业所创作的一流纪录片则创造了令人瞩目的市场成就和品牌效应。以美食纪录片为例,BBC 创作了很多系列的美食纪录片,这些纪录片在中国乃至全球市场上,都被民众广泛接受,耳熟能详。

Discovery 和 BBC 都有专业的纪录片制作团队,在选题、拍摄、后期剪辑等整套流程上形成了以制片人为主的专业化制作模式。它们在制作每一部纪录片之前都要进行详细严格的市场调研,选择最具吸引力的主题,选用最优秀的创作人员,将最新的科学技术应用于拍摄中,在 1∶15 的实拍片中进行精心的选择,最后形成一部完整的纪录片。

同时,它们拥有成熟的商业化运作模式,能够充分吸引外部资金,挖掘市场潜力,通过类型化的生产对纪录片产品的市场链进行开发和整合,最大限度地创造市场价值和品牌效应。

这种专业化的纪录片制作模式以及商业化的纪录片运营模式对于我国的纪录片制作和跨境运营既提供了一种借鉴和参考,也带来了很强的竞争压力。这就要求我国的美食纪录片要有差异化的内容和特质才能与其进行竞争,从而提高收视率,赢得市场份额。

5. 社会文化环境分析

19 世纪比较语言学派研究过世界近百种语言之后,发现有些语言之间存在着某些语音、词汇以及语法规则上的相通之处,他们将这些语言归为同一语系,共将世界语言归为九大语系。这九大语系在"一带一路"沿线国家全部被涵盖,而其中属于印欧语系的语言数量最多。然而,即使同处一个语系,国家之间的语言使用也各具特色。这种多语言、语言使用多样化的状况对于纪录片语言的使用是一种挑战。

而在外语方面,英语以其强势地位成为"一带一路"沿线国家对外交流、国际沟通的首要语言。对于纪录片制作而言,采用英语而非目的国的本族语,可以将纪录片投放到更多的国家,当然也会损失一部分目的国受教育程度较低的潜在受众。

综上,语言的选择是美食纪录片"走进去"中很关键的一个环节,使用什么样的语言,主要依赖于对于目标受众的定位,明确目标受众之后,才能选择合适的语言,达到良好的传播效果。

除了语言,宗教也是一个极其重要的因素。皮尤研究中心《世界宗教"未来"报告》中统计,"一带一路"沿线国家聚集了全球几乎所有的主要宗教类型,包括佛教、伊斯兰教、基督教等,同时还有一些新兴的宗教,单个的新兴宗教虽然信徒人数有限,但新兴宗教的总人数还是相当可观的。在"一带一路"沿线国家的总人口中,大约80%的人拥有自己的宗教信仰。每种宗教都有自己独特的教义和禁忌,在美食纪录片的选材过程中,目的国的宗教禁忌是绝对不可以忽视的考量维度,美食纪录片中的内容触犯到这些禁忌,其传播的效果和市场价值肯定会大打折扣,甚至出现更坏的影响,带来更严重的后果。

10.5.2　我国美食纪录片跨境运营的 SWOT 分析

我国美食纪录片在"一带一路"沿线国家跨境运营的优势在于:第一,我国有着丰富的历史文化资源,美食文化更是源远流长。我国拥有丰富的可以挖掘的美食文化资源,这些美食文化可以向目的国受众展示一个完全不同于他们国家的食物、人文与风情。第二,我国大力促进文化产业的发展,尤其是文化产业的外向型发展,给予了很多政策上的支持和优惠。

其劣势部分主要体现在:首先,我国纪录片跨境运营尚处于初级阶段,在制作以及销售各个环节上还缺乏足够的市场经验。其次,我国的美食纪录片数量较少,难以形成规模效应。最后,美食纪录片的跨境运营需要能够融通语言、文化的专业复合型人才,而我国的专业复合型人才较为缺乏。

其外部机遇主要表现在:首先,借助中国建设的良好文化贸易环境,可以与"一带一路"沿线国家自由进行文化产品的贸易往来,有着良好的政策支持。其次,随着"一带一路"倡议的不断深化,沿线国家对于中华文化的兴趣日益浓厚,越来越多的孔子学院的成立就是一个很好的证明。中国美食文化是中华文化中璀璨夺目的部分,容易吸引民众的兴趣。

其外部挑战主要表现在:世界上其他国家成熟的纪录片制作团队对于我国美食纪录片的跨境运营形成较强的竞争力和阻力。这些制作团队有着雄厚的资金支撑、专业化的制作、商业化的销售,他们的纪录片产品对于我国的纪录片产品而言属于同质性产品,并且是极具竞争力的同质性产品。

我国美食纪录片跨境运营的 SWOT 分析如表 10-3 所示。

表 10-3　中国美食纪录片跨境运营的 SWOT 分析

	内部	外部
积极	优势	机遇
	丰富的美食文化资源	良好的外部贸易环境
	我国对于文化产业的政策支持	中华文化热
消极	劣势	挑战
	美食纪录片跨境运营尚处于探索阶段,缺乏足够的市场经验	其他国家高质量同质产品的竞争
	美食纪录片数量较少	
	专业复合型人才的缺乏	

综上,我国的美食纪录片在"一带一路"沿线国家的跨境运营机遇与挑战并存,优势与劣势同在。这就需要美食纪录片在跨境运营的前期准备和筹划中,明确自己的目标受众群体,扬长避短,增强作品的可欣赏性,提高收视率,进而提升市场效益和品牌效应。

10.5.3　基于调研的对比分析

在进行了详细的前期调研之后,纪录片项目才能立项并开始创造。美食纪录片的制作过程就是要保证纪录片的内容可以"走进去",也就是讲故事的方式、拍摄的视角、声音和图画的运用等都需要被目标受众所接受和认可。本节为了探寻美食纪录片内容"走进去"路径,以中国美食纪录片《舌尖上的中国》以及英国美食纪录片《地中海美食游》为样本,以河南省来自"一带一路"沿线国家的留学生为调查对象,以霍尔的解码编码理论为基础,以问卷调查的质性研究路径,探讨如何安排美食纪录片的多模态信息才能更容易被目标受众所接受。

在国外受众中,来华留学生在中国学习生活,切身体会了中华文化。对于中华文化的体验与感知拉近他们和中国的心理距离,他们最有可能成为中华文化在他国的传播者和言说者。同时,他们还具有母国的文化基因,保留了母国文化对于他们认知的影响,可以敏感地觉察到中华文化与母国文化的异同。基于此,对于文化产品传播效果的态度评价,来华留学生是比较有研究价值的受众代表。

1. 声音模态对比

中英两部纪录片在声音这个模态信息上,人物声音的设置差别最大,采用的是风格迥异的表达方式。自然音响中,前者进行了后期的剪辑和处理,而后者则完全是所有自然声音的综合。在效果声音和音乐上,二者的相似性大于差异性。

纪录片中的声音可以细化为人物声音、自然音响、效果音响和音乐。对于人物声音而言,两部纪录片中人物声音呈现出不同,《舌尖上的中国》使用专业配音来完成绝大多数的声音展示,而《地中海美食游》则主要使用美食主持人以及故事人物的声音。针对这两种不同的人物声音设置,大多数被试者都认为前者的声音更具有吸引力,也有部分选择两种声音都喜欢。

有的被试者写道:"我更喜欢第一部纪录片中的声音,声音清晰,语速较慢,能够让每个人都能接收到片中的信息。"有的被试者表达:"我在来中国之前,就看了很多关于中国文化、美食以及音乐介绍的纪录片,这些纪录片一般都使用专业的配音,我被这些声音深深地吸引住了。"还有的被试者表示:"第一部纪录片使用的是美式发音,而第二部使用的是英式发音,前者更简单易懂。"由此可见,对于人物声音,受众主要是从音质、速度以及清晰度方面来考量。声音最主要的作用是传达信息,上述三个方面应该是中国纪录片在声音制作的过程中应注意的细节。

对于音效声音,这两部纪录片中的被放大和聚焦的音效主要是食物在锅中的声音。对于这种音效声音的设定,几乎得到了所有受众的认可。被试者写道:"这种声音让我能够直接而深刻地感受到美食,感觉这种美食就活生生地出现在我的面前,能够引起食欲。"各国的文化虽然有差异,但是对于一些基本的因素,都有共同的认识,比如说食物在锅中的声音。这种音效的处理,使用人类共通的认知,能够较好地激发受众的认可度。

受众既不是整齐划一的大众,也不是完全自主的个体,而是社会化的个体聚集体。受众对于符码的解读取决于其共享的文化因素和实践模式。被试者在解码声音模态信息时,并不是简单地接受原作者嵌入的思想,而是积极地解读,融入自己的文化传统与认知。被试者对于中国美食纪录片的声音模态设置接受度很高,基本上以认可与接收的方式解码。这也说明,声音模态信息在跨文化传播过程中,基本上与"一带一路"沿线国家文化具有共同性,传播障碍较少。

2. 画面模态对比

在画面方面,《地中海美食游》主要使用了叙事性画面,作品跟随美食主持人的脚步,游览了具有代表性的地区。每到一处,美食主持人或自己探寻或找当地的美食达人,带领观众一起欣赏美食,并根据自己对于美食的理解,使用当地食材,制作美食介绍给观众。在此过程中,叙事性画面成为主导,而描述性画面则只在美食主持人刚进入下一段行程之时,会被运用来描写当地的文化名人、历史背景等。

同时,画面的编辑方式在两部纪录片中也呈现出不同。《舌尖上的中国》使用转场技巧,表示同一主题在不同时间与空间转换,使观众有明确的段落感。如,在第一季第六集《五味的调和》中,以甜味为主题,展示了汕头达濠古城的糖葱、峡山的熏鸭以及无锡的酱排骨三种以甜味主导味道的美食,这三种美食跨越了时间和空间的障碍,在纪录片中通过转场的技巧深度融合,各段落流畅通顺,让观众忽略了时空的转换,能跟随作品的节奏向前。

《地中海美食游》几乎无转场设计,作品跟随美食主持人一路前行,每到一处,镜头真实地记录美食主持人的行程、当地美食等。整部作品的设计就是流畅的记录,就像同一位老友一起旅行一样。

在《舌尖上的中国》中,使用了大量描述性画面展示中国人的日常生活、劳作以及自然风光等。对于该种画面的展示,所有的被试者都表示这种画面对于他们了解中国以及中国人的日常生活起到了推进作用,画面的真实感高于文字作品,能感受到逼真的中国人的日常生活。

同时,很多被试者强调描述性画面对于他们的冲击力。其中有被试者写道:"我喜欢这些画面,它们让我看到一个与我周围的生活环境不一样的中国。中国不同地方人们的生活、服饰、节日等都让我感觉到新奇。"也有被试者表示:"这些画面与自然风光与我的国家有很大差异,中国原来有这么多完全不同的景色。我喜欢一切有关大自然的事情"。还被试者表示:"我很喜欢了解对于中国和中国人民我所不知道的一些事情。这些画面给了我机会。"

对于人们的日常生活和自然风景,不同的国家有相同之处,但是也有区别。而恰恰是这种区别,使得两种文化有了交流和融合的可能性,使得文化相互适应、变化和变异成新的形式。同时,这种文化上的新异之处,也是我国文化独特魅力所在,是中华文化的精髓,在传播过程中,这些文化元素是必需的,并且是非常有价值的传播要素。

3. 解说词模态对比

解说词是纪录片中的重要模态信息,该信息是对画面模态信息的补充,能帮助观众读懂画面,引导观众思考。该模态需要有声语言播放出来,所以这种模态信息将纪录片中视觉系统信息与听觉系统信息有机融合在一起,与画面模态有机配合,相互完善。

(1) 叙事主体。叙事主体是叙事中的声音或讲话者,是叙事中最核心的概念之一。根据叙事主体与所叙述对象之间的关系可以划分为异叙事主体和同叙事主体。前者不是故事中的人物,他叙述的是别人的故事;后者是故事中的人物,他叙述自己的或与自己有关的故事。

《舌尖上的中国》中叙事主体是异叙事主体,该叙事主体不参与具体的故事。因此,就叙事范围而言,他凌驾于故事之上,掌握各类美食的传说、制作过程、当地的地理环境、能品尝美食并作出评价。他是一个全知全能的存在,可以洞察每个生命的喜怒哀乐,可以对每一个细节作出详尽的描述。异叙事主体在该部纪录片中的应用主要是高于故事的参与者,描述其想要表达的所有内容。但有的时候,异叙事主体也会抛弃这种高高在上的优越感,紧跟在故事人物之后,简单地充当纯粹的记录者,给予故事人物一定的发言权,让故事中的人物自己发声。

《地中海美食游》中叙事主体是美食主持人里克斯坦,他参与到故事中,并且是这场美食之旅的主人公,这种叙事主体是同叙事主体。这种叙事主体就要求里克斯坦在讲述美食时,必须基于自己的视角,讲述自己的所见所闻。就叙事范围而言,里克斯坦只能描述自己所了解到的美食制作方法,为了扩展叙事范围,里克斯坦每到一地,都会邀请当地的美食作家、厨师或者餐厅老板来讲述美食的来源以及特色等。但同时,这种叙事主体较之异叙事主体有较强的灵活性,他可以自由地描述自己对于某种美食的评价,拉近与观众的心理距离。

针对该模态信息,被试者更多地倾向于《地中海美食游》的范式。被试者在调查问卷中写道:"观察和体验一个你所不知道的东西,自己亲身去看去体验,比看别人写出来的文本更好。第二个片子中,跟着里克斯坦,就好像我自己亲身经历了这些事情一样。里克斯坦给我更多的真实的体验。"有的被试者写道:"里克斯坦在片中品尝食物的画面最吸引人,让我觉得好像自己吃到了这种美食一样。"有的被试者表达:"第二部纪录片中美食向导和厨师都能给我更多的信息,并且不同的真实的人来讨论美食,就像我的朋友在讨论美食一样,很亲切。"还有的被试者表达:"里克斯坦详细地说怎样才能找到合适的原材料,还教观众如何烹饪,我觉得观看这个过程,对于我而言十分享受。"被试者列举的上述优势是同叙事主体以个人视角为主描述美食时与受众心理距离较小所带来的。

而对于异叙事主体的宏观视角,被试者觉得离他们对于美食纪录片这种生活化内容的纪录片的期待较远。异叙事主体的恢宏叙事,给观众大气磅礴的感觉,但缺少了美食纪录片应该具备的更多生活化,甚至是娱乐化的要素。

(2)叙事方式。纪录片的叙事是将时空性的材料以因果链条的方式组织进入一部作品中,以表现和揭示真实的生活。材料以因果链条的方式组织,也就是需要画面与画面之间有必然的逻辑关系。纪录片中画面逻辑关系的建立主要依靠观众的心理逻辑或者画面的物理逻辑,前者称为"修补成像",后者称为"自然成像"。

《舌尖上的中国》主要依靠的是观众的心理逻辑。以第一季为例,每一集都有一个主题,围绕相同的主题,多幅画面和镜头被组合在一起,画面之间是并列关系。《地中海美食游》主要是自然成像的叙事方式,每一集跟随美食主持人的脚步,在地中海地区进行游历,每到一处,美食主持人会介绍当地美食,并根据当地的食材与自己的理解,给观众介绍一道自己创造的美食。画面之间呈现序列的关系,即前一幅画面是后一幅画面的基础。这种叙事方式下,观众对于画面的理解,依靠的是画面之间的物理逻辑关系。除了在美食主持人将由一个地方去往另外一个地方的交界处之外,观众只要跟随镜头就可以领略地中海的美食美景,每幅图画之间的逻辑关系清晰,不需要任何心理逻辑去填充空白。

对于《舌尖上的中国》中所反映的人与自然的关系,其中有一个片段是冬季查干湖上大规模的捕鱼。在编码的过程中,创作团队有意凸显的是普通中国捕鱼人辛勤的劳动场景:在东北寒冷的冬季,捕鱼的人在黑夜就出发,为了能够在天亮之前到达指定地点。捕鱼人暗夜里在冰面上前行,一旦遇到冰面有裂隙,则有生命危险。同时,在冰天雪地的冬季,穿着厚厚的衣物进行劳作,对于每一个捕鱼者而言都是一项艰巨的任务。

在该片段的结尾处,这次下网选择了精准的地方,渔民们丰收了,一片欢呼声。同时,创作团队强调说渔民们使用的渔网网眼很大,这样小的鱼就会被漏掉,这是中国人对于自然的态度,可持续性地利用自然。但即便如此,有些被试者依然对该段落有着自己不同的看法和理解。

有的被试者写道:"作为一个敏感的人和一个动物保护主义者,我很不喜欢这个片段,这种捕鱼方式看起来就像是在虐待动物。我觉得如果没有这个片段会更好,每个人的忍受度是不一样的。我无法忍受这个片段。"还有的被试者写道:"我是一个素食主义的女孩,不吃鱼、肉或者任何需要宰杀动物的食品。我真的很不喜欢这个部分。"还有的被试者表示:"我能理解人类为了生存所付出的辛劳,但是这个场景依然让我感觉到人类的残忍。"

这些纪录片模态信息运用上的差别以及受众的态度分析对于我国美食纪录片的制作有参考意义。美食纪录片的跨境运营一定要避免"文化贴现",即该纪录片在我国取得了良好的市场成绩,但是当其走向其他地域时,对于受众的吸引力大大降低。只有符合受众心理和审美的美食纪录片,才能真正"走进去",走入目标受众的心里,才能达到预期的传播效果,带来良好的市场效应和品牌价值。

10.5.4 "走进去"的技术线路

1. 创意性组织和人才

任何产业的发展都离不开"人"的因素,文化产业对于创造性、创新性的要求要高于其他产业,因此在现代文化产业发展中"人才"是最核心的影响因素之一。文化产业项目想要走出国门,实现跨境运营,对于人才的素质要求则更高。

在美食纪录片跨境运营的各个环节中,项目组团队都需要有专业性复合型的人才。在美食纪录片准备阶段,需要具有市场观察力,大数据分析能力,熟悉目的国政策、风俗、文化等的调研人员。在美食纪录片资本筹集阶段,需要有熟悉跨国资本运作的经营人才。在美食纪录片制作阶段,需要熟知制作技术、有创新思维和能力、有跨文化能力的制作人员。在美食纪录片市场营销与推广阶段,需要有熟悉国际市场惯例、擅长国际市场运作的外向型营销人才。也就是要求项目组成员能够跨越语言关,使用英语或者其他非通用语言进行工作交流,需要有多元化、系统化的文化产业知识储备,包括战略思维能力、市场分析能力、专业技术能力、管理经验等,同时需要具备全球化的视野。

总体而言,要想让美食纪录片能够真正"走进去",在组建项目团队时,就要先考虑项目组团队成员是否真正了解并熟悉目标受众。只有项目团队成员跨越文化的障碍,项目组团队制作完成的文化产品才能真正跨越文化的障碍,实现文化的融通。

专业复合型人才可以依靠企业自主培养,可以采用岗前培训的方式进行,让未来的项目参与者以集中培训的方式接触到文化产业项目跨境运营所涉及的各项工作,也可以让项目组成员在参与过程中提升自己的能力。这种方法对于文化企业长期的可持续发展是必不可少的。对于单个美食纪录片项目而言,文化企业也可以直接雇用当地专业人士参与项目的制作以及销售等,这些人熟悉当地文化,可以在项目组内承担文化融通交流的桥梁,保障美食纪录片的内容、制作等符合当地受众的心理、欣赏习惯等,进而保证美食纪录片能够真正"走进去",取得良好的市场效应。

2. 市场营销与推广避免"文化折扣"

美食纪录片项目团队在组建之初就要尽可能地使用专业复合型人才、国际人才等,保障整个创作过程中始终能够使文化产品符合当地民众的审美习惯和认知习惯。同时,美食纪录片在内容呈现的各个模态信息上都要尽量保证以顾客为导向。美食纪录片能够"走进去"的最后一个环节是市场营销与推广。美食纪录片要能"卖得出",才能有机会被目的国受众所观赏并认可,进而才能"走进去"。

文化产业同其他产业的市场营销与推广有相通之处,都需要有明确市场定位、明确受众群体、完善包装与宣传等环节。同时,美食纪录片的跨境运营中市场营销与推广也有自己的特点,主要是拓宽营销渠道。

3. 参与搭建国际文化贸易平台

在国家层面上,我国已经打造了几个国际化的文化贸易平台,如中国北京国际文化创意产业博览会、北京国际电影节、中国国际纪录片节等。这些平台的建立,对于我国文化产品的跨境运营提供了机会,相较于文化企业自己探索,这种平台的建设能够更高效地拓展国家市场,推动我国文化产业在海外的发展。一方面我们可以打造属于自己的文化贸易平台,而在现阶段我们更应该用好已有的文化贸易平台，将我国文化产业的优秀文化产品推介出去。积极参与国际文化贸易平台是我国文化产品跨境营销中一个非常重要的手段。

4. 海外资本运作获取当地市场营销资源

海外资本运作包括并购和收购等，我国现代文化企业直接并购或收购目的国企业，可以直接拥有对方原有的品牌价值、人才、技术、市场营销网络等，这对于打开当地市场是非常有利的，可以获取优质版权，直接利用已有的销售网络和渠道，进行产业链的上下游延伸，提升国际竞争力。美国很多大型文化企业的发展历程都说明，产权并购是文化企业发展的重要手段之一。

资本的海外运作有利于我国现代文化企业在同行业中保持竞争优势，在获取市场利润的同时扩大国际市场的份额，也有利于我国文化企业规避在目的国的贸易壁垒和政策风险，有利于我国文化产品跨境营销的顺利开展。同时，也有利于我国企业合法使用被并购企业的知识产权、版权、制作技术以及市场营销途径、方法等。这些当地公司的营销途径以及方法等是在目的国市场上经过了检验的，更容易被目的国受众所接受和认可。我国文化企业的文化产品也就更容易实现"走进去"，取得良好的市场效应。

5. 构筑海外营销网络

我国文化企业还可以在目的国设立分公司、销售处等分支机构或代表处，直接在目的国对美食纪录片进行展演、销售等。这些分公司和分支机构隶属于母公司，母公司对其有严格的控制权限。这些分公司和分支机构可以很好地推行公司的营销政策、减低成本、培养当地受众对于品牌的认可度等，但是需要较长时间才能达到明显的效果。我国文化企业也可以借助目的国代理商，采用直销、合作经销等方式，逐步建构海外营销网络。目的国代理商有着天然的优势，他们熟悉当地社会和文化，有着自己的市场营销模式和网络，能够迅速地帮助我国文化企业跨境运营产品占据一定的市场份额。

我国大型的文化企业还可以采用战略合作的方式，与其他国家合适的文化企业形成战略联盟，利用彼此在同一个目的国已经拥有的销售网络，共享销售资源，提高销售网络的利用率。

第三部分

路径篇

第十一章
区域文化产业竞争力提升路径研究
——以河南省为例

推进现代文化产业高质量发展,是发挥我国国内市场优势,形成可持续的双循环相互促进的发展格局,提升文化软实力和产业竞争力的重大举措,也是加快要素市场体制机制改革,推动文化产业转型升级,培育创新型经济增长点,带动创业就业的重要途径。

对于文化产业竞争力四个一级指标的深入分析,为文化产业竞争力的提高提供了较为宏观的视角。对于更加具体的区域文化产业竞争力提升而言,宏观层面的提升路径,尚需结合区域特征,进一步细化为区域文化产业竞争力提升路径。

本章以竞争力指标体系为指导,以各一级指标发展的宏观路径为依托,结合河南省文化产业发展和竞争力实际情况的量化分析结果,对于区域文化产业竞争力提升进行个案分析,提出河南省现代文化产业竞争力发展路径。

11.1 持续推进供给侧改革,促进供需两端结构优化

11.1.1 坚持以人民为中心的创作生产导向

习近平总书记强调:"文化产业既有意识形态属性,又有市场属性,但意识形态属性是本质属性。"我们要坚定文化自信的创作理念,牢固树立以人民为中心的创作生产导向,深入发掘河南省厚重的历史文化资源,弘扬以爱国主义

为核心的传统文化和民族精神,全面反映社会主义改革创新的文化精品,讲好新时代"河南故事"。河南现代文化产业应遵循市场规律,以"一带一核三山五区"为主线进行资源整合,突破要素制约、发展局限、市场困境和区域障碍,建构价值取向正、供给质量高、受众反应强、社会影响好的高效产业体系,完善文化产业的载体建设,实现社会效益和经济效益的提升。

2021 年河南省政府工作报告将建设文化强省,深化黄河文化传播力和影响力,推进河南文化事业和文化产业发展进入全国先进行列作为工作总体要求和主要目标。高质量建设文化河南、高水平实现现代化河南,需要深入挖掘黄河文化、中原文化蕴含的思想精髓和人文精神。作为文化产业建设的重要内容,为使厚重的文化积淀展现出永久魅力和时代风采,河南应全面落实习近平总书记保护传承弘扬黄河文化、让黄河成为造福人民的幸福河的讲话精神,弘扬焦裕禄精神、红旗渠精神和大别山精神,将创作、生产、传播优秀文化产品作为出发点和落脚点,突出思想性、启迪性、激励性,引领向善向上的社会文明风尚。

11.1.2　补齐短板,提升文化产品供给质量

"十三五"期间,在河南省委、省政府的坚强领导下,河南省文化产业繁荣发展,2015 年至 2019 年文化及相关产业增加值由 1 111.87 亿元增至 2 251.15 亿元,占 GDP 比重从 3.00% 上升为 4.19%。河南文化产业虽然发展势头强劲,但在供给结构方面仍存在一些短板。从区域发展看,各地市差异较大,资源要素流动不足,产业结构不平衡、不协调;从行业结构看,核心文化产业层居主导地位,制造业和服务业占比较高,服务业增长率远大于制造业;从供给主体结构看,文化企业占据主体地位,民营中小企业数量增多,但企业素质良莠不齐,竞争力差别明显;从品牌结构看,传统文化品牌占据优势,影响力大,新兴品牌缺乏精品意识,创造力不足。因此,河南现代文化产业需要从以下方面提升文化产品的供给质量。

1. 秉承"创新引领,内容为王"的文化精品创作理念

市场上叫好又叫座的文化产品是文化企业立身之本,也是文化企业大踏步发展的原生驱动力。首先,文化产品要突出其思想内涵和精神引领价值,坚持以中原传统文化以及新时代中国故事与中国情怀为创作的基本内容,挖掘

和重塑文化资源，拓宽文化产品呈现角度、展示渠道，提高文化产品展现方式的创意性，提升文化产品的艺术品位和价值，实现思想性、艺术性与可观赏性的融合，塑造具有高辨识度的文化品牌。同时，以黄河旅游带建设为契机，积极创建国家5A级景区、旅游度假区、乡村特色旅游、康养旅游、旅游小镇、依托红旗渠和大别山精神的红色旅游等，优化与之配套的餐饮、购物、演艺活动等，进一步优化河南省已有演艺项目，如《禅宗少林·音乐大典》《大宋·东京梦华》等，不断提升旅游消费产品的质量。

2. 以新时代文化分层需求为基本出发点，精准对接产品的多样性

深刻把握当前社会人口结构和需求，主抓儿童、网络时代新青年以及老年人的需求，推动文化产业重点关注亲子文化消费需求、时尚经济以及银发经济的特色，从内容设计、展示、营销手段以及传播媒介等各方面，打造一批消费者目标群体细化、产品内容有针对性、分众化的文化产业产品，满足不同人群的文化消费需求，进而形成具有市场辨识度和可变现能力的文化产业品牌。河南省具备丰富的传统文化资源，拥有大量的博物馆、文物馆等公共文化设施，针对少年儿童群体，可以尝试建立传统文化游学项目，设计有实景、有故事、有展览、有体验、有活动的游学线路，满足亲子文化产品需求。支持众筹、众包、众创、自媒体等新兴生产模式发展，与内容付费、众筹文创、悬赏设计、兴趣社交、直播电商、分享经济等新业态相互促进。

3. 发扬工匠精神，把控现代文化产业的制作流程

从文化产品最初的原创思想设计到物质载体的形成阶段，每一个细微的环节都需要认真打磨。河南卫视的《唐宫夜宴》以及"中国节日奇妙游"系列没有流量明星，依然火出圈，成为流量之王，其创意在视觉上关注了皮影戏、少林武术等传统文化元素，也增添了刺绣、打火花、舞狮等不少非遗元素，在听觉上关注了豫剧流水、越调乱弹、河南道情、曲剧慢垛等元素。制作环节中，演员的服饰、道具与妆容等都精雕细琢，几乎完美地重现了唐朝古风；利用VR技术将国宝营造的虚拟环境和现实舞台艺术结合，给观众营造了惊异的身临其境的观感体验。文化产品制作的精细化程度直接决定了文化产品在市场的表现能力。

11.1.3　培育健康有序的文化消费市场

1. 优化文化消费设施，创设多元化嵌入式的消费环境

鼓励将文创商店、剧本杀、特色书店、博物馆、艺术馆、展览场、演艺剧场、线下体验馆等文化消费场所与传统的商业综合体融合，突出商业综合体的文化内涵，推动商业综合体向文化商业综合体的转型发展。将演艺表演、小剧场、文化艺术节等活动融入夜间经济，促进夜间文化消费。依托社区服务中心、村镇便民服务中心、邮政网点、交通站点、高速公路服务区等日常生活品消费场所，嵌入文创商店、特色伴手礼、旅游票务等文化消费服务，拓宽文化消费环境。依托技术，不断提高文化消费的便利度，提升文化消费场所数字化的预约、验票、入场、客户反馈等服务，推广电子票、云支付、文化消费贷等网络消费新模式。

2. 普及文化艺术教育，提升消费者文化涵养和艺术鉴赏力

除了收入水平影响文化消费市场以外，消费者的文化素养、文化消费心理、消费观念等都会影响其对于文化产品的选择与文化消费的投入。因此，大力推动文化艺术教育普及，建立常态化的文化艺术普及活动工作机制和日常化的工作规范，以广播电视、社区、乡村活动中心为媒介，鼓励艺术工作者深入各社区和乡镇，开展"结对子、种文化"系列活动，进行文化宣传、演艺活动，帮助社区与村镇建立属于自己的文化队伍和特色文化活动，积极引导和培育民众的文化消费理念和习惯，都会对文化消费市场培育起到积极的推进作用。

3. 加大政府和文化企业惠民消费力度

文化消费市场培育前期，以郑州、洛阳和开封为国家文化和旅游消费试点城市，探索政府和文化企业以文化惠民消费月、消费节、消费季、文化节、演艺节等活动的方式，给予消费者一定的消费优惠政策和消费券，国有景区推行旅游年卡、减免门票等优惠措施，逐步引导和激发消费者的潜在文化消费能力，使消费者逐渐形成文化消费惯性与消费黏性。同时，这个过程中，文化企业不能仅仅依靠政策性补贴运营，而是应该借助机会，完善自身适应市场机能，促使现代文化产业健康发展。

11.2 优化文化产业空间布局，联动城乡协调发展

11.2.1 现代文化产业全面融入城乡发展

依托中原城市群、大都市区、国家中心城市、区域中心城市和特色小城镇等文化资源富集、创投要素聚合、消费市场集聚的叠加优势，进一步拓展文化产业的发展空间，向城乡全域深度延伸，为城市有机更新、乡村振兴提供文化方案。河南应以郑州国家中心城市、洛阳省域副中心城市建设为契机，发掘城市文化资源，保护和延续城市历史文脉，促进"产业、城市、景观"融洽的业态布局，塑造都市文化气韵。按照"城乡属地相近、资源禀赋统筹、产业优势互补"的原则，整合田园景观、民俗文化、农耕续作和土特产品等乡村生态、文旅资源，创建一批现代文化产业赋能乡村振兴的试点区县，建设具有"浓豫"特色的乡镇、村庄，培育当地优势文化企业和品牌，助力脱贫攻坚成果巩固与乡村产业振兴的有效衔接。

11.2.2 加强中心城市的辐射作用

以文化产业要素禀赋集中的重要城市和重点文化产业项目为节点，依托各城市文化产业发展优势，形成以郑州为中心，以安阳、洛阳、开封、南阳为支撑的总体空间布局。郑州作为河南省的省会城市集聚了大量发展文化产业的文化资源、人才、资本、技术、信息、消费环境等要素，其文化产业的整体竞争力和消费能力位居全省首位。以黄河文化产业带建设和黄河国家公园建设为契机，加快郑州文化旅游业发展，打造河南文化地标；以郑州庞大的商业中心体为依托，加快郑州文化娱乐、艺术表演等业态融入商业体，实现商业体从单纯商业模式向文化商业综合模式的转变，为人民群众提供更为丰富更易获得的文化产品，同时也提升商业体对于消费者的吸引力；以郑州原有的新闻出版业为基础，大力提升新闻出版业创意、制作和传播的科技含量，打造新闻出版业发展亮点；以郑州文化产业园区和便利的交通为条件，广泛开展文化艺术品展览、文博会展、传统艺术展览等，为河南文化产品的宣传和交易提供平台。郑州文化产业发展在河南省的优势使得其占据了河南省文化产业空间布局的中

心地位,需要发挥辐射作用,引领和助推其他城市文化产业的发展。

安阳、洛阳、开封在历史上都是古都,南阳是河南省的历史文化名城,这些城市都拥有丰富的文化、历史、人文、古代建筑、非物质文化遗产、古迹等资源。通过规划空间布局将河南文化产业区域连接成一个良性的生态群落,能够充分发挥洛阳、开封、安阳、南阳四个城市的区域特色,通过郑州中心极的集中优势和辐射作用,带动其他四个城市的发展,形成扩散效应。

11.2.3 发展乡村特色的现代文化产业

通过体制创新、要素集聚、技术变革的方式开发乡村特色文化产业,拓宽乡村文化资源、传统工艺技艺与创意设计、现代科技、时代元素相结合的路径,补齐产业发展短板,增加农民收入,从更广泛的空间实现美丽乡村建设和文明乡风塑造。作为全国重要的人口大省、粮食和农业生产大省,河南可以利用乡村传统节日文化、民间艺术、民俗表演项目,培育具有浓郁地方特色的文化产品和服务。

从农耕劳作、习俗文明、技艺传承、礼乐典章对乡村文化资源和非物质文化遗产进行整合,总结世代相传中传递的群体价值,引入现代技术和管理制度,促进传统工艺的现代化表达。鼓励中心城市的文化产业机构、高新企业、高等院校、创新创业人员等深入乡村投资兴业,打造具有现代乡村魅力的优质项目和文化产品,支持利用互联网直播、短视频等现代传播渠道,带动乡村优势文化产品和服务的推介销售,完成民生福祉提升,全面实现乡村振兴。

11.2.4 集聚发展文化产业园区

文化产业园区体现了文化产业"集聚资源、集中展现、集群发展"的原则,文化产业园区通过引导文化产业资源要素集聚,形成集中和集群的效应,推进文化产业快速发展。积极推进文化内容产业、文化制作业、文化装备业相关产业园区的建设,如汝州市汝瓷电子商务产业园、兰考县民族乐器产业园区、郑州动漫产业基地等。政府提供政策支持、税收优惠、产业基金扶持等,加强市场监管,提供良好的文化产业园发展环境,采用商业机构运作方式,充分发挥市场调节作用,提升文化产业园区对于企业的服务能力和水平,引导人才、资本、技术等高质量生产要素向产业园区聚集,推动园区由单纯的企业空间聚集向高质量要素资源汇聚转变。为产业园区企业提供创新发展平台和服务,提升企业创新发展水平,形成主业特色突出、企业集中落户、产业集群发展、资源集约利用、服务功能聚合、产业链条完备的文化产业先行区,优化文化产业发展格局。

11.3 坚持创新驱动,推动多业态融合发展

11.3.1 科技助力现代文化产业的自主创新

在"十四五"的开局之年,河南文化核心领域营业收入1 515.67亿元,比2020年增长7.9%;文化相关领域营业收入889.59亿元,增长6.5%。利用科技赋能文化产业,转变发展引擎、转换增长动能、优化产业结构已成为现代文化产业提质增效的着力点。在文化核心领域,要以现代化高新科技为抓手,从内容、形式、结构、手段培育创新能力,通过资源、技术、人才等要素的高效配置,增强核心竞争力。在文化相关领域,通过智能资源的不断投入与优化整合,推动文化创意、设计服务与制造业、消费品工业深度融合,从装备升级、工艺方式、系统流程、技术平台提升产品附加价值。

以国家大数据综合试验区建设为牵引,把握郑州、洛阳在建设数字经济发展高地中的引领作用、先发优势和对区域的辐射影响,加快基础设施建设,扶持新型文化创意产业,创新文化核心产业,调整优化文化装备产业,创造数据价值化文化服务产业。在载体建设上科学布局、智慧赋能;在集聚能级上要素支撑、形成梯度;在发展内容上彰显特色、树立品牌。充分发挥资本、技术、人才、网络设施、信息平台的集聚优势,用好郑洛数字经济创新发展试验区、数字经济示范园区、智慧化园区,推动数字文化产业多业态融合发展,共享创新创意孵化平台资源,着力构建生产技术先进、全要素生产率高、比较优势强的现代文化产业体系。

11.3.2 信息技术加快新业态的形成与发展

1. 全力发展数字文化创意产业

数字文化产业主要体现在大数据、云计算、人工智能、区块链等新一代信息技术在文化产业产品设计、产品制作、产品研发、传播手段、展示媒介以及消

费路径全链条的广泛应用,它日益成为推动文化产业快速增长与可持续发展的强大内驱力。数字文化产业的发展旨在打通创意者、制造者、运行者和消费者,进一步打通内容创作、制作发行、市场推广等环节,向产业链前端挖掘价值深度,向产业链后端拓展附加值广度,形成科学高效、去中心化的产业生态。

首先,以高新技术为支持,建构河南省文化传统和资源数据库,提高文化资源的保护和利用度,促使文化资源向现代文化产业优势的转换。利用地理信息系统、大数据、人工智能、数字复原等技术普查文化资源,建构文物、典籍、非物质文化遗产、地方戏曲、传统乐器、历史名城、工艺美术、水利遗产、中医药、儒释道建筑等文化资源的数据库,实现资源保护与资源利用双线动态管理。以文化资源数据库为依托,创新资源利用模式,深入绘制中华文化图谱,展示中国文化和历史的演进历程,挖掘深植于中华民族血脉的根亲文化,以黄河国家文化公园、祭祖活动、游学项目等作为物质载体体现上述精神层面内容,将精神层面内容具体化、实体化,使国内外游客能够切身体会、真实体验到中华传统文化的魅力。

其次,以"创意+科技"打造中原文化IP。深入挖掘河南省文化传统和资源数据库中的洛阳龙门石窟世界文化遗产、登封少林寺、开封宋都古城、安阳殷墟遗址、商丘古城、温县太极拳、炎黄始祖文化、南阳玉雕、开封汴绣、木版年画、平顶山汝瓷、许昌钧瓷、洛阳唐三彩、豫剧、豫南花鼓戏、河南坠子等文化元素,将其与高新技术相结合,在内容形式上突出国风美学,在制作方式上充分融合VR影像、复原技术、声电光技术、3D技术等,让文化产品内容更加丰富,表现形式更加绚丽,观众体验感更真实,艺术感染力更强,最终形成具有河南特色的文化IP。华夏古城传奇剧《风起洛阳》成功地打造了洛阳文化古城IP,引发了服饰国风热潮、旅游古城热的消费新亮点,促进了二次消费,延长了现代文化产业的产业链。把河南省天然丰富的文化资源与创意、技术相融合,是实现区域现代文化产业跨越式发展,不断涌现市场变现能力强大的文化IP的重要手段。

最后,打造智能化的文化产业流通体系。文化产业的流通体系主要包括文化产品和服务的营销与交易渠道。在文化产品营销渠道上,构建传统媒介、网络媒体和社区媒体三位一体的营销体系。技术的变革带来了文化产品营销手段的革新,硬广告、软文广告、海报、宣传片推介等线下推广方式有着自身的作用,同时文化产品的线上营销,如通过豆瓣电影、时光网等平台,受众个体撰写剧评、影评,发照片、小视频,参与互动活动等形式已经成为更加直观、高效、集约的传播方式。在流量为王的时代,河南省文化产品营销也需要关注网络媒体和社区媒体的影响力,创设话题,引发受众讨论与关注。在文化产品的交易渠道上,河南省依托以龙子湖"智慧岛"为核心区、18个大数据产业园区为主要节点的"1+18"大数据发展中心,郑州下一代信息网络、信息技术服务产业集群,充分发挥郑州国家重要通信枢纽、信息集散中心以及郑洛数字经济创新发展试验区的辐射作用,加强创意文化设计中心、智慧文化体验馆、文化科技园、众创空间、电商平台建设、数字出版基地、出版产业基地、郑州动漫产业基地等的建设,以技术为依托,促进文化产品和服务贸易的融通发展。

2. 全面推进文旅的深层次融合

以黄河文化旅游带建设和黄河国家文化公园建设为着力点,深化文创文旅融合,提升河南省文化资源利用效率,打造河南省黄河文化品牌。构建"三门峡—洛阳—郑州—开封—安阳"世界级大遗址公园走廊。打造黄河国家文化公园、大运河国家文化公园、长城国家文化公园以及长征国家文化公园。注重黄河文化旅游带建设中河南特色的凸显,黄河文化旅游带所涉及的省份在某些文化资源上具有共性,黄河文化旅游带建设要注重沿黄各个省份文化产品之间的差异性,文化产品异质性会给国内外游客带来更多的文化观感、文化体验与文化冲击感,是实现黄河文化旅游带沿线各省份文化旅游产品赢得游客、赢得市场、创造利润的关键。河南省在黄河文化旅游带建设以及黄河国家文化公园建设中,要注重与其他省份相关建设的比较,明确自身定位和特征,打造有明显地理标识特质的河南文旅名片。

文化产业+乡村旅游。挖掘"黄河民宿""嵩山民宿""太行民宿""河洛民宿""伏牛山居"等不同的文化、地理、风景特点,打造各具特色的河南省民宿集群,提供异质化的民宿产品和服务,同时提高民宿相关的交通、票务等服务的数字化水平,建设标准化的民宿服务规范。依托乡村驿站,建设房车露营地,为房车旅游提供必要的水电接口、物资补给等服务,吸引更多的游客加入乡村旅游。深入挖掘河南省各地市的特色美食,与民宿、度假区、乡村休闲游相结合,将中原饮食文化与乡村旅游融合,提升乡村旅游品质和体验感。将乡村特色饮食文化、乡土文艺表演、特色农产品展览、创意定制农业等文化元融合到乡村旅游中,拓展乡村旅游的内涵,实现乡村旅游向文化体验园、主题文化农庄、度假村寨聚落、民俗风情大院等方向升级发展。

文化产业+红色旅游。深入挖掘太行山精神、大别山精神、红旗渠精神等中国共产党红色基因谱系的重要组成部分,打造林州红旗渠、新乡南太行、新县大别山等红色经典景区,建设中共中央中原局暨中原野战军旧址红色教育基地、镇平彭雪枫红色文化教育基地等爱国主义教育基地。深化红色景区和爱国主义教育基地的文化内涵,以更加多元丰富的形式进行展示,真正做到红色文化入脑入心。不断挖掘革命故事,提升红色元素创作的创新性,丰富红色文化产品展示的多样性,提高红色文化产品对于群众的吸引力和感染力。策划相关主题展览,开发有影响力的红色文创产品,设计有参与感和体验感的红色研学项目和爱国主义教育基地体验项目,将河南的红色景区和爱国主义教育基地打造成为群众愿意参观,参观之后有收获有感悟的知名品牌。

文化产业+古都旅游。深入挖掘河南省郑州、开封、洛阳、安阳的古都特色,提升南阳、濮阳、商丘、浚县等国家级历史文化名城价值,不断优化以浚县、卫辉、内乡、鹿邑等为代表的古城建设以及郑州商城、安阳殷墟、隋唐洛阳城、汉魏洛阳城、内黄三杨庄等国家考古遗址公园,开发利用丰富的古代建筑、史前遗迹、石窟石刻、军事遗迹、宗教遗迹等文化遗产,以上述文化遗产为基础,创新开发文化产品,实施"古都景区+游乐、演艺、民间艺术、美食……"等全方位体验的品牌项目,将古都旅游的历史元素、文化元素与生活元素相结合,丰富古都旅游的消费者立体化和沉浸式观感。打造仿真考古旅游体验产品与考古旅游线路,提升考古旅游的参与度与真实感。同时,建设具备文化特色的旅游商品研发中心和创客基地,将河南古城特色与日常生活消费品相融合,开发既能展示河南古城文化底蕴又便携美观实用的古都旅游伴手礼。对古都旅游的文化元素进一步挖掘,实现玩偶、服饰、食品等的二次开发,延伸古都旅游的产业链条,提升河南古都古城文化资源的市场变现能力和价值。

文化产业+康养旅游。依托河南省自然山水、温泉、中医药、太极拳、少林拳五类开发康养旅游的基础资源,提升康养旅游的文化内涵,以文化要素保障康养旅游的可持续发展。积极发展温泉与中医药结合的温泉养生产品和项目,丰富温泉产品和服务业态,打造温泉养生度假旅游品牌。推动康养旅游与河南省太极拳、少林拳的融合,探索运动养生新模式,提升康养旅游涵盖内容的覆盖度,吸引更广泛的消费者。建设一批将生态资源、自然景观和康养文化结合,将健康、养生、休闲、旅游、文化多功能融为一体的康养旅游示范基地,重点突出康养旅游丰富的文化内涵,让康养旅游产品和项目有更强大的推动力和更持久的发展空间。同时,不断升级优化康养旅游的新形式,如提升汝州、辉县、修武、温县、禹州、三门峡市陕州区、西峡等地已有的医药康疗、养老休闲、道家养生等康养旅游业态品质。

11.3.3 大力改造传统业态

1. 现代文化产业引领工业新型价值创造

文化+制造业。习近平总书记指出,制造业特别是装备制造业高质量发展是我国经济高质量发展的重中之重,是一个现代化大国必不可少的。河南作为传统制造业大省,"大而不强"已成为制约其发展的瓶颈。按照产业发展周期理论,传统制造业发展在市场规模、科学技术、产品质量达到一定成熟度之后,会出现产品同质化与市场饱和度增加现象,导致市场盈利能力下降,整个产业趋于低速发展或滞胀期。文化产业可以从产品外观造型、包装设计、广告服务等方面,将传统文化元素和现代美学融合,丰富产品的文化内涵,赋予其文化属性、文化精神和文化价值,提供个性化、分众化、特色化的有审美意象的创意和设计服务,提升制造业产品的新颖性,提高制造业产品的文化内涵和艺术价值,进而提升其产品附加值,打造有辨识度的产业品牌,吸引目标消费群体,提高市场盈利能力。文化创意和设计服务与传统制造业相渗透相融合,能够增加制造业产品和服务的附加值,拓宽产品门类,促进产业链延伸,提高产业链各环节增值能力,推进产业转型升级,实现"河南制造"的全新升级。

文化+消费品工业。消费品工业涉及农副食品、烟草、纺织、服装、家具、造纸、体育和娱乐用品、化纤用品等工业与日常生活需求消费品。随着生活水平的提高,消费者对于消费品的追求已经不再局限于其实用性和使用性价值层面上,对于消费品文化价值要素、品味价值的需求成为消费品工业提高产品文化附加值、成就品牌的内驱力。提升消费类产品新产品设计和研发能力,将现代时尚元素、地方文化元素、科技元素等融入消费品工业的技术选择、产品功能设计、工艺选材、外观设计、品牌宣传、商贸流通、售后服务各环节,以文化作为核心生产要素之一,推动消费品工业产品的文化内涵和附加值,彰显品牌文化价值,促进产品和服务创新,形成特色鲜明的消费类产品,满足消费者分众化、多样性需求,培育消费品工业新的增长点,促进11个纺织服装特色产业集群,原阳、清丰、兰考、浚县、信阳、洛阳等家具产业集群等河南省消费品工业整体竞争力提升。

2. 现代文化产业促进农业品牌出圈

河南省是全国第一粮食加工大省、第二产粮大省,促进农业发展对于河南省而言有着至关重要的作用和价值。文化与农业的深度融合,可以提高农业领域创意设计水平,拓宽休闲农业可能的发展空间和范围,提升农产品文化宣传交流,强化农业品牌和农业加工品牌培育。首先,在城市市区,重点发展景观农业、会展农业、森林公园、植物园、花卉苗木等业态,将文化元素与其产品设计展示融合,创新上述业态产品的品类,提升产品价值;其次,依托河南省大别山、伏牛山、太行山"三山"地区自然优势,整合当地自然环境和农村特色文化资源,大力发展农耕体验、田园观光、教育展示、文化传承于一体的休闲农业,培育一批休闲农业知名品牌;最后,积极发展绿色食品、有机农产品,打造一批具有县域特色的地理标志农产品品牌,开展农产品区域公用品牌创建,融入县域文化特色,以文化为亮点,强调农产品品牌文化特色,讲好品牌故事,塑造品牌形象,打造"豫农优品"公用品牌。

11.4 "四条丝绸之路"畅通对外文化贸易

河南"四条丝绸之路"建构了空、陆、海、网对外开放的四维立体通道,也为河南省文化产品和服务交易打通了"文化出海"通道。"十四五"时期,河南应坚定不移扩大对外开放,更积极、更主动、更全面融入"一带一路"建设,以联通世界的"四条丝绸之路"为桥梁,畅通对外文化贸易,构筑互利共赢的国际合作和竞争新体系。以"全面、现代、高质量、互利互惠"为原则签订的RCEP(《区域全面经济伙伴关系协定》)是亚太地区规模最大、最重要的自由贸易协定。对于内陆的河南而言,它可以持续推进市场资源的配置能力,更充分地参与全球竞争,提升在区域产业链、供应链中的地位。

河南对外文化贸易应充分挖掘本土特色的现代产业,加强政策引导,在税收优惠、配套金融服务、简化行政审查手段、跨境商贸人才培养等方面进行机制体制创新,激励跨境贸易企业加强合作机制,拓宽国际交流渠道。在制度建设上,河南应加紧落实《关于推进中国(河南)自由贸易试验区深化改革创新打造新时代制度型开放高地的意见》《自贸试验区开封片区文化产业对外开放与创新发展先行示范区建设实施方案》等,利用河南自贸试验区开封片区积累的实践经验打造我国首个"文化产业开放先行区"。在品牌建设上,要以国内大循环吸引全球文化资源要素,充分利用国内国际两个市场两种资源,打造"豫满全球"的文化精品,积极推动影视戏剧、杂技武术、书籍和工艺品等文化产品和服务的对外输出,不断增强中原文化的内涵和感染力,扩大国际影响力。在载体建设上,以"一仓一园一谷两中心"作为国家文化出口基地,深耕国际艺术交流市场,创新发展保税文化艺术品展示交易。

11.5 深化文化与金融合作,引导扩大有效投资

11.5.1 探索中小文创企业不同阶段融资模式

在文创产业中,中小企业能够激发产业活力,促进文化创新,增加社会就业,提供丰富的文化产品,满足人民群众精神生活个性化需求。文创产业最核心的要素是创新创意、知识产权、人才等智力资产,中小文创企业一旦拥有足够的资本,去展示其文化创意,就有可能在短时间内发展成熟,成为拥有市场竞争能力的企业。处于萌芽阶段的中小文创企业,较难在市场作用下获得融资,很多国家对于初创期的中小文创企业通常采用的是政府融资的方式,通过建立政府主导并吸收一定民间资本或金融机构资本的文化产业基金,重点扶持初创期中小文创企业。该阶段中,政府的投资占据较高比重,同时为了吸引民间资本或金融机构资本的参与,政府需要对它们提供一定的税收或政策优惠。对于处于发展期的中小文创企业,其融资模式一般为自有资金、"新三板"融资、众筹平台、信贷融资、金融机构融资等。其中,信贷融资和金融机构融资,也需要政府一定范围内的介入,提供一定的融资担保。对于成熟期的中小文创企业,融资方式则主要依托于市场,以市场为主导,多元化市场融资方式并存,政府在该阶段的主要责任是提供信息数据管理、证券交易平台等服务职能,不断创新金融产品、信贷产品和金融服务方式。

11.5.2 众筹平台向"服务、融资、融智"的转变

众筹平台是网络技术高度发达的社会中快速吸纳民间资本的有效途径之一。为了提高其对于文创企业融资的贡献率,可以借鉴国外众筹平台或者政府融资平台的有益做法,对于想要获得融资的企业提供宣传书撰写、项目介绍等基本的商业指导,对于潜在的投资者提供贷款企业的详细财务情况、组织架构、往期盈利表现、信用与风险评估等服务。众筹平台如果只是为资金的供求双方提供一个交易平台,而没有服务内容支撑,对于投资方而言,在该平台进行交易存在无保障、风险系数大等隐患,会减少投资方对于文化产品和项目的投资信心,进而抑制其投资行为。同时,国外一些众筹平台为了激发民间资本持有者对于文创企业的投资热情,为其提供了深度参与投资项目运作的机会和权限,让其融入企业的创作、产品评估和改善等各环节,让投资者拥有同创业者一样的激情和梦想,这种"融智"的方式可以让投资者更深刻地理解项目,更愿意参与其中,同时对于文创企业而言,除了资金的支持以外,它们还获得了更多的智力和人力的支持,这些无形要素为产品的成功提供了更多的保障,能够为企业的发展提供更多助力。

11.5.3 利用现代信息技术提升融资水平

在信息化高度发展下,现代文化产业与大数据、互联网、数据库、人工智能等技术紧密结合、深化发展。融资有了技术的助力,才能破解之前在传统模式下的问题和难点,适应市场和文创产业发展的需求。采用金融科技工具,可以帮助金融服务机构实时监控文创企业的风控审核;采用区块链技术可以尝试对于知识产权定价系统建构;采用 T-Forest 技术可以建构文创企业的信用评价和动态风险评价系统;采用模块集成化技术,可以实现产业基金平台、众筹平台等为文创企业与投资者提供咨询、融资、还款等整合化服务。有了科技的加持,各种融资模式才能在已有实践基础上,不断解决其融资中的现实困境和问题,助力融资模式的纵深化发展与变革,切实提高文化市场融资水平和效能。

11.6 落实保障措施,完善体系建设

11.6.1 强化法治保障,规范市场秩序

《文化产业促进法(草案征求意见稿)》的发布意味着我国文化产业领域的立法工作有重大进展,也意味着我国文化产业的监管开始形成独立的制度化体系。我国的文化产业政策不再仅仅是文化产业相关部门办法的规划纲要、指导意见、发展规划、规定等,而是将文化政策法定化,健全制度规范体系。《文化市场综合执法管理条例(征求意见稿)》是我国文化市场综合执法的支撑法规,以此为基础,建构权责明确、监督有效的管理体系,提高执法队伍的专业化与规范化水平。同时,我国文化市场监管体系还以技术为支撑,以文化企业信用信息数据库为依托,引进行业协会开展信用评价,构建政府与协会协同监管机制。

首先,在"十四五"时期,政府对于文化市场的监管服务会进一步加快相关法律法规的出台,完善文化产业发展法律体系建构,用以保障我国文化产业监管有法可依,保障政府监管的法制化和规范化;其次,监管行为的实施主体在现阶段以相关政府职能部门为主,监管行为实施主体的多元化探索有待加强,除了行业协会以外,还有诸如第三方专业评价结构、大众评价等潜在的可能主体。多元化监管主体的融入会促进我国文化产业的监管体系协同化的深入发展;最后,监管服务要注重科技的参与。在技术支持下,监管服务平台、信息平台、评价指标和体系、信用评估与实时监测等信息化平台的建设和服务的提供,可以更好地发挥数字化信息的作用,提高监管服务的质量。

11.6.2 细化市场主体分类,落实政策的有效实施

激活市场主体积极性,充分发挥市场对于文化产业的主导作用,政府对于市场以监管与服务为主是"十四五"时期我国文化产业发展的整体范式。在此范式下,培养市场主体,促使文化企业发展壮大是文化产业中的核心问题之一。切实促进文化企业成长,在未来要将文化企业进行精细化分类,针对不同类型的企业采用更具备可行性的政策方针。

处于初创期、发展期和成熟期的文化企业有着自身发展亟须解决的不同问题。以我国文化产业中的融资为例,处于初创期的中小微文化企业有创意,但是因为缺乏固定资产类质押物、规模小、项目风险项较大等问题,其在市场上融资和信贷的困难较大,因此针对这些企业政府主导的文化产业基金、文化产业专项基金、减免税收、政策倾斜等都是必需的。处于发展期中型文化企业,具备一定的自主吸引市场融资的能力,可以通过"新三板"、债券融资、风险资本和众筹平台等方式获得融资,但在融资过程中存在以知识产权、项目未来权益等进行质押缺乏完善的无形资产价值评估和信用体系,致使其与金融机构的合作受限,融资的规模有待进一步提高。这就需要政府相关职能部门与金融机构探索如何创新金融服务体系和金融信贷产品,促进文化产业和金融机构的深度合作。处于成熟期的大型文化企业则具备了成熟的国内市场融资体系,其未来的融资方向是跨国资本的吸纳,这就需要政府完善健全相关的制度法律法规,确保跨国资本在国内的良性发展而非野蛮扩张。

11.6.3 加强基础设施建设,提高产业数字化水平

河南省文化产业的信息化程度和科研投入比重较低制约了文化产业的快速高质量发展。科技对于文化产业的促进作用不言而喻,尤其是在疫情影响下,数字文化产业成为新的经济增长点,其市场成绩有目共睹。

为了切实加强科技赋能区域文化产业发展,一方面,要加强信息化设备设施建设,积极推进"宽带中原""全光网河南"战略,加快 5G 网络建设,提升网络基础设施和应用基础设施规模、速度与安全性能,充分发挥郑州国家级互联网骨干直联点的作用,努力实现各市县区网络全覆盖,不断深化泛在智联信息化体系建设,为河南省现代文化产业的发展提供良好的信息化基础设施设备环境。

另一方面,要增进装备核心部件与智能化软件的研发与应用。文化产业信息化装备不足,主要体现在硬件和软件两方面。信息化装备的核心硬件很多还依赖于国外制造,国外信息化终端设备核心部件在国内市场依然占有较高的比例。文化产业信息化软件应用、大数据中心建设、文化产业服务平台建设等软件部分智能化程度还有很大的上升空间。以虚拟化云服务、区块链、人工智能等技术为支撑,鼓励科研实力与技术实力较强的河南日报报业集团、中

原出版传媒集团、河南影视制作集团、河南有线电视网络集团、河南文化影视集团等大型文化企业集团开发云平台资源、智能软件资源等,中小企业付费采用云服务、应用智能化软件,以此提高河南省文化企业整体信息化装备的科技含量,提高对于智能化平台与软件的使用效率。

11.6.4 建立数据共享机制,解决数据孤岛问题

建立标准化的文化产业信息化管理平台,实现数据共享。文化产业的信息化程度也体现在信息化管理的综合统一程度上。河南省文化企业在信息化应用系统方面各自作战、相互独立,缺乏统一的标准制度和规范,导致数据不兼容、共享困难,数据收集和使用成本高,"信息孤岛"现象频发。

首先,现代文化产业政府管理部门,如文化和旅游厅、文物局、市场监管局等,应加强文化产业信息资源规划,建立标准化、统一化、规范化的数据收集与运用规章,形成完整的信息采集、处理、传输、利用的标准化工作流程和方案,依托全省电子政务网络,建设全省统一的文化产业管理数据共享交互平台、文化产业数据库和管理库等,逐步形成河南省横向联动的大数据共享机制。其次,税收和金融部门,如税务局、银行等,共同建设财政经济大数据中心,整合金融税收跨部门的信息资源,形成纵向可供省市县三级共享,横向可向政府、企业、社会团体开放的大数据平台,提高数据资源采集效率和利用效率。最后,建立健全数据流通与交易的制度体系。上述数据中心、数据库等信息资源的挖掘、流通、数据增值应用的交易等都需要建立细化的制度,规范大数据提供方、购买方等市场主体的交易行为,从数据管理、共享开放、数据应用、安全和隐私保护、风险管控等方面加强数据治理,提升数据信息的防攻击、防泄漏、放窃取的安全保障能力。

11.6.5 加大知识产权保护力度

知识产权作为一切与知识有关的权利概括,是激励文化价值创造的源泉。要采用专利导航、前景检索、地理标志等可靠手段对文化资源进行鉴定评估和认证检测,着力营造交互开放、功能聚合的开发秩序。产权激励引导应当贯穿于知识产权保护的全过程,在现代文化产业体系内形成申请权、审查授权、利益分配以及权利监管和司法保障环节的可靠衔接,全面提升体系的创新创造

能力,形成主体明确、权责清晰、尺度得当的激励机制。发挥知识产权在现代文化产业运营中的转化作用,实现从重数量、重拥有向重运用、重质量的转变。强化知识产权在现代产业创造、保护、运用的综合协调能力,以自主创新支撑创新驱动发展,转变发展方式,促进新旧动能转换,努力实现知识产权引领现代文化产业体系高质量创造、高水平保护和高效率运用。

建构知识产权价值评估系统以及文创企业信用系统。以评估系统和信用系统参数值为基本元素,建立评估方案,以大数据为基础,以网络技术和区块链技术为支撑,建构具备可操作性的评估集成工具和实时监测数据库,为融通知识产权和无形资产评估、质押、质物处置等各环节提供一站式服务。政府要为第三方机构提供有关文创企业、文化行业、融资机构的相关动态数据,同时要对第三方机构进行监管,让其在合法合规的范围内运行。

11.6.6 加强人才培养

在文化创意人才培养的萌芽阶段,应加大对于青少年文化艺术教育的培养,以选修课程、课外活动等为抓手,将文化艺术教育融入中小学教育中。政府为青少年提供公益性文化艺术活动场所,设置多元化体验参与活动,激发青少年对于文化艺术的热爱与探索精神。

在文化创意人才的成长期,以现代文化产业高质量发展为指引,深入实施"政产学研用"一体化战略,成立文化产业学院,积极融入国家"一带一路"建设,服务地方经济发展,践行产教融合,培养创新应用型人才。在协同育人中,学校与地方政府签订战略合作协议,加强双方在理论创新、智力支持、科研服务等多个领域的合作关系,培育本地文化产业人才。同时,政府加大人才引进力度,增强其在就业、个人发展、子女入学等多方面的政策扶持,提升区域对于外来文化创意人才的黏合度。

逐步创设适合文化创意人才发展的包容性人文生态环境,深入挖掘中原文化特色,以郑州、安阳、洛阳、开封、南阳等城市为试点,形成具有鲜明城市特征的文化元素空间聚集地,提升对文化创意人才的吸引力。

参考文献

1. JAY B. Firm resources and sustained competitive advantage[J]. Journal of management, 1991, 17(1).

2. BAUMGARTNER F R, Jones B D. Agenda dynamics and policy subsystems[J]. The journal of Politics, 1991, 53(4).

3. BAUMGARTNER F R, Jones B. D. Agendas and instability in American politics[M]. Chicago: University of Chicago Press, 2009.

4. CSIKSZENTMIHALYI M. Creativity: flow and the psychology of discovery and invention[M]. New York: Harper Perennial, 1996.

5. FLETCHER S. Competence-based assessment techniques[M]. London: Kogan Page Publishers, 2000.

6. FLEW T. The creative industries: culture and policy[M]. London: Sage, 2011.

7. HARDIN G. The tragedy of the commons: the population problem has no technical solution; it requires a fundamental extension in morality[J]. Science, 1968, 162(3859).

8. GRAY R M. Entropy and information theory[M]. Berlin: Springer Science & Business Media, 2011.

9. HALL P A. Policy paradigms, social learning, and the State: the case of Economic Policy-making in Britain[J]. Comparative Politics, 1993.

10. Michael A Heller. The tragedy of the anti-commons: property in the

transition from Marx to markets[J]. Harvard Law Review, 1998, 111(3).

11. HOWLETT M, RAMESH M, PERL A. Studying public policy: policy cycles and policy subsystems[M]. Oxford: Oxford University Press, 2009.

12. HUGHES J. The philosophy of intellectual property[J]. Georgetown Law Journal, 1988, 77(2).

13. INGLEHART R. Globalization and postmodern values[J]. Washington Quarterly, 2000, 23(1).

14. KATZ J S, MARTIN B R. What is research collaboration? [J]. Research policy, 1997, 26(1).

15. MARKUS L, THOMAS H C, ALLPRESS K. Confounded by competencies? An evaluation of the evolution and use of competency models[J]. New Zealand journal of psychology, 2005, 34(2).

16. MCCLELLAND D C. Testing for competence rather than for "Intelligence"[J]. American psychologist, 1973, 28(1).

17. MCCLELLAND D C, BOYATZIS R E. Opportunities for counsellor from the competency assessment movement[J]. The personnel and guidance journal, 1980, 58(5).

18. SHENGLEI PI, SHUO LIU, LINGLING LIU. Dynamic competitive behavior of enterprises in multi-network: evidence from Chinese animation industry[J]. Eurasia journal of mathematics, science and technology education, 2017, 13(8).

19. PRICE DEREK J DE SOLLA. Little science, big science—and beyond [M]. New York: Columbia University Press, 1986.

20. SABATIER P A. An advocacy coalition framework of policy change and the role of policy-oriented learning therein[J]. Policy sciences, 1988, 21(2).

21. SABATIER P A, WEIBLE C M. Theories of the policy process[M]. Boulder: Westview Press, 2014.

22. SAYERS S. Creative activity and alienation in Hegel and Marx[J]. Historical materialism, 2003, 11(1).

23. WILLIAMS R. The long revolution[M]. New York: Columbia University Press, 1961.

24. 安蓓,申铖.中央经济工作会议:推动高质量发展是当前和今后一个时期发展的根本要求[EB/OL].(2017-12-21)[2021-11-15].http://www.xinhuanet.com/politics/2017-12/20/c_1122143107.htm.

25. 巴尼.战略管理:获取持续竞争优势:第4版[M].周健,等译.北京:机械工业出版社,2013.

26. 柏必成.改革开放以来我国住房政策的变迁:轨迹与动力分析:基于政策变迁理论的研究[M].武汉:武汉大学出版社,2016.

27. 保罗·A.萨巴蒂尔,汉克·C.詹金斯-史密斯.政策变迁与学习:一种倡议联盟途径[M].邓征,译.北京:北京大学出版社,2011.

28. 毕秋灵.社会化媒体视阈下文化产业的创新研究[J].科技传播,2022,14(15).

29. 卜方宇.间断平衡理论视角下的"一胎化"政策终结探析[D].武汉:华中师范大学,2018.

30. 蔡荣生,王勇.国内外发展文化创意产业的政策研究[J].中国软科学,2009(08).

31. 柴小青.WEF国际竞争力评价中存在的问题与改进路径[J].商业经济研究,2015(20).

32. 车树林,顾江,郭新茹.文化产业对区域绿色发展的影响研究:基于省际面板数据的空间计量分析[J].江西社会科学,2017,37(02).

33. 陈能军.文化企业上市融资绩效实证分析:以20家公司数据为分析对象[J].中国文化产业评论,2018(01).

34. 陈平,盛亚.集群发展的国际经验:提升我国产业集群竞争力[M].杭州:浙江大学出版社,2007.

35. 陈世清.对称经济学[M].北京:中国时代经济出版社,2010.

36. 陈娴颖,郑裕茵.疫情之下数字文化产业结构性困境的突破路径[J].艺术评论,2020(05).

37. 陈悦,陈超美,刘则渊,等.CiteSpace知识图谱的方法论功能[J].科学学研究,2015,33(02).

38. 戴维·贝赞可,戴维·德雷诺夫,马克·尚利.公司战略经济学[M].武亚军,总译校.北京:北京大学出版社,1999.

39. 戴钰.文化产业竞争力研究[M].广州:世界图书出版广东有限公司,2012.

40. 董雪梅.文化产业知识产权[M].福州:福建人民出版社,2012.

41. 段永瑞.数据包络分析:理论和应用[M].上海:上海科学普及出版社,2006.

42. 冯聪.从包豪斯的设计实践教学谈在中国设计教育中的应用[D].济南:齐鲁工业大学,2015.

43. 伏振兴.美国研究型大学人才培养模式研究[M].银川:阳光出版社,2020.

44. 理查德·佛罗里达.创意阶层的崛起:关于一个新阶层和城市的未来[M].司徒爱勤,译.北京:中信出版社,2010.

45. 盖笑松.积极心理学[M].上海:上海教育出版社,2020.

46. 高莉莉,顾江.江苏区域文化产业竞争力动态分析及思考[J].南京社会科学,2013(04).

47. 高益民.日本促进创新人才成长的人才战略[J].中国教育政策评论,2009(00).

48. 高长春,张贺,曲洪建.创意产业集群空间集聚效应的影响要素分析[J].东华大学学报(自然科学版),2018,44(05).

49. 高长春,周琦.城市创意空间集聚下驱动效度与影响机制指标探究[J].华东经济管理,2020,34(05).

50. 顾江,陈鑫,郭新茹,等."十四五"时期健全现代文化产业体系的逻辑框架与战略路径[J].管理世界,2021,37(03).

51. 郭强.比较与启示:从英国创意阶层的崛起看我国高校文化产业人才培养模式[J].黑龙江高教研究,2017(07).

52. 郭新茹,顾江,陈天宇.文化产业集聚、空间溢出与区域创新能力[J].江海学刊,2019(06).

53. 杭敏.国外文化产业学学科建设模式研究[J].现代传播(中国传媒大学学报),2015(07).

54. 赫伯特·马尔库塞.单向度的人:发达工业社会意识形态研究[M].刘继,译.上海:上海译文出版社,2014.

55. 侯兵,周晓倩.长三角地区文化产业与旅游产业融合态势测度与评价[J].经济地理,2015(11).

56. 胡红杰.文化产业竞争力绩效评价及区域高质量发展:基于黄河流域八省区的实证分析[J].河南师范大学学报(哲学社会科学版),2020(05).

57. 胡惠林,王婧.中国文化产业发展指数报告[J].中国文化产业评论,2012(02).

58. 胡惠林.论文化产业的本质:重建文化产业的认知维度[J].山东大学学报(哲学社会科学版),2017(03).

59. 胡惠林.文化产业理性发展的尺度:构建具有路标导向的中国文化产业发展指标体系[J].上海交通大学学报(哲学社会科学版),2014,22(04).

60. 花建,等.文化产业竞争力[M].广州:广东人民出版社,2005.

61. 花建.区域文化产业发展[M].长沙:湖南文艺出版社,2007.

62. 花建.文化产业竞争力的内涵、结构和战略重点[J].北京大学学报(哲学社会科学版),2005(02).

63. 黄勋敬.赢在胜任力:打造基于胜任力的新型人力资源管理体系[M].北京:北京邮电大学出版社,2007.

64. 霍克海默,阿道尔诺.启蒙辩证法:哲学断片[M].渠敬东,曹卫东,译.上海:上海人民出版社,2006.

65. 吉姆·麦克盖根.文化民粹主义[M].桂万先,译.南京:南京大学出版,2001.

66. 江瑶,高长春,陈旭.创意产业空间集聚形成:知识溢出与互利共生[J].科研管理,2020(03).

67. 姜达洋.现代产业政策理论新进展及发展中国家产业政策再评价[M].北京:经济日报出版社,2016.

68. 姜自立,刘宗礼.纪录片创作[M].济南:山东人民出版社,2014.

69. 蒋萍,王勇.全口径中国文化产业投入产出效率研究:基于三阶段DEA模型和超效率DEA模型的分析[J].数量经济技术经济研究,2011,28(12).

70. 兰小云.行业高职院校校企合作机制研究[D].上海:华东师范大学,2013.

71. 李利军. OBE 理念视阈下数字创意人才培养改革探讨:以深圳地区高校为例[J]. 职业技术教育,2018,39(11).

72. 李顺德. 文化产业与知识产权[J]. 中国经贸导刊,2002(08).

73. 李思屈,等. 中国文化产业政策研究[M]. 杭州:浙江大学出版社,2012.

74. 李松林. 政策场域:一个分析政策行动者关系及行动的概念[J]. 西南大学学报(社会科学版),2015,41(05).

75. 李雪茹. 区域文化产业竞争力评价分析:基于 VRIO 模型的修正[J]. 人文地理,2009,24(05).

76. 李燕,安烨. 文化创意上市企业无形资产资本化、融资能力与经济绩效[J]. 商业研究,2018(06).

77. 李裕瑞,卜长利,王鹏艳. 中国农产品地理标志的地域分异特征[J]. 自然资源学报,2021,36(04).

78. 厉无畏,王振. 中国产业发展前沿问题[M]. 上海:上海人民出版社,2003.

79. 厉无畏. 创意产业导论[M]. 上海:学林出版社,2006.

80. 梁会青,李佳丽. 荷兰如何培养卓越人才:荷兰高校荣誉教育探究[J]. 外国教育研究,2021,48(08).

81. 林溪. "双创"背景下产学研合作模式分析[J]. 创新创业理论研究与实践,2022(10).

82. 刘春田. 知识产权法[M]. 北京:中国人民大学出版社,2000.

83. 刘丽英. 中国文化产业"走出去"战略研究[M]. 长春:吉林人民出版社,2020.

84. 刘长燕,丁月华,孙长春. 基于 AHP 的文化创意人才胜任力评价指标体系构建[J]. 商业经济,2014(08).

85. 陆艳清,陆诗伟. 人格养成[M]. 桂林:广西师范大学出版社,2021.

86. 罗兰. 数字文化产业高质量发展的现状、重点与对策[J]. 电视研究,2022(02).

87. 洛克. 政府论:下篇[M]. 叶启芳,瞿菊农,译. 北京:商务印书馆,1964.

88. 吕杰,景再方,张晗.辽宁省农业产业集群演进动力研究[M].沈阳:辽宁科学技术出版社,2016.

89. 马骋.文化产业政策与法律导论[M].上海:上海书店出版社,2016.

90. 马克思,恩格斯.马克思恩格斯全集:第3卷[M].中共中央马克思恩格斯列宁斯大林著作编译局,译.北京:人民出版社,1974.

91. 马兴祥,王欣芳.霍夫斯泰德文化维度理论在中国跨文化传播研究中的应用[J].当代传播,2018(6).

92. 迈克尔·波特.国家竞争优势(下)[M].李明轩,邱如美,译.北京:中信出版社,2012.

93. 聂飒,李祖超.美日文化专门人才培养模式比较分析[J].湖北社会科学,2013(12).

94. 宁立志.知识产权法[M].2版.武汉:武汉大学出版社,2011.

95. 宁骚.公共政策学[M].3版.北京:高等教育出版社,2018.

96. 潘爱玲,王雪.现代文化产业体系与市场体系协同发展的机制和路径研究[J].华中师范大学学报(人文社会科学版),2021,60(01).

97. 潘陆益.美国高校培养文化创意产业人才的经验及启示[J].高教学刊,2017(01).

98. 皮圣雷."跨界竞争"下企业的优势与竞合结构[J].清华管理评论,2021(09).

99. 齐骥.发展数字化文化消费场景,塑造数字文化产业新赛道[EB/OL].(2022-05-30)[2022-06-17].https://m.gmw.cn/baijia/2022-05-30/35773818.html.

100. 强月新,许欢欢.从剪刀手到守夜人:韩国电影内容规制政策变迁[J].延边大学学报(社会科学版),2020,53(04).

101. 乔雪峰,吕骞.中国文化和科技融合发展的四个方向[EB/OL].(2019-10-28)[2022-06-20].https://baijiahao.baidu.com/s?id=1648689776812587872&wfr=spider&for=pc.

102. 清研集团.世界经济论坛全球竞争力指数透视[EB/OL].(2022-07-28)[2022-09-11].https://baijiahao.baidu.com/s?id=1739604975384965898&wfr=spider&for=pc.

103. 任保平,李禹墨.新时代我国高质量发展评判体系的构建及其转型路径[J].陕西师范大学学报(哲学社会科学版),2018,47(03).

104. 任俊.积极心理学[M].上海:上海教育出版社,2006.

105. 阮蓁蓁.多源流理论视阈下中国公共政策终结研究[D].长春:吉林大学,2010.

106. 邵坚宁.中国文化产业政策变迁特征及其启示:基于1978—2020年政策文本的分析[J].中国海洋大学学报(社会科学版),2021(06).

107. 邵长荣.项目教学法在职业教育实践教学中的应用[J].职教论坛,2011(23).

108. 宋培林.企业员工战略性培训与开发:基于胜任力提升的视角[M].厦门:厦门大学出版社,2011.

109. 王凤荣,夏红玉,李雪.中国文化产业政策变迁及其有效性实证研究:基于转型经济中的政府竞争视角[J].山东大学学报(哲学社会科学版),2016(03).

110. 王刚,牛维麟,杨伟国.文化产业创意人才素质模型研究[J].国家行政学院学报,2016(02).

111. 王家庭,张容.基于三阶段DEA模型的中国31省市文化产业效率研究[J].中国软科学,2009(09).

112. 王铁崖.中华法学大辞典:国际法学卷[M].北京:中国检察出版社,1996.

113. 王宪明,王立平.云创业平台:企业孵化器视域下的大学生创业教育模式研究[M].北京:北京邮电大学出版社,2014.

114. 王雪.基于DEA的我国文化产业上市企业融资效率评价研究[D].西安:西安外国语大学,2014.

115. 王颖.全球化背景下中国文化产业竞争力研究[D].长春:吉林大学,2007.

116. 王志成,谢佩洪,陈继祥.城市发展创意产业的影响因素分析及实证研究[J].中国工业经济,2007(08).

117. 魏臻.我国文化企业的融资绩效研究[D].武汉:湖北大学,2017.

118. 翁钢民,李凌雁.中国旅游与文化产业融合发展的耦合协调度及空间相关分析[J].经济地理,2016(01).

119. 沃克.牛津法律大辞典[M].李双元,等译.北京:法律出版社,2003.

120. 吴丹,张书田.融合创新视角下我国公共数字文化政策回溯、解读与展望[J].图书与情报,2021(01).

121. 武毅恒.项目引导教学法在高职动画专业教育中的应用研究[J].职教论坛,2013(23).

122. 向勇.文化产业人力资源开发[M].长沙:湖南文艺出版社,2006.

123. 向勇.文化产业创意经理人胜任力素质研究[J].同济大学学报(社会科学版),2009,20(05).

124. 解学芳,雷文宣."智能+"时代的现代文化产业体系:挑战与重塑[J].深圳大学学报(人文社会科学版),2021,38(04).

125. 解学芳,温凤鸣."智能+"时代区块链驱动的现代文化市场体系变革[J].学术论坛,2021,44(01).

126. 邢俊,张式恩.战略管理[M].成都:西南交通大学出版社,2012.

127. 熊彼特.经济分析史[M].朱泱,等译.北京:商务印书馆,1996.

128. 徐望.文化资本时代的中国文化产业论[M].北京:中国经济出版社,2017.

129. 徐文燕.基于文化产业特殊性视角的文化产业政策取向:以江苏文化产业政策文本为例[J].现代经济探讨,2013(08).

130. 杨德桥.科教兴农背景下复合型地理标志战略的构建[J].安徽农业科学,2012,40(17).

131. 杨书臣.近年日本人才战略浅析[J].现代日本经济,2004(06).

132. 杨涛,金巍.中国文化金融发展报告(2021)[M].北京:社会科学文献出版社,2021.

133. 杨秀云,李敏,李扬子.数字文化产业生态系统优化研究[J].西安交通大学学报(社会科学版),2021,41(05).

134. 尤峰.创意人才管理新模式探析[J].求实,2013(01).

135. 余文涛,吴士炜.基于异质性视角的创意阶层区域分布的影响因素[J].北京理工大学学报(社会科学版),2019,21(04).

136. 喻春光,刘友金.产业集群竞争力定量评价GEMN模型及其应用[J].系统工程,2008(05).

137. 约翰·W.金登.议程、备选方案与公共政策:第2版:中文修订版[M].丁煌,方兴,译.北京:中国人民大学出版社,2017.

138. 约翰·费斯克.理解大众文化[M].王晓珏,宋伟杰,译.北京:中央编译出版社,2001.

139. 约翰·霍金斯.创意经济:如何点石成金[M].洪庆福,孙薇薇,刘茂玲,译.上海:上海三联书店,2006.

140. 约翰·斯道雷.文化理论与通俗文化导论:第2版[M].杨竹山,郭发勇,周辉,译.南京:南京大学出版社,2006.

141. 张海燕,王忠云.旅游产业与文化产业融合发展研究[J].资源开发与市场,2010,26(04).

142. 张辉,吴松强.美、日、欧创新人才培养研究综述[J].亚太经济,2010(02).

143. 张静静,樊响,李剑玲.协同创新视角下产学研合作模式的发展路径:基于国内相关指标数据测评及比较分析(2012—2020)[J].中国高校科技,2022(04).

144. 张生太,逢淑涛.企业吸引和保留优秀人才的管理能力评价研究[J].科研管理,2005,26(05).

145. 张苏秋,顾江.要素禀赋差异、行业异质性与区域创意能力:基于省级面板数据的实证研究[J].商业研究,2020(02).

146. 张同道,胡智锋.中国纪录片发展研究报告(2019)[M].北京:中国广播影视出版社,2019.

147. 张伟,吴晶琦.数字文化产业新业态及发展趋势[J].深圳大学学报(人文社会科学版),2022,39(01).

148. 张燕,王晖,蔡娟娟.文化创意人才素质测评指标体系的构建研究[J].现代传播(中国传媒大学学报),2009(04).

149. 张勇.常州市文化人才队伍建设的问题和对策研究:基于常州市紫金文化人才的调查[J].黑龙江人力资源和社会保障,2021(18).

150. 张铮.文化产业数字化战略的内涵与关键[J].人民论坛,2021(26).

151. 章旭清,付少武.2004—2014中国动漫产业发展之政策演进[J].南京邮电大学学报(社会科学版),2016,18(02).

152. 赵朝峰.文化创意人才的"树形培养模式"研究[M].杭州:浙江工商大学出版社,2020.

153. 赵华,于静.新常态下乡村旅游与文化创意产业融合发展研究[J].经济问题,2015(04).

154. 赵佳.中国少数民族文化产业融资支持问题研究[M].北京:中央民族大学出版社,2020.

155. 赵晓红,童行健.云南文化面向南亚东南亚"走出去"研究[M].昆明:云南大学出版社,2018.

156. 赵玉忠.文化产业发展与知识产权保护[J].科技与法律,2005(03).

157. 郑崇选.马克思主义理论与都市文化的生产[J].华东师范大学学报(哲学社会科学版),2008(04).

158. 郑军,秦妍.法国本硕连读拔尖创新人才培养的经验及启示[J].河南工业大学学报(社会科学版),2020,36(03).

159. 郑奇洋,年福华,张海萍.基于VRIO修正模型的长三角文化产业竞争力评价[J].地域研究与开发,2021,40(01).

160. 郑雪.人格心理学[M].广州:暨南大学出版社,2017.

161. 周绍朋.强国之路:建设现代化经济体系[J].国家行政学院学报,2018(05).

162. 宗祖盼.深刻理解文化产业高质量发展的内涵与要求[J].学习与探索,2020(10).